# LEI DO RUÍDO

FRANCISCO CABRAL METELLO
*Advogado*

# LEI DO RUÍDO

Decreto-Lei n.º 9/2007, de 17 de Janeiro
(Regulamento Geral do Ruído)

ANOTADO E COMENTADO

Legislação Complementar
Jurisprudência
Formulários
Minutas

# LEI DO RUÍDO

AUTOR
FRANCISCO CABRAL METELLO

EDITOR
EDIÇÕES ALMEDINA. SA
Av. Fernão Magalhães, n.º 584, 5.º Andar
3000-174 Coimbra
Tel.: 239 851 904
Fax: 239 851 901
www.almedina.net
editora@almedina.net

PRÉ-IMPRESSÃO | IMPRESSÃO | ACABAMENTO
G.C. – GRÁFICA DE COIMBRA, LDA.
Palheira – Assafarge
3001-453 Coimbra
producao@graficadecoimbra.pt

Setembro, 2009

DEPÓSITO LEGAL
299943/09

Os dados e as opiniões inseridos na presente publicação
são da exclusiva responsabilidade do(s) seu(s) autor(es).

Toda a reprodução desta obra, por fotocópia ou outro qualquer
processo, sem prévia autorização escrita do Editor, é ilícita
e passível de procedimento judicial contra o infractor.

---

**Biblioteca Nacional de Portugal – Catalogação na Publicação**

PORTUGAL.

Lei do ruído : Decreto-Lei nº 9/2007, de 17 de Janeiro
(regulamento geral do ruído) : anotado e comentado / Francisco
Cabral Metello. – (Lei anotada)
ISBN  978-972-40-3950-3

I – METELO, Francisco Cabral

CDU   349
      628
      351

*"A eternidade não se mede pela sua duração mas pela intensidade em que a vivemos."*

VERGÍLIO FERREIRA *(1913-1996)*

*In memoriam,*

LUÍS XAVIER

# PREFÁCIO

"Um ar fino e puro entrava na alma, e na alma espa-
lhava alegria e força. Um esparso tilintar de choca-
lhos de guizos morria pelas quebradas."

"A Cidade e as Serras, Cap.VIII" [1]

Há várias décadas atrás, a *poluição sonora* (i.e. **ruído**) assomou –
num qualquer lugar: cidade, campo, praia, trabalho!...), todo o quotidiano
de um qualquer simples cidadão.

Atendendo às inúmeras alterações efectuado ao **Regulamento Geral
do Ruído** (Decreto-Lei n.º 9/2007, de 17 de Janeiro), a presente publicação pretende contribuir para o esclarecimento de todos os destinatários
destas normas.

A presente publicação reúne os principais diplomas atinentes a toda a
problemática da "poluição sonora".

Optou-se por anotar o Regulamento Geral do Ruído, esclarecendo todo
o seu conteúdo, chamando particularmente a atenção para situações que
se afiguram mais pertinentes.

Conscientes da vasta amplitude dos problemas envolventes e, das grandes dificuldades que uma nova lei sempre implica, somos naturalmente
forçados a enfrentar e ultrapassar esse mesmo desafio.

Não obstante, eventuais insuficiências, foi nosso propósito prestar com
todo o esforço e seriedade intelectual, uma singela tarefa.

Lisboa, Junho 2009.

Francisco Cabral Metello

---

[1] José Maria Eça de Queiroz.

# I
# O RUÍDO

## 1. Conceito

> *"Se quisermos compreender alguma coisa, precisamos de nos dedicar ao silêncio."* [2]

Numa primeira abordagem à presente temática, somos – desde logo – tentados ou (quase) compelidos a avançar com uma *definição de ruído*. Tarefa, algo árdua, ingrata e, sempre delicada.

*Lato sensu*[3], a palavra **ruído** significa *barulho, som* ou, *poluição sonora* não desejada.

Todavia, o **ruído**, não se restringe – apenas e só – à ordem _física_; envolve, também, outros factores de ordem _fisiológica e psicológica_.

Ao consultarmos qualquer dicionário de língua portuguesa, constatamos, *tratar-se* de um "_som inarmónico produzido por corpo que cai ou estala; estrondo_". *Definição* – porém – muito aquém das nossas mais profundas expectativas.

Numa perspectiva **fisiológica**, o "***ruído***" será constituído por todo e qualquer "***som***" que produza uma sensação auditiva desagradável, incomodativa ou, eventualmente, perigosa.

---

[2] Frederico Fellini (1920-1993). Cineasta italiano.
[3] Em sentido lato, geral, amplo, irrestrito.

Por sua vez, num ponto de vista *físico*, poderemos descrever o *"ruído"* como qualquer conjunto de sons ou, ainda, como toda e qualquer vibração mecânica aleatória de um meio elástico.

Finalmente, em termos **psicológicos**, o *"ruído"* representa algo de __incómodo__ e __indesejável__.

> *"... Considera-se ruído o conjunto de sons susceptíveis de adquirir para o homem um carácter afectivo desagradável e/ou intolerável, devido sobretudo aos incómodos, à fadiga, à perturbação e não à dor que pode produzir"*
>
> (Definição CEE, 1997)

Em suma: aqui chegados e, atendendo aos objectivos do presente trabalho, atrevemo-nos a definir o *"ruído"* como qualquer *som* ou conjunto de sons desagradáveis e/ou perigosos, capazes de alterar o *"bem-estar" fisiológico ou psicológico* do indivíduo e, susceptível de provocar lesões auditivas (surdez) ou, prejudicar a qualidade e quantidade do trabalho.

### 1.1. Características do *"som"*.

Ao longo da presente exposição, aludimos – por várias vezes –, ao *"som"*. Natural e compreensivelmente, também, não poderíamos deixar de efectuar uma breve referência em traços gerais. Quiçá, recordar/relembrar alguns *conceitos*.

Assim, a palavra *"som"* é utilizada quer para designar uma *sensação*, quer a respectiva *causa física* que *a* origina.

A *causa* dessa *sensação* traduz-se, sempre numa vibração que logo se propaga num meio elástico – (geralmente) ar – e, que atinge o aparelho auditivo do *receptor*. Mais propriamente: o **tímpano**.

O *"som"* (entendido como *sensação*) caracteriza-se pela sua **intensidade, altura** e, **timbre**.

A **intensidade** permite distinguir um som __fraco__ de um som __forte__; a **altura** permite apurar se um determinado som é __grave__ ou __agudo__; por fim, o **timbre** permite identificar e distinguir as fontes sonoras.

Em termos, estritamente _técnicos_, a **intensidade** traduz-se na quantidade de energia que por segundo atravessa uma superfície de 1 cm² colocada perpendicularmente à direcção de propagação do _som_. A intensidade sonora exprime-se na unidade watt/cm².

Por sua vez, a **altura** de um _som_ depende da sua frequência.

A frequência, número de vibrações por segundo exprime-se em hertz (Hz).

Finalmente, ao aludirmos ao _nível sonoro_ (_som **fraco**_ ou _**forte**_) deparamo-nos, com três **grandezas acústicas**: **intensidade**, **pressão** ou **potência**.

| Grandeza | Unidades(s) | | |
|---|---|---|---|
| Intensidade sonora | Watt/cm2 | (W/cm2) | Decibel (dB) |
| Pressão sonora | Pascal | (Pa) | Decibel (dB) |
| | Newton/m2 | (N/cm2) | |
| Potência sonora | Watt | (W) | Decibel (dB) |

_Grandezas e unidades sonoras_

## 1.2. O _decibel_

Uma vez clarificadas as _características_ do "_som_" importa, então, debruçarmo-nos numa outra palavra/conceito: **decibel**.

Termo, perfeitamente (re)corrente, quanto se aborda a música e/ou o ruído.

Como a própria designação sugere, **decibel** consiste na décima parte de outra unidade chamada _Bel_; tal como o nosso conhecido _decímetro_ constitui a décima parte do metro, uma vez que o prefixo _deci_ significa ou vale 0,1 (ou $1/10 = 10^{-1}$).

Os níveis sonoros expressos nos valores correspondentes das três grandezas _acústicas_ – _intensidade, pressão ou potência_ – por norma não são apresentados nas unidades anteriormente aludidas – watt/cm², Pascal e watt – mas, isso sim, numa unidade logarítmica chamada **decibel**, cujo símbolo é **dB**.

O **decibel** é definido pelas expressões:

| | |
|---|---|
| • quando se quer exprimir em dB o nível da intensidade de um som | $L_i = 10 \log_{10} I/I_0$        (em dB) |
| • quando se quer exprimir em dB o nível da pressão de um som | $L_p = 20 \log_{10} P/P_0$        (em dB) |
| • quando se quer exprimir em dB o nível da potência de um som | $L_w = 10 \log_{10} W/W_0$ ou $L_w = 10 \log_{10} W + 120$        (em dB) |

Nas fórmulas anteriores verificamos que o **decibel** consiste numa relação entre dois valores da mesma grandeza.

Nas expressões anteriores, I, p e W são respectivamente a intensidade, pressão e potência do <u>som</u>/ruído a medir, e I0, p0 e W0 a intensidade, pressão e potência do som que se toma como referência.

Para dar origem à escala de *decibeis* foi decidido, em 1937, que o zero *decibel* (0 dB) corresponderia ao limiar da audibilidade humana para um som de <u>frequência</u> 1000 Hz, caracterizado por uma <u>pressão acústica</u> (p0), ou intensidade sonora (I0) ou potência sonora (W0) com os seguintes valores:

$$P_0 = 20\mu Pa = 2.10^{-5} \ Pa$$

$$I_0 = 10^{-16} \ W/cm^2 = 10^{-12} \ W/m^2$$

$$W_0 = 10^{-12} \ W$$

Nestes termos, tendo em vista uma melhor clarificação, analisemos os seguintes quadros:

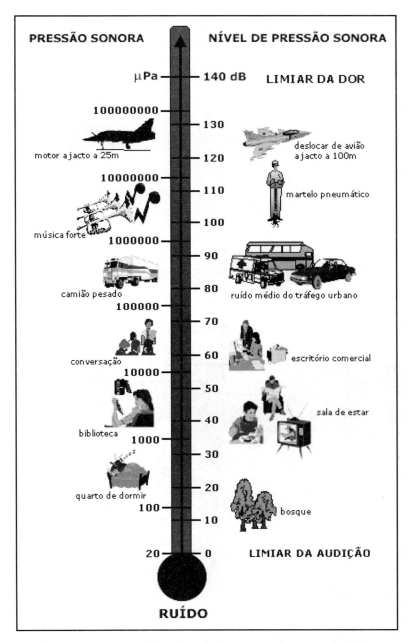

*Pressões sonoras em Pascal e níveis correspondentes em decibel.*

## O Ouvido Humano[4]

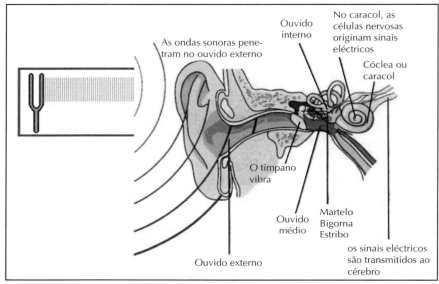

*Nível de pressão sonora*[5]

---

[4] In://www.ishst.pt/downloads/content/9_O_ruido.pdf
[5] In://www.ishst.pt/downloads/content/9_O_ruido.pdf

## FREQUÊNCIA SONORA / ESPECTRO DE FREQUÊNCIAS SONORAS[6]

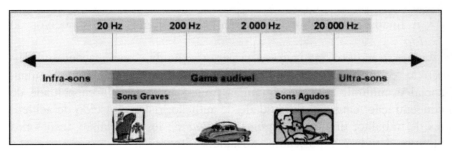

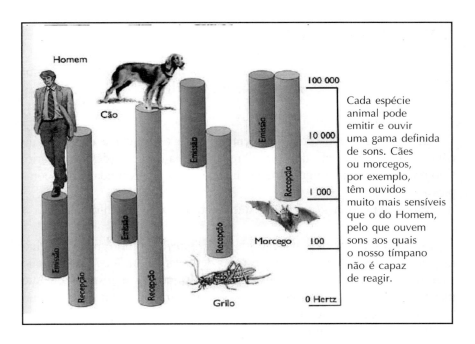

Cada espécie animal pode emitir e ouvir uma gama definida de sons. Cães ou morcegos, por exemplo, têm ouvidos muito mais sensíveis que o do Homem, pelo que ouvem sons aos quais o nosso tímpano não é capaz de reagir.

---

[6] In://www.ishst.pt/downloads/content/9_O_ruido.pdf

## 1.3. *Efeitos*

A finalizar, foquemos – sumariamente –, alguns *efeitos* nocivos do "*ruído*".

*Grosso modo*[7], traduzem-se na perturbação da comunicação; diminuição do rendimento de trabalho; moléstia considerável no ambiente familiar, social e cultural; falta de vigilância e atenção; perda da capacidade de concentração; cansaço; dificuldade de audição; risco acrescido de acidentes de trabalho; tinnitius "*ringing in the ears*"; lesões fetais e, lesões nos ouvidos devido à exposição a substâncias otoxónicas.

## 2. Enquadramento legal

> *"Escrever é também não falar. É calar-se. É gritar sem fazer ruído."*[8]

Apurar ou, eventualmente, relembrar toda a **origem** e **evolução** do conceito e/ou fenómeno do "*ruído*" revelar-se-ia quase – (des)necessário. Certamente, também, afigurar-se-ia algo exaustivo e, profundamente, complexo.

Mas é, graças a *ele* (*ruído*), que – aqui – *nos* encontramos!...

Já, na tão distante civilização grega, a **ágora** – como espaço inserido na *polis* – assegurando todo um espaço de "*espírito público*" para pleno exercício da *cidadania*, em duas "*forças*" (*amizade* e *justiça*) ou, até mesmo, o próprio "***foro***", em Roma; sempre simbolizaram e revestiram "*momentos*" de grande(s) "*ruído(s)*"!...

Então, a *cidade*, simbolizava toda uma comunidade dialógica, autosuficiente, orientada para um *fim* (*bem*), organizada politicamente para realizar *esse* mesmo "*fim*", coesa e estável; visando – essencialmente –

---

[7] Aproximadamente, mais ou menos.

[8] Marguerite Donnadieu, também conhecida como MARGUERITE DURAS (4 de Abril de 1914, Indochina Francesa (hoje Vietname) – 3 de Março de 1996). Escritora, argumentista, cineasta.

promover a *qualidade de vida* e o *bem comum*; satisfazer interesses comuns e, promover a natureza do **_indivíduo_**.

Em contrapartida, no mundo contemporâneo, o próprio fervilhar das – "*grandes*" – _cidades_ (centros urbanos) apresenta toda uma outra diversidade das mais vastas e múltiplas cores, cheiros, imagens, tons, e "*ruídos*"...

Outrora, *esses* escassos "*ruídos*" citadinos, limitavam-se – apenas e só – aos famosos e, sempre tão saudosos "_pregões_" do **aguadeiro** (*Há água fresquinha! Quem quer, quem quer?...*), do **ardina** (*Quer comprar um jornal?...*), da **lavadeira** (*... três corpetes, um avental... que a freguesa deu ao rol...*) do **trapeiro** (*Quem tem trapos ou farrapos que queira vender ou trocar?*) ou, da simples **varina** (*Olha o carapau fresquinho!...*); ao "_arre burro!..._" de uma qualquer carroça, ao "*trim-trim*" da bicicleta, do eléctrico, do "*trólei*" (*trolley*) ou, ao simples "*som*" do motor de um veículo automóvel, que "*agitavam*" e/ou – porventura –, causavam algum maior "*incómodo*", aos residentes/transeuntes mais pacatos de algumas ruas, praças ou pátios...

Hoje, os "*ruídos*", revelam-se absolutamente distintos! ...

Têm início – desde logo –, numa qualquer buzina, num qualquer escape de algum automobilista mais "*apresado*" e/ou *naqueles* que preferem compartilhar/demonstrar as *suas* mais potentes e "*fabulosas*" aparelhagens estereofónicas; nos próprios sinais sonoros (aviso de permissão para invisuais), nos "*sonantes*" alarmes contra roubo/furto de veículos ou intromissão habitacional; perpassa à moto serra de uma obra de construção e, culmina, nas sirenes dos veículos da polícia, bombeiros e, ambulâncias...

Inclusive, até mesmo, as próprias exigências do parque habitacional sofreram profundas e significativas alterações!... Referimo-nos, obviamente, à própria "*forma*" de construção dos edifícios [(Decreto-Lei n.º 129/2002, de 11 de Maio (aprovou o **Regulamento dos Requisitos Acústicos dos Edifícios**)].

Por sua vez, a habitação colectiva em altura, as constantes exigências do trânsito automóvel e – consequente – estacionamento, aconselharam, novas configurações urbanas! ...Além do mais, o próprio sentido e alcance do conceito **cidade** (centro urbano) apresenta – cada vez mais – múltiplas diversidades de *formas*, estilos de vida e, culturas que se cruzam e enquadram nessa mesma designação.

Por outro lado, a própria regressão económica agrícola, a progressiva colonização turística dos meios rurais (o designado: *"turismo rural"* e, de *"segunda habitação"*); também originaram todo um novo conjunto de *"ruídos"*!...

Enfim!... Seja, na *cidade* ou no *campo*, o **ruído**, transformou-se num autêntico *"desassossego"* para a generalidade dos seus habitantes! ... Numa simples palavra: um verdadeiro *"inimigo público"*! ...

Como é compreensível, a generalidade da população e – muito particularmente –, dos *"lesados"* progressivamente, assumiram consciência dos próprios efeitos nocivos *dessa* tão nefasta *"poluição sonora"*...

Concomitantemente – ao longo das duas/três últimas décadas –, o *direito à saúde*, sossego e/ou repouso, ao *bem-estar*, a um ***ambiente sadio*** e, consequentemente ao natural *direito à qualidade* de vida; (re)afirmaram-se como ***direitos absolutos*** – constitucionalmente protegidos – que visam tutelar a ***integridade física e moral*** de qualquer *indivíduo*.

Afinal, os – múltiplos – (novos) ***"ruídos"***, constituem um dos principais e primordiais factores que perturbam o *ambiente urbano*. Natural e consequentemente, com particular responsabilidade, na própria degradação da *qualidade* de vida do(s) *indivíduo(s)*.

Neste contexto – desde 1987 –, numa primeira aproximação temática, consagrou-se por via da Lei n.º 11/87, de 11 de Abril (**Lei de Bases do Ambiente**) e, do Decreto-Lei n.º 251/87, de 24 de Junho (**Regulamento Geral do Ruído**), a prevenção do *ruído* e o controlo da *poluição sonora*, visando – primordialmente – a salvaguarda da saúde humana e o bem-estar de toda a população.

Nessa medida, o próprio preâmbulo do aludido diploma afirmava: *«O ruído, como estímulo sonoro sem conteúdo informativo para o auditor, que lhe é desagradável ou que o traumatiza, constitui actualmente um dos principais factores de degradação da qualidade de vida e representa, como tal, um elemento importante a considerar no contexto da saúde ambiental e ocupacional das populações.*

*(...) uma política de prevenção e combate ao ruído, circunstância indissociável da promoção de um ambiente menos traumatizante e mais sadio.»*

Todavia, incumbe ao *legislador ordinário*, estar atento aos *"sinais"* da sociedade. Quer dizer: corresponder às múltiplas necessidade (entenda-se: *"ruídos"*)! ... É essa – afinal – a *sua* principal *missão*.

Por tudo isso e, tendo em muito especial consideração as (*novas*) necessidades dos *"Tempos"*; entendeu por bem, o *legislador ordinário* – volvidos sensivelmente treze anos –, efectuar algumas alterações ao aludido diploma.

Nesse sentido, o Decreto-Lei n.º 292/2000, de 14 de Novembro, veio *"consolidar"* a aplicação do ***princípio*** da prevenção em matéria de **ruído**. Desde logo, o primeiro aspecto a merecer um comentário, respeita à nova designação: *"regime legal sobre a poluição sonora"*. Isto, nunca, perdendo de vista: «*Regulamento Geral do Ruído*».

Por outro lado, o regime em vigor – pioneiro e de inegável importância, na regulação da poluição sonora –, demonstrava-se manifestamente insuficiente para a salvaguarda da saúde e bem-estar da população.

Além do mais, o próprio nível de *"conflitualidade social"*, originada por quaisquer situações conexas ao fenómeno do *"ruído"* – muitas *delas* destituídas de qualquer enquadramento legal – demonstrava a respectiva insuficiência.

Em termos gerais, verificava-se o alargamento do âmbito de aplicação, a articulação com a restante disciplina jurídica, nomeadamente urbanística, o reforço do princípio da actuação preventiva, a adopção de figuras de planeamento específicas, a regulação de actividades temporárias geradoras de ruído e do ruído de vizinhança, o aperfeiçoamento do regime sancionatório e a previsão de medidas cautelares.

Ademais, saliente-se a revogação dos preceitos da Portaria n.º 326/95, de 4 de Outubro, que estabelecia a cobrança de valores e a possibilidade de imposição de prestação de caução, pelas direcções regionais do ambiente e do ordenamento do território, em sede de ensaios acústicos realizados no âmbito de acções de fiscalização do cumprimento do diploma quanto efectuados para avaliação do grau de incomodidade; na sequência de reclamações e a requerimento de entidades de entidades públicas ou privadas.

Nesse contexto, uma das medidas mais significativas do diploma, centrava-se na possibilidade de imposição de prestação de caução aos agentes económicos que desenvolvessem actividades potencialmente ruidosas, a qual poderia – até – ser devolvida caso não surgissem, num prazo razoável, quaisquer reclamações por incomodidade; quando imputáveis à actividade ou, eventual, reconhecimento pela respectiva improcedência.

De todo o modo, a própria evolução ocorrida em face do entendimento/ tratamento da *"poluição sonora"*, nomeadamente as *"novas"* tendências (transposição da directiva n.º 2002/49/CE e, do Conselho, de 25 de Junho), originaram alguns ajustamentos ao aludido regime.

Como tal, o Decreto-Lei n.º 9/2007, de 17 de Janeiro, constitui o reflexo de todas *essas* mesmas necessidades.

# II
# DECRETO-LEI N.º 9/2007, DE 17 DE JANEIRO

A prevenção do ruído e o controlo da poluição sonora visando a salvaguarda da saúde humana e o bem-estar das populações constitui tarefa fundamental do Estado, nos termos da Constituição da República Portuguesa e da Lei de Bases do Ambiente. Desde 1987 que esta matéria se encontra regulada no ordenamento jurídico português, através da Lei n.º 11/87, de 11 de Abril (Lei de Bases do Ambiente), e do Decreto-Lei n.º 251/87, de 24 de Junho, que aprovou o primeiro regulamento geral sobre o ruído.

O Decreto-Lei n.º 292/2000, de 14 de Novembro, que aprovou o regime legal sobre poluição sonora, revogou o referido decreto-lei de 1987 e reforçou a aplicação do princípio da prevenção em matéria de ruído.

A transposição da directiva n.º 2002/49/CE, do Parlamento Europeu e do Conselho, de 25 de Junho, relativa à avaliação e gestão do ruído ambiente, tornou premente proceder a ajustamentos ao regime legal sobre poluição sonora aprovado pelo Decreto-Lei n.º 292/2000, de 14 de Novembro, com as alterações introduzidas pelos Decretos-Leis n.os 76/2002, de 26 de Março, 259/2002, de 23 de Novembro, e 293/2003, de 19 de Novembro, de modo a compatibilizá-lo com as normas ora aprovadas, em especial a adopção de indicadores de ruído ambiente harmonizados.

Na oportunidade considerou-se importante proceder também à alteração de normas do regime legal sobre poluição sonora que revelaram alguma complexidade interpretativa com consequências para a eficácia do respectivo regime jurídico. Urge pois clarificar a articulação do novo Regulamento Geral do Ruído com outros regimes jurídicos, designadamente o da urbanização e da edificação e o de autorização e licenciamento de actividades.

Acresce que o regime legal sobre poluição sonora foi objecto de alterações introduzidas por diversos diplomas legais, pelo que se justifica actualizar as suas normas e conferir coerência a um regime que se revela tão importante para a saúde humana e o bem-estar das populações.

Foram ouvidos a Associação Nacional dos Municípios Portugueses e os órgãos de governo próprio das Regiões Autónomas.

Assim:

No desenvolvimento do regime jurídico estabelecido pela Lei n.º 11/87, de 7 de Abril, e nos termos das alíneas *a*) e *c*) do n.º 1 do artigo 198.º da Constituição, o Governo decreta o seguinte:

### ARTIGO 1.º
### Aprovação do Regulamento Geral do Ruído

É aprovado o Regulamento Geral do Ruído, que se publica em anexo ao presente decreto-lei e dele faz parte integrante.

### ARTIGO 2.º
### Alteração ao Decreto-Lei n.º 310/2002, de 18 de Dezembro

Os artigos 30.º e 32.º do Decreto-Lei n.º 310/2002, de 18 de Dezembro, passam a ter a seguinte redacção:

### «ARTIGO 30.º
### [. . .]

1 – . . . . . . . . . . . . . . . . . . . . . . . . . . . . . . . . . . . . .
2 – . . . . . . . . . . . . . . . . . . . . . . . . . . . . . . . . . . . . .
3 – . . . . . . . . . . . . . . . . . . . . . . . . . . . . . . . . . . . . .
*a*) . . . . . . . . . . . . . . . . . . . . . . . . . . . . . . . . . . . . .
*b*) Cumprimento dos limites estabelecidos no n.º 5 do artigo 15.º do Regulamento Geral do Ruído, quando a licença é concedida por período superior a um mês.

### ARTIGO 32.º
### [. . .]

1 – Sem prejuízo do disposto no número seguinte, a realização de festividades, de divertimentos públicos e de espectáculos ruidosos nas vias

*Decreto-Lei n.º 9/2007, de 17 de Janeiro* 23

públicas e demais lugares públicos nas proximidades de edifícios de habitação, escolares durante o horário de funcionamento, hospitalares ou similares, bem como estabelecimentos hoteleiros e meios complementares de alojamento só é permitida quando, cumulativamente:

*a*) Circunstâncias excepcionais o justifiquem;

*b*) Seja emitida, pelo presidente da câmara municipal, licença especial de ruído;

*c*) Respeite o disposto no n.º 5 do artigo 15.º do Regulamento Geral do Ruído, quando a licença é concedida por período superior a um mês.

2 – Não é permitido o funcionamento ou o exercício contínuo dos espectáculos ou actividades ruidosas nas vias públicas e demais lugares públicos na proximidade de edifícios hospitalares ou similares ou na de edifícios escolares durante o respectivo horário de funcionamento.

3 – . . . . . . . . . . . . . . . . . . . . . . . . . . . . . . . . . . . . .»

## Artigo 3.º

### Alteração à Portaria n.º 138/2005, de 2 de Fevereiro

Os n.ºs 1.º, 2.º e 3.º da Portaria n.º 138/2005, de 2 de Fevereiro, passam a ter a seguinte redacção:

«1.º . . . . . . . . . . . . . . . . . . . . . . . . . . . . . . . . . . .

*a*) . . . . . . . . . . . . . . . . . . . . . . . . . . . . . . . . . . .

*b*) . . . . . . . . . . . . . . . . . . . . . . . . . . . . . . . . . . .

*c*) . . . . . . . . . . . . . . . . . . . . . . . . . . . . . . . . . . .

*d*) . . . . . . . . . . . . . . . . . . . . . . . . . . . . . . . . . . .

*e*) . . . . . . . . . . . . . . . . . . . . . . . . . . . . . . . . . . .

*f*) Mapa de ruído.

2.º . . . . . . . . . . . . . . . . . . . . . . . . . . . . . . . . . . .

*a*) . . . . . . . . . . . . . . . . . . . . . . . . . . . . . . . . . . .

*b*) . . . . . . . . . . . . . . . . . . . . . . . . . . . . . . . . . . .

*c*) . . . . . . . . . . . . . . . . . . . . . . . . . . . . . . . . . . .

*d*) . . . . . . . . . . . . . . . . . . . . . . . . . . . . . . . . . . .

*e*) . . . . . . . . . . . . . . . . . . . . . . . . . . . . . . . . . . .

*f*) . . . . . . . . . . . . . . . . . . . . . . . . . . . . . . . . . . .

*g*) . . . . . . . . . . . . . . . . . . . . . . . . . . . . . . . . . . .

*h*) Mapa de ruído.

3.º . . . . . . . . . . . . . . . . . . . . . . . . . . . . . . .
*a)* . . . . . . . . . . . . . . . . . . . . . . . . . . . . . . .
*b)* . . . . . . . . . . . . . . . . . . . . . . . . . . . . . . .
*c)* . . . . . . . . . . . . . . . . . . . . . . . . . . . . . . .
*d)* . . . . . . . . . . . . . . . . . . . . . . . . . . . . . . .
*e)* . . . . . . . . . . . . . . . . . . . . . . . . . . . . . . .
*f)* . . . . . . . . . . . . . . . . . . . . . . . . . . . . . . .

*g)* Relatório sobre recolha de dados acústicos, ou mapa de ruído, nos termos do n.º 2 do artigo 7.º do Regulamento Geral do Ruído.»

## ARTIGO 4.º

### Regime transitório

Os municípios que dispõem de mapas de ruído à data de publicação do presente decreto-lei devem proceder à sua adaptação, para efeitos do disposto no artigo 8.º do Regulamento Geral do Ruído, até 31 de Março de 2007.

## ARTIGO 5.º

### Norma revogatória

Sem prejuízo do disposto no artigo anterior, é revogado o regime legal sobre poluição sonora, aprovado pelo Decreto-Lei n.º 292/2000, de 14 de Novembro, com as alterações que lhe foram introduzidas pelo Decreto-Lei n.º 259/2002, de 23 de Novembro.

## ARTIGO 6.º

### Regiões Autónomas

1 – O Regulamento Geral do Ruído aplica-se às Regiões Autónomas dos Açores e da Madeira, sem prejuízo das necessárias adaptações à estrutura própria dos órgãos das respectivas administrações regionais.

2 – O produto das coimas aplicadas nas Regiões Autónomas nos termos do Regulamento Geral do Ruído constitui receita própria daquelas.

## Artigo 7.º

### Entrada em vigor

1 – O presente decreto-lei entra em vigor no 1.º dia útil do mês seguinte ao da sua publicação.

2 – O presente decreto-lei é aplicável às infra-estruturas de transporte a partir do prazo de 180 dias após a data da sua publicação.

Visto e aprovado em Conselho de Ministros de 2 de Novembro de 2006. *José Sócrates Carvalho Pinto de Sousa – António Luís Santos Costa – Fernando Teixeira dos Santos – Francisco Carlos da Graça Nunes Correia –* Manuel António Gomes de Almeida de Pinho – Mário Lino Soares Correia.

Promulgado em 28 de Dezembro de 2006.

Publique-se.

O Presidente da República, Aníbal Cavaco Silva.

Referendado em 2 de Janeiro de 2007.

O Primeiro-Ministro, *José Sócrates Carvalho Pinto de Sousa.*

# Regulamento Geral do Ruído

## CAPÍTULO I
### Disposições gerais

ARTIGO 1.º
#### Objecto

O presente Regulamento estabelece o regime de prevenção e controlo da poluição sonora, visando a salvaguarda da saúde humana e o bem-estar das populações.

**Considerações Gerais**

1. Ao iniciarmos a presente reflexão temática, somos desde logo tentados e – porque não dizer mesmo!... –, quase compelidos a efectuar uma lacónica referência quanto à respectiva "***designação***".

Curiosamente, entendeu o *legislador ordinário* adoptar – e/ou regressar – à primitiva "***designação***": "***Regulamento Geral do Ruído***". Afastando desse modo – e/ou deixando cair em desuso... –, o abreviado e denominado "***RLPS*" – "*Regime Legal sobre a Poluição Sonora***", constante no diploma ora revogado (Decreto-Lei n.º 292/2000, de 14 de Novembro, com as alterações que lhe foram introduzidas pelo Decreto-Lei n.º 259/2002, de 23 de Novembro).

2. Em segundo lugar, este novo "***RGR***" surge no ordenamento jurídico pela extrema necessidade em harmonizar a legislação portuguesa, com os

modernos indicadores de ruído ambiente, acolhidos por via do **Decreto--Lei n.º 146/2006, de 31 de Julho** (transpôs para a ordem jurídica interna a Directiva n.º 2002/49/CE, do Parlamento Europeu e do Conselho, de 25 de Junho, relativa à avaliação e gestão do ruído ambiente).

Concomitantemente, tornava-se necessário alterar determinados aspectos de *forma* ou, de *conteúdo*, menos claros. Isto tudo, tendo em vista, facilitar a interpretação do diploma; e, proporcionar um melhor enquadramento com outros diplomas legais que na vigência do "*RLPS*" foram publicados e, com *ele* se cruzam.

A título meramente exemplificativo atente-se à introdução no regime da urbanização e edificação, da obrigatoriedade de análise da vertente ruído e, consequente fixação de documentos (v.g. projecto acústico, mapa de ruído, relatório de recolha de dados acústicos) a entregar para efeitos de procedimentos de licenciamento ou autorização.

3. Neste mesmo quadro, saliente-se – inclusive – a harmonização do regime das actividades ruidosas temporárias com o regime de licenciamento de espectáculos e divertimentos em espaços públicos ao ar livre.

4. Cabe, *hic et nunc*[9], compreender a (**re**)construção do "*novo*" **Regulamento Geral do Ruído**.

Contrariamente ao anterior *regulamento* – constituído por 6 capítulos e 28 artigos –, o novo "*RGR*" assenta os respectivos "*alicerces*" numa nova *estrutura*.

A saber:

*a*) Capítulo I – Disposições Gerais (artigo 1.º a 5.º);

*b*) Capítulo II – Planeamento Municipal (artigo 6.º a 10.º);

*c*) Capítulo III – Regulação da produção do ruído (artigo 11.º a 25.º);

*d*) Capítulo IV – Fiscalização e regime contra-ordenacional (artigo 26.º a 30.º);

*e*) Capítulo V – Outros regimes e disposições de carácter técnico (artigo 31.º a 34.º)

5. O "*RGR*", além de proceder à transposição da Directiva indicada no ponto 2., ainda, *altera* e *revoga*:

---

[9] Aqui e agora, imediatamente, sem demora.

| Altera | Altera | Revoga |
|---|---|---|
| Decreto-Lei n.º 310/2002, de 18 de Dezembro | Portaria n.º 138/2005, de 2 de Fevereiro | *"RLPS"* Decreto-Lei n.º292/2000, de 14 de Fevereiro, com |
| Diploma atribui às Câmaras Municipais competência em matéria de licenciamento de actividades diversas, até então dos Governos Civis. | Estabelece os elementos a acompanhar os PMOT, em conformidade com o Decreto-Lei n.º 380/99, | as alterações introduzidas pelo Decreto-Lei n.º 259/ /2002, de 23 Novembro. |

6. *Grosso modo*[10], o novo *"RGR"* – à semelhança do revogado *regulamento* –, revela-se aplicável às actividades ruidosas *permanentes* e *temporárias*; bem como, ao **ruído de vizinhança** (princípio da protecção do cidadão relativamente a vizinhos menos escrupulosos na produção/ emissão de ruídos...) e, a todas e quaisquer outras *formas* de ruído *susceptíveis* de causar qualquer *tipo* de *incomodidade*.

Nomeadamente:

– construção, reconstrução, ampliação, alteração ou conservação de edificações;
– obras de conservação civil;
– laboração de estabelecimentos industriais, comerciais e de serviços;
– equipamentos para utilização no exterior;
– infra-estruturas de transporte, veículos e tráfegos;
– espectáculos, diversões, manifestações desportivas, feiras e mercados;
– sistemas sonoros de alarme.

7. Uma palavra relativamente ao respectivo e competente "*objecto e âmbito de aplicação*". Na realidade, o anterior artigo 1.º transformou-se – agora – em dois artigos: um referente ao *objecto*, outro relativo ao *âmbito*. Apenas, foi retirado do respectivo "*âmbito de aplicação*", as *sinalizações sonoras* (constantes no n.º 4 do artigo 2.º do diploma em análise).

---

10 Aproximadamente; mais ou menos.

8. Num plano distinto, merece – desde logo –, um particular comentário as *novas* **definições**. Com muito especial destaque para as de ***grande infra-estrutura*** (aéreo, ferroviário e rodoviário), "fonte de ruído", "receptor de ruído" entre outras... (alíneas *a)*, *d)*, *e)*, *f)*, *g)*, *h)*, *i)*, *j)*, *l)*, *m)*, *n)*, *q)*, *s)*, *t)*, *u)* e *z)* do artigo 3.º) e, os novos ***períodos de referência*** (alínea *p)* do artigo 3.º).

Designadamente:

| Período | Horário |
|---|---|
| Período Diurno | 07 às 20 horas |
| Período do Entardecer | 20 às 23 horas |
| Período Nocturno | 23 às 07 horas |

Neste panorama, o recente "**RGR**" (*re*)apresenta – novamente – três "***períodos de referência***". O que constitui uma alteração (significativa) ao anterior regime; porquanto, apenas previa o "*período diurno*" (07 às 22 horas) e, o "*período nocturno*" (22 às 07 horas).

Quanto, às **definições** destaque – ainda –, para os "*renovados*" *indicadores de ruído*:

– indicador de ruído diurno-entardecer-nocturno ($L_{den}$) o indicador de ruído expresso em dB(A), associado ao incómodo global, dado pela expressão:

$$L_{den} = 10 \times \log \frac{1}{24} \left[ 13 \times 10^{\frac{L_d}{10}} + 3 \times 10^{\frac{L_e+5}{10}} + 8 \times 10^{\frac{L_n+10}{10}} \right]$$

– Em que $L_d$ «indicador de ruído diurno» é o nível sonoro médio de longa duração, determinado durante uma série de períodos diurnos representativos de um ano;
– Em que $L_e$ «indicador de ruído do entardecer» é o nível sonoro médio de longa duração, determinado durante uma série de períodos de entardecer representativos de um ano;
– Em que $L_n$ «o indicador de ruído nocturno» é o nível sonoro médio de longa duração, determinado durante uma série de períodos nocturnos representativos de um ano.

Em suma: trata-se da adaptação de carácter técnico do *critério de incomodidade*, com a natural fixação de *valores-limite* para cada um *desses* períodos de referência.

Assinale-se, ainda, a possibilidade de apreciação, caso-a-caso, de metodologia de determinação do **ruído residual** (n.º 6 do artigo 13.º).

9. De um modo geral, o designado "***ruído de vizinhança***" (alínea *r)* do artigo 3.º), constitui – já – um problema (*quase*) clássico... Afinal, ao longo das – três – últimas décadas, este género de "*conflitualidade*" representa/apresenta uma proliferação de "*querelas*" nas "*relações de vizinhança*".

Motivações, absolutamente, díspares contribuíram para essa mesma situação (i.e. "*conflitualidade*"). Teve, desde logo, início na própria tipologia dos respectivos edifícios (v.g. conjuntos de edifícios funcionalmente ligados entre si; multifuncionais – comércio, habitação e serviços); perpassa ao avolumar de residentes e/ou utentes e, finalmente, culmina nas próprias imposições *destes* novos *Tempos* (*uns*, trabalham de 2.ª a 6.ª feira das 9.00 às 18.00 horas; *outros*, com horários e folgas numa permanente rotatividade).

Ciente e atento, à multiplicidade de todas *estas* situações, o *legislador ordinário* entendeu – por bem!... –, convencionar um *período mínimo* para os "*residentes*" (v.g. *proprietário/condómino*, *arrendatário*, entre outras situações!...) *usufruírem* do correspondente *direito* ao **repouso** e **tranquilidade**.

Assim, na esteira do que vimos salientando – e, em consideração ao anterior *regulamento* –, atente-se particularmente às medidas preconizadas pelo *legislador ordinário* para integral e completa "***reposição***" *desse direito* ao **repouso** e **tranquilidade**; competindo às competentes autoridades policiais a fiscalização pelo cumprimento das normas previstas no "***RGR***" (conjugação dos artigos 24.º e 26.º).

Nesta óptica, em apoio de quanto antecede, refira-se constituírem ***contra-ordenações leves*** a violação do vertido nas alíneas *h)* e *i)* do artigo 28.º. Matéria, sobre a qual, teremos oportunidade de retomar num momento mais adequado.

10. Na mesma linha condutora do anterior *regulamento* (Decreto-Lei n.º 292/2000, de 14 de Novembro), subsiste no seio dos <u>municípios</u> toda a classificação, delimitação e disciplina das *zonas sensíveis* e das *zonas*

*mistas* no âmbito dos **planos municipais de ordenamento do território** (artigo 6.º).

Ora, isso significa, que a aludida classificação seja realizada tanto ao nível dos novos planos, como ao nível dos planos já em vigor. Caso, em que as competentes autarquias devem, promover a necessária revisão ou alteração.

Para além disso, incumbe aos municípios que constituam uma aglomeração com uma população superior a 100 000 habitantes e, uma densidade populacional superior a 2 500 habitantes/Km², a elaboração de "**mapas estratégicos de ruído**", em sintonia com o disposto no Decreto-Lei n.º 146/2006, de 31 de Julho (artigo 7.º).

11. Importa, ainda, efectuarmos um esclarecimento em sede de *zonas sensíveis* ou *mistas* com ocupação expostas a *ruído ambiente* exterior que ultrapassem os valores limite indicados no artigo 11.º do regulamento *sub judice*[11]. Nessa situação, devem ser objecto de planos municipais de *redução de ruído*. Planos *estes* de carácter absolutamente **vinculativo** (entidades públicas e privadas) e, convenientemente, <u>aprovados</u> pela **assembleia municipal**, sob proposta da (respectiva) câmara municipal. Consequentemente, a competente execução deve sobrevir num prazo – máximo – de <u>dois anos</u>, a contar a partir da data de publicação do "**RGR**".

Já, no que tange aos municípios que porventura constituam <u>aglomerações</u> com uma população residente superior a 100 000 habitantes e uma densidade populacional superior a 2 500 habitantes/Km², a redução do ruído deve ser assegurada por via de *planos de acção*, conforme resulta do disposto no Decreto-Lei n.º 146/2006, de 31 de Julho.

12. Abordemos, igualmente, o "**controlo prévio das operações urbanísticas**", constantes no artigo 12.º. Matéria, profundamente, controversa.

Com efeito, o n.º 5 do artigo 12.º refere «*a utilização ou alteração da utilização de edifícios e suas fracções está sujeita à verificação do cumprimento do projecto acústico a efectuar pela câmara municipal, no âmbito do respectivo procedimento de licença ou autorização da utilização*». Contudo, o mesmo refere – logo de seguida – «*<u>podendo a câmara, para o efeito, exigir a realização de ensaios acústicos</u>*».

---

[11] Em análise.

Ora, o facto do diploma referir "*podendo*", parece não tornar obrigatório!...

Seja porém como for, o pleno e integral *cumprimento* do "*RRAE*" – **Regulamentos dos Requisitos Acústicos dos Edifícios**, revela-se – absolutamente – *obrigatório*.

Cremos, caso se confirme o *incumprimento* do aludido diploma, num edifício ou fracção, licenciado pela competente câmara – face ao referido normativo –, a câmara municipal não *pode*(*rá*) ficar isenta de eventuais *responsabilidades...*

13. Em complemento de quanto antecede, retenha-se a importância do Decreto-Lei n.º 96/2008, de 9 de Junho (procede à primeira alteração ao Decreto-Lei 129/2002, de 11 de Maio – "*RRAE*" – **Regulamentos dos Requisitos Acústicos dos Edifícios)**.

As alterações introduzidas actualizam os parâmetros de desempenho acústico dos edifícios e, os indicadores do ruído de equipamentos e instalações.

Verifica-se, assim, uma compatibilização com as disposições do "*RGR*".

Procede-se, ainda, à alteração das normas relativas às contra-ordenações, adaptando-as ao regime das contra-ordenações ambientais, constantes da Lei n.º 50/2006, de 29 de Agosto.

Face ao *vacatio legis* constante no Decreto-Lei n.º 96/2006, de 9 de Junho (artigo 5.º "Entrada em vigor" «*O presente Decreto-Lei entra em vigor no 1.º dia útil do mês seguinte ao da sua publicação*"), entrou em vigor no dia **1 de Julho de 2008**.

14. Uma referência – ainda – quanto à conectividade *regime jurídico de avaliação de impacte ambiental* (Decreto-Lei n.º 69/2000, de 3 de Maio) e, "*RGR*".

Neste quadro, sempre que a operação urbanística em causa, se encontre sujeita ao aludido regime, o "*RGR*" determina que o cumprimento dos referidos valores deve ser verificado no âmbito do respectivo procedimento.

Todavia, quando a operação não se enquadre no aludido regime, deve ser efectuada no âmbito dos procedimentos previstos no "*RJUE*" – **Regime Jurídico da Urbanização e Edificação** (Decreto-Lei n.º 555/99, de 16 de Dezembro); devendo o interessado apresentar os elementos constantes na **Portaria n.º 1110/2001, de 19 de Dezembro**.

15. Merece – igualmente – uma particular menção, a fixação pelo "*RGR*" de um conjunto de requisitos a observar para a instalação e exercício de quaisquer "*actividades ruidosas permanentes*" ou – eventualmente –, "*temporárias*".

Nesta *ratio*[12], o exercício de quaisquer "*actividades ruidosas temporárias*", podem ser **autorizadas**, em situações excepcionais e devidamente justificadas, mediante a emissão para o efeito da competente "**licença especial de ruído**", pelo(s) respectivo(s) município(s).

16. Antes de terminarmos, merece a pena, evidenciar as alterações introduzidas pelo novo "*RGR*" no respectivo quadro sancionatório.

À semelhança do anterior regulamento, persiste no novo "*RGR*", a classificação das contra-ordenações entre *leves* e *graves*; consoante a relevância dos *direitos* e interesses envolvidos. Contudo, atendendo ao disposto no novo regime, verifica-se um agravamento dos respectivos montantes.

Simultaneamente, verifica-se uma profunda conjugação/conciliação de esforços entre o regime em análise e, a **Lei n.º 50/2006, de 29 de Agosto** (aprovou a Lei-Quadro das Contra-Ordenações Ambientais). Isto, porquanto, quaisquer *ilícitos contra-ordenacionais* são – agora –, punidos em conformidade com o disposto neste último diploma; bem como, no que concerne à ordenação de eventuais *medidas cautelares* e, subsequente, aplicação de quaisquer *sanções acessórias*.

Em razão de quanto fica exposto e, volvendo ao tão inconveniente e sempre indesejado "*ruído de vizinhança*"; afigura-se-nos, apropriado, fornecer dois quadros exemplificativos:

QUADRO 1

| Pessoas Singulares | Montante | Enquadramento Legal |
|---|---|---|
| Negligência | € 500 a € 2 500 | Alínea *a*) do n.º 2 artigo 22.º da |
| Dolo | € 1 500 a € 5 000 | Lei n.º 50/2006, de 29 de Agosto |

---

[12] Razão.

*Regulamento Geral do Ruído* 35

QUADRO 2

| Pessoas Colectivas | Montante | Enquadramento Legal |
|---|---|---|
| *Negligência* | € 9 000 a € 13 000 | Alínea *b*) do n.º 2 artigo 22.º da |
| *Dolo* | € 16 000 a € 22 500 | Lei n.º 50/2006, de 29 de Agosto. |

Neste contexto, é ainda de acrescentar:

– O arguido pode proceder ao **pagamento** voluntário da <u>coima</u> no prazo de **15 dias úteis**, excepto nos casos em que não haja cessação da actividade ilícita (n.º 1 do artigo 50.º da Lei 50/2006, de 29 de Agosto);

– Fora dos casos de reincidência, no pagamento voluntário, a coima é liquidada pelo valor mínimo que corresponda ao tipo de infracção praticada (n.º 3 do artigo 54.º, da Lei n.º 50/2006, de 29 de Agosto);

– O **pagamento voluntário** da coima equivale a <u>condenação</u>, não excluindo a possibilidade de *<u>aplicação de sanções acessórias</u>* (n.º 4 do artigo 54.º, da Lei 50/2006, de 29 de Agosto);

– O **pagamento voluntário** da coima é <u>admissível</u> em qualquer altura do processo, mas sempre *<u>antes da decisão</u>* (n.º 5 do artigo 54.º, da Lei 50/2006, de 29 de Agosto).

17. A finalizar, não virá fora de propósito, recordar como o "*ruído*" se manifesta em múltiplas *formas* e *situações*.

Com vista a facilitar, no terreno da "*origem*", "*entidade*" competente para <u>reclamação</u> e, respectivo **enquadramento legal**; facultamos, um breve quadro exemplificativo e elucidativo às mais diversas situações "<u>ruidosas</u>".

| Ruído / Origem | Entidade (reclamação) | Legislação |
|---|---|---|
| **Vizinhos** (animais de estimação, vozes, música, etc…) | Autoridade policial | "RGR" (artigo 24.º) |
| **Comércio** (estabelecimentos restauração e bebidas, supermercados, talhos, padarias, lavandarias, oficinas reparação automóveis, pavilhões desportivos, etc,) | Entidade licenciadora da actividade (câmara municipal) Inspecção-Geral do Ambiente e do Ordenamento do Território **Autoridades policiais** | "RGR" (artigo 13.º) |
| **Serviços** (Bancos, correios, escolas, actividades religiosas, etc…) | Entidade licenciadora da actividade (câmara municipal e/ou direcção regional da educação) Inspecção-Geral do Ambiente e do Ordenamento do Território | "RGR" (artigo 13.º) |
| **Indústria** | Entidade licenciadora da actividade (Direcção regional da economia) Inspecção-Geral do Ambiente e do Ordenamento do Território | "RGR" (artigo 13.º) |
| **Pedreiras** | Entidade licenciadora (Direcção Regional de economia) Inspecção-Geral do Ambiente e do Ordenamento do Território | "RGR" (artigo 13.º) |
| Parques eólicos, linhas de transporte de energia, centrais eléctricos, postos de trans-formação | Entidade licenciadora da actividade (Direcção Geral de Geologia e Energia, Direcção regional de economia) Inspecção-Geral do Ambiente e do Ordenamento do Território | "RGR" (artigo 13.º) |
| Infra-estruturas de transporte (auto estradas, IP, IC, estradas nacionais, municipais, ferro-vias, aeroportos, aeródromos) | Entidade licenciadora / responsável pela exploração da infra-estrutura (Estradas de Portugal, câmara municipal, REFER, ANA, …) Inspecção-Geral do Ambiente e do Ordenamento do Território | "RGR" (artigo 19.º) |

*Regulamento Geral do Ruído*

| Ruído / Origem | Entidade (reclamação) | Legislação |
|---|---|---|
| Espectáculos de natureza desportiva e divertimentos públicos nas vias, jardins e demais lugares públicos ao ar livre | Autoridade policial Câmara municipal | Decreto-Lei n.º 310/ 2002, de 18 de Dezembro (alterado Decreto-Lei n.º 9/2007, de 17 de Janeiro) |
| **Obras:** recuperação, remodelação, conservação no interior de habitações, de escritórios ou estabelecimentos comerciais | Autoridade policial Polícia municipal | "RGR" (artigo 16.º) |
| Actividades ruidosas temporárias não incluídas nos pontos anteriores | Autoridade policial Polícia municipal | "RGR (artigo 14.º) |
| **Veículos** | Autoridade policial | "RGR" (artigo 22.º) |
| **Alarmes** (intrusão em veículos) | Autoridade policial | "RGR" (artigo 23.º) |
| Equipamento colectivo de edifícios (ascensores, grupos hidropressores, sistemas centralizados de ventilação mecânica, automatismos de portas de garagem, postos de transformação de corrente eléctrica e escoamento de águas) | Câmara municipal | Decreto-Lei n.º 129/ 2002, de 11 de Maio"RRAE" – Regulamento dos Requisitos Acústicos dos Edifícios |
| Isolamento acústico de edifícios | Câmara municipal | Decreto-Lei n.º 129/ 2002, de 11 de Maio |
| Afectação da ordem, segurança ou tranquilidade públicas (existência de salas de dança e estabelecimentos de bebidas | Governo Civil | Decreto-Lei n.º 316/ 95, de 28 de Novembro (artigo 48.º) |

– Em primeiro lugar, importa efectuar uma referência à própria **Epígrafe** do artigo em anotação. Na realidade, a nova redacção abandona a expressão *"... e âmbito de aplicação"*.

– Por outro lado, o artigo em análise reproduz, com ligeiras alterações, o n.º 1 do artigo 1.º do revogado Decreto-Lei n.º 292/200, de 14 de Setembro.

– Vide, ainda, alínea *r)* do artigo 3.º e, artigo 24.º.

– Vide, igualmente, ponto 7 da *"Considerações Gerais"* ao artigo 1.º.

## Resenha jurisprudencial

*"I – Uma das vertentes do direito à vida – consagrado na Declaração Universal dos Direitos do Homem (artigo 3.º), Constituição da República (artigo 16.º, n.º 2) e C. Civil (artigo 70.º) – é o direito à qualidade de vida.*

*II – Num conflito de valores e interesses entre a laboração de uma instalação fabril e um ambiente de vida humano, sadio e equilibrado, deve dar-se prevalência a este.*

*III – A condenação não está limitada pelas palavras usadas no pedido; o que importa é o sentido do pedido."*[13]

*"I – Os valores protegidos pelas leis do ambiente, tanto pela Constituição (artigos 9.º, al. e), 66.º, n.º 2, 81.º, al. a), 90.º e 93.º, al. d) como na lei ordinária (Lei n.º 11/87, de 7 de Abril, e Dec-Lei n.º 251/87, de 24 de Junho, com as alterações dos Decs-Lei n.º 292/ 89, de 2 de Setembro, e 292/00, de 14 de Novembro) protegem a pessoa humana, a qualidade de vida das pessoas físicas, dos indivíduos e não das pessoas colectivas ou empresas, salvo se, de acordo com as regras gerais e não propriamente por força da violação do regime legal do ambiente, o ruído, ainda que não quantitativamente excessivo, causar danos indemnizáveis.*

---

[13] Acórdão do Supremo Tribunal de Justiça, de 26 de Abril de 1995, in CJ – Acórdãos do Supremo Tribunal de Justiça, Tomo I, pág. 155 e seguintes.

*II – A exclusão da competência do Supremo sobre a matéria de facto significa que este Tribunal não pode censurar a apreciação da prova realizada nas instancias nem investigar ou exigir a produção de prova sobre outros factos, não que não possa controlar as decisões sobre a matéria de facto ou utilizar essa matéria para deduzir ou inferir outros factos.*

*III – A vinculação do Supremo à matéria de facto averiguada pelas instancias (artigo 792.º, n.º 2), não significa que este Tribunal não possa utilizar factos que não foram considerados pela Relação, antes deve ele servir-se de qualquer facto que, apesar de não utilizado pela Relação, seja de considerar adquirido desde a 1.ª instância, dos factos notórios (artigo 514.º, n.º 1) e de conhecimento funcional (artigo 514.º, n.º 2 do CPC)."*[14]

*"I – O direito à saúde e ao ambiente, dada a sua inerência ao homem como indivíduo, têm uma natureza análoga aos direitos fundamentais dos cidadãos.*

*II – Uma situação de conflito de direitos, entre o direito à saúde e ao ambiente sadio e o direito à iniciativa privada e à criação e exploração duma empresa, prevaleceria, necessariamente, o direito fundamental à vida em ambiente sadio e humano.*

*III – Sabendo-se que o ruído produzido fora da discoteca não advém directamente do seu funcionamento mas é produzido por terceiro (empregados e clientes após o encerramento e mesmo durante o funcionamento, mas fora do estabelecimento, já na via pública) não se pode situar a conduta da ré no âmbito dos factos praticados por acção, isto é, no domínio dos factos positivos de ilicitude.*

*IV – Quando muito pode-se considerar que a sua omissão (traduzida no facto de não tomar providências para que deixem de se produzir os ruídos exteriores à discoteca) será causa de dano, sempre que haja o dever jurídico especial de praticar um acto que seguramente ou muito provavelmente teria impedido a consumação desse dano.*

---

[14] Acórdão do STJ, de 22 de Junho de 2005, in CJ – Acórdãos do STJ, 2005, Tomo II, pág. 129 e seguintes.

*V – Mas, é ao Estado que compete assegurar e manter a ordem pública, evitando, designadamente, que cidadãos possam ser prejudicados nos seus direitos fundamentais – direitos de personalidade – por pessoas ou veículos que perturbam essa ordem pública."*[15]

*"I – Em caso de conflito, os direitos de personalidade prevalecem sobre os direitos de propriedade.*

*II – Os direitos de personalidade integram o direito ao sossego e ao repouso.*

*III – No âmbito dos direitos de personalidade, o julgador, ao aplicar a lei, deve atender à especial sensibilidade do lesado.*

*IV – O ruído, mesmo que seja inferior ao nível legalmente permitido, desde que seja cansativo, perturbante e prejudicial à saúde, impõe ao seu agente causador o dever de indemnizar o lesado."*[16]

*"I – Os direitos de propriedade, consagrados constitucionalmente, integram os direitos à saúde, ao repouso e sono normais. São, assim, direitos absolutos que visam tutelar a integridade física e moral do indivíduo e que impõem a todos o dever de se absterem de praticar actos que os ofendam.*

*II – O direito de propriedade e o direito ao trabalho, ainda que também constitucionalmente consagrados, não são direitos absolutos, pelo que podem e devem ser limitados no seu exercício pelos seus titulares, quando deste resulte lesão de direito absoluto, designadamente direito de personalidade.*

*III – Deste modo se os ruídos produzidos em certa discoteca, ainda que eventualmente dentro dos limites fixados regulamentarmente, põem em causa a saúde, o repouso e sono normais dos ocupantes de prédio contíguo, os donos daquele estabelecimento comercial estão obrigados, verificados os requisitos legais, a indemnizar aqueles, por violação do direito de personalidade atrás configurado, que lhes assiste."*[17]

---

[15] Acórdão da Relação do Porto, de 19 de Novembro de 1996, in CJ, 1996, tomo V, pág. 189 e segs.

[16] Acórdão da Relação de Coimbra, de 8 de Julho de 1997, in CJ, 1997, tomo IV, pág. 23 e segs.

[17] Acórdão da Relação de Évora, de 2 de Outubro de 1997, in CJ, 1997, tomo IV, pág. 275 e segs.

*"I – O direito de propriedade confere ao seu titular o gozo pleno e exclusivo de usar e fruir o que lhe pertence dentro dos limites da lei e com observância das restrições por ela impostas.*

*II – O direito de propriedade, como qualquer outro, deve ser exercido dentro dos limites decorrentes dos princípios da boa-fé, dos bons costumes e do seu fim económico ou social, sob pena de poder ser considerado abusivo.*

*III – Aquele que, com dolo ou mera culpa, violar ilicitamente o direito de outrem ou qualquer disposição legal destinada a proteger interesses alheios fica obrigado a indemnizar o lesado pelos danos resultantes da violação – artigo 483.º, n.º 1 do Código Civil.*

*IV – Provando-se que a instalação de um centro comercial junto da residência do Autor veio a prejudicá-lo com ruídos, emissão de sons, provocados pelas turbinas de ar condicionado dos geradores eléctricos e música constante das 8.30 às 24 horas, bem como por uma maior poluição do ar, provocada pela emissão de gases dos automóveis que utilizam o parque de estacionamento do centro comercial; que o parque de estacionamento, na parte mais alta, permite ver tudo para o pátio da casa do Autor; que a qualidade de vida do Autor se deteriorou devido ao aumento do movimento diurno e nocturno da zona; e que o Autor não consegue repousar ou descansar, como anteriormente, não tendo a tranquilidade e o sono que antes desfrutava, estes factos emergentes da construção efectuada pela Ré, puseram e põem em causa o direito à saúde e ao repouso que são essenciais a uma vivência tranquila, violando direitos absolutos, tutelados quer pela Lei ordinária – artigo 70.º do Código Civil – quer pela Lei Fundamental – seus artigos 24.º e 25.º.*

*V – Colidindo o direito de personalidade, na vertente direito à saúde, sossego e tranquilidade, e a um ambiente sadio e ecologicamente equilibrado, com o direito de propriedade, deve prevalecer o direito de personalidade.*

*VI – O licenciamento, concedido administrativamente, significa apenas a autorização dada pela autoridade administrativa competente para a laboração de determinado estabelecimento, mas não isenta de responsabilidade civil os seus proprietários por qualquer violação dos direitos de outra pessoa, maxime dos direitos de propriedade.*

*VII – Tem o Autor, pois, o direito a ser indemnizado por danos não patrimoniais, que, tendo-se recorrido à equidade e tendo em conta os elementos a que o artigo 494.º do Código Civil, manda atender, bem fixados foram em 1800 contos.*"[18]

*"I – Os direitos de personalidade são protegidos contra qualquer ofensa ilícita, nos termos do artigo 70.º do CC, não sendo necessária a culpa nem a intenção de prejudicar o ofendido, pois decisiva é a ofensa em si.*

*II – Constitui ofensa ilícita do direito ao repouso (que se integra no direito à integridade física e a um ambiente de vida humano sadio e ecologicamente equilibrado e, através destes, no direito à saúde e qualidade de vida) a actividade de uma Discoteca causadora de ruído de tal ordem que provoca o desassossego, a intranquilidade e consequências físicas e psíquicas indesejáveis e graves no agregado familiar que reside em prédio contíguo.*

*III – Não afasta o carácter ilícito da ofensa o facto de a emissão de ruído estar contida nos limites legalmente fixados e de tal actividade ter sido autorizada administrativamente.*

*IV – O direito à integridade física, à saúde, ao repouso e ao sono prevalece, nos termos do artigo 335.º, n.º 2, do CC, sobre o direito de propriedade e o direito ao exercício de uma actividade comercial do titular da Discoteca.*"[19]

*"– Tendo-se provado que, no andar arrendado a uma sociedade comercial para os seus escritórios e gabinete de estudos e elaboração de projectos de construção, casais novos não identificados, no máximo em número de dois, nele entraram de noite, com frequência, procurando evitar ser vistos e conhecidos, fazendo suspeitar que aí iam praticar actos sexuais, e, além disso, aí ouviam música ruidosa, perturbando, assim, a tranquilidade moral e física dos habitantes do prédio, justifica -se a resolução do arrendamento com base na alínea c) do artigo 1093.º, n.º 1, do Código Civil, já que o prédio era utilizado para práticas imorais ou desonestas e ainda para práticas*

---

[18] Acórdão de 23-10-2000, Proc. N.º 1055/00, Tribunal da Relação do Porto, in www.dgsi.pt

[19] Acórdão do Supremo Tribunal de Justiça, de 6 de Maio de 1998, in CJ, 1998, tomo II, pág. 76 e segs.

*hoje ilícitas (ruídos nocturnos...) em virtude da protecção concedida pelo artigo 70.° do actual Código Civil, à personalidade física da pessoa, em que cabe, perfeitamente, o direito ao sono ou sossego nocturno.*"[20]

*"I – O direito à vida, à integridade física, à honra, à saúde, ao bom nome, à intimidade, à inviolabilidade de domicílio e de correspondência, e ao repouso essencial à existência, são exemplos de direitos de personalidade reconhecidos pela nossa lei, constituindo a sua violação facto ilícito gerador da obrigação de indemnizar o lesado.*

*II – O lar de cada um é o local normal de retempero das forças físicas e anímicas desgastadas pela vivência no seio da comunidade, mormente nos grandes centros urbanos.*

*III – Não disfruta de ambiente repousante, calmo e tranquilo quem, como a recorrida no presente processo, se encontra sujeita a barulhos produzidos na casa dos vizinhos, que habitam no pavimento imediatamente superior do mesmo prédio, proveniente do bater de portas, do arrastamento de móveis, do funcionamento dos aparelhos de rádio e televisão, o que a tem levado a socorrer-se de clínicos que a medicam e recomendam a melhorar as condições ambientais, tendo sido forçada a pedir frequentemente a pessoas amigas que lhe facultem pernoitar em sua casa, por não poder suportar os ruídos que a atingem na sua habitação.*"[21]

*"I – O direito à saúde e ao ambiente, dada a sua inerência ao homem como indivíduo, têm uma natureza análoga aos direitos fundamentais dos cidadãos.*

*II – Uma situação de conflito de direitos, entre o direito à saúde e ao ambiente sadio e o direito à iniciativa privada e à criação e exploração duma empresa, prevaleceria, necessariamente, o direito fundamental à vida em ambiente sadio e humano.*

---

[20] Acórdão da Relação de Lisboa, de 11 de Fevereiro de 1976, in BMJ n.° 256, pág. 165 e seguintes.

[21] Acórdão do Supremo Tribunal de Justiça, de 13 de Março de 1986, in BMJ n.° 355, pág. 356 e seguintes.

*III – Sabendo-se que o ruído produzido fora da discoteca não advém directamente do seu funcionamento mas é produzido por terceiro (empregados e clientes após o encerramento e mesmo durante o funcionamento, mas fora do estabelecimento, já na via pública) não se pode situar a conduta da ré no âmbito dos factos praticados por acção, isto é, no domínio dos factos positivos de ilicitude.*

*IV – Quando muito pode-se considerar que a sua omissão (traduzida no facto de não tomar providências para que deixem de se produzir os ruídos exteriores à discoteca) será causa de dano, sempre que haja o dever jurídico especial de praticar um acto que seguramente ou muito provavelmente teria impedido a consumação desse dano.*

*V – Mas, é ao Estado que compete assegurar e manter a ordem pública, evitando, designadamente, que cidadãos possam ser prejudicados nos seus direitos fundamentais – direitos de personalidade – por pessoas ou veículos que perturbam essa ordem pública."*[22]

*"I – Em caso de conflito, os direitos de personalidade prevalecem sobre os direitos de propriedade.*

*II – Os direitos de personalidade integram o direito ao sossego e ao repouso.*

*III – No âmbito dos direitos de personalidade, o julgador, ao aplicar a lei, deve atender à especial sensibilidade do lesado.*

*IV – O ruído, mesmo que seja inferior ao nível legalmente permitido, desde que seja cansativo, perturbante e prejudicial à saúde, impõe ao seu agente causador o dever de indemnizar o lesado."*[23]

*"I – Para prevenir o dano que representa ofensa dos direitos de personalidade, deve utilizar-se a forma de processo prevista no artigo 1474.º do Código de Processo Civil.*

*II – E, para a resolução e reparação da colisão de direitos a que alude o artigo 335.º do Código Civil, a forma de processo comum.*

---

[22] Acórdão da Relação do Porto, de 19 de Novembro de 1996, in CJ, 1996, Tomo V, pág. 189 e segs.

[23] Acórdão da Relação de Coimbra, de 8 de Julho de 1997, in CJ, 1997, Tomo IV, pág. 23 e segs.

*III – O disposto no artigo 1346.º do Código Civil não é aplicável à ocorrência de ruído intenso, emitido por compressor instalado no rés-do-chão de um prédio, que incomoda o proprietário do imóvel, que habita o andar.*

*IV – Se, por entender que o autor pretendia a aplicação do disposto no dito artigo 1346.º, foi a acção mandada prosseguir como de arbitramento, aproveitando-se a petição inicial e mantendo-se a causa de pedir e o pedido formulado, deve aproveitar-se o processado para conhecer do pedido de tutela do direito de personalidade, mesmo porque o processo previsto no artigo 1474.º do Código de Processo Civil é menos solene do que a forma de processo que foi utilizada."*[24]

*"I – São requisitos do direito de oposição previsto no artigo 1346.º do CC:*

*a) a emissão de ruídos, ou a produção de trepidações e outros factos semelhantes;*

*b) que os mesmos provenham do prédio vizinho;*

*c) que as respectivas emissões importem um prejuízo substancial para o uso do imóvel vizinho;*

*d) ou que não resultem da utilização normal do prédio de que emanam.*

*II – Em relação aos dois últimos requisitos não se exige a sua verificação conjunta, bastando tão-só que um deles ocorra.*

*III – O conceito de "prédio vizinho", a que alude o 2.º requisito do normativo legal atrás citado, deve ser interpretado em sentido lato por forma a nele serem incluídas as fracções autónomas do mesmo prédio.*

*IV – Por sua vez, o conceito de "prejuízo substancial" a que alude o 3.º requisito do citado normativo legal deve ser entendido como envolvendo um dano real de acentuado valor.*

*V – Constituindo o direito ao repouso, ao sossego e ao sono direitos de personalidade, na sua apreciação deve atender-se à individualidade e sensibilidade próprias do lesado.*

---

[24] Acórdão da Relação do Porto, de 6 de Julho de 1989 (R. 23 882), in CJ, 1989, Tomo IV, pág. 192 e seguintes.

*VI – Daí que o aludido conceito de "prejuízo substancial" deva ser apreciado de harmonia com tais parâmetros e não objectivamente e de acordo com os parâmetros de um homem médio ou cidadão normal.*

*VII – O facto de uma entidade pública, competente para o efeito, ter considerado que um estabelecimento, sob o ponto de vista de ruído, obedece aos limites legais consignados pelo DL n.º 251/87, tal não o coloca a coberto de se poder concluir que o mesmo, através do ruído que emite, viole os direitos de particulares assegurados pelos artigos 70.º e 1346.º do CC."*[25]

*"I – O direito à saúde e repouso essencial à existência física é um direito de personalidade.*

*II – O julgador, ao aplicar a lei no âmbito do direito de persona-lidade, não deve atender a um tipo humano médio, ao conceito de cidadão normal e comum, antes deve ter em conta a especial sensi-bilidade do lesado tal como é na realidade.*

*III – Muito embora o Regulamento Geral sobre o Ruído (Decreto--Lei n.º 251/87) tenha entrado em vigor após a propositura da acção, não deixa de ser aplicável às situações que já se verificaram ante-riormente, desde que ofendam o que nele se estatui.*

*IV – É ilícita a conduta do proprietário de um estabelecimento que colocou um motor numa abertura, tipo janela, que abriu na parede da casa voltada para o lado da casa de residência dos autores, perturbando o ruído do funcionamento desse motor a saúde e o repouso destes."*[26]

*"– Pela indemnização por danos ilicitamente causados aos direi-tos de personalidade de terceiro pelo funcionamento de um bar perten-cente a uma sociedade comercial, são responsáveis, solidariamente, o gerente dessa sociedade, que o dirigia e mantinha em actividade (artigos 483.º, n.º 1, do C. Civil, e 79.º, n.º 1, do Cód. Soc. Comer-ciais), e a própria sociedade (artigos 6.º, n.º 5 deste Cód., e 500.º, n.º 1 do Cód. Civil)."*[27]

---

[25] Acórdão da Relação de Coimbra, de 16 de Maio de 2000, in CJ, 2000, Tomo III, pág. 16 e segs.

[26] Acórdão da Relação de Coimbra, de 6 de Fevereiro de 1990 (R. 1067/89), in CJ, 1990, Tomo I, pág. 92 e seguintes.

[27] Acórdão da Relação de Lisboa, de 30 de Março de 1995, in CJ, 1995, Tomo II, pág. 98 e seguintes.

# Artigo 2.º
## Âmbito

1. O presente Regulamento aplica-se às actividades ruidosas permanentes e temporárias e a outras fontes de ruído susceptíveis de causar incomodidade, designadamente:

*a*) Construção, reconstrução, ampliação, alteração ou conservação de edificações;
*b*) Obras de construção civil;
*c*) Laboração de estabelecimentos industriais, comerciais e de serviços;
*d*) Equipamentos para utilização no exterior;
*e*) Infra-estruturas de transporte, veículos e tráfegos;
*f*) Espectáculos, diversões, manifestações desportivas, feiras e mercados;
*g*) Sistemas sonoros de alarme.

2. O Regulamento é igualmente aplicável ao ruído de vizinhança.

3. O presente Regulamento não prejudica o disposto em legislação especial, nomeadamente sobre ruído nos locais de trabalho, certificação acústica de aeronaves, emissões sonoras de veículos rodoviários a motor e de equipamentos para utilização no exterior e sistemas sonoros de alarme.

4. O presente Regulamento não se aplica à sinalização sonora de dispositivos de segurança relativos a infra-estruturas de transporte ferroviário, designadamente de passagens de nível.

**Comentário:**

Os n.[os] 1 e 2 artigo, *sub judice*, reproduzem com algumas alterações, o n.º 2 do artigo 1.º do revogado Decreto-Lei n.º 292/200, de 14 de Setembro.

*"«Obras de construção» as obras de criação de novas edificações;"*[28]

---

[28] Alínea *b)* do artigo 2.º do RJUE – Regime Jurídico da Urbanização e Edificação (Decreto-Lei n.º 555/99, de 16 de Dezembro).

"*«Obras de reconstrução sem preservação das fachadas» as obras de construção subsequentes à demolição total ou parcial de uma edificação existente, das quais resulte a reconstituição da estrutura das fachadas, da cércea e do número de pisos;*"[29]
"*«Obras de ampliação» as obras de que resulte o aumento da área de pavimento ou de implantação, da cércea ou do volume de uma edificação existente;*"[30]

"*«Obras de alteração» as obras de que resulte a modificação das características físicas de uma edificação existente ou sua fracção, designadamente a respectiva estrutura resistente, o número de fogos ou divisões interiores, ou a natureza e cor dos materiais de revestimento exterior, sem aumento da área de pavimento ou de implantação ou da cércea;*"[31]

"*«Obras de conservação» as obras destinadas a manter uma edificação nas condições existentes à data da sua construção, reconstrução, ampliação ou alteração, designadamente as obras de restauro, reparação ou limpeza;*"[32]

"*«Obras de demolição» as obras de destruição, total ou parcial, de uma edificação existente;*"[33]

"*«Obras de urbanização» as obras de criação e remodelação de infra-estruturas destinadas a servir directamente os espaços urbanos ou as edificações, designadamente arruamentos viários e pedonais, redes de esgotos e de abastecimento de água, electricidade, gás e*

---

[29] Alínea *c)* do artigo 2.º do RJUE – Regime Jurídico da Urbanização e Edificação (Decreto-Lei n.º 555/99, de 16 de Dezembro).

[30] Alínea *d)* do artigo 2.º do RJUE – Regime Jurídico da Urbanização e Edificação (Decreto-Lei n.º 555/99, de 16 de Dezembro).

[31] Alínea *e)* do artigo 2.º do RJUE – Regime Jurídico da Urbanização e Edificação (Decreto-Lei n.º 555/99, de 16 de Dezembro).

[32] Alínea *f)* do artigo 2.º do RJUE – Regime Jurídico da Urbanização e Edificação (Decreto-Lei n.º 555/99, de 16 de Dezembro).

[33] Alínea *g)* do artigo 2.º do RJUE – Regime Jurídico da Urbanização e Edificação (Decreto-Lei n.º 555/99, de 16 de Dezembro).

*telecomunicações, e ainda espaços verdes e outros espaços de utilização colectiva;*[34]

*"1. Em sede de definições, despontam as mais recentes categorias: obras de reconstrução com ou sem preservação da fachada, obras de escassa relevância urbanística e zona urbana consolidada."*[35]

## Resenha jurisprudencial

*"– Assente nas instâncias que o «Metropolitano de Lisboa» agiu com culpa, ao ter construído o túnel de circulação muito à superfície, e por forma a ofender o direito à saúde e ao repouso da locatária de um apartamento que ficou sujeito a vibração e a ruído altamente incómodo durante dezanove horas e meia de cada dia, o que a obrigou a habitar durante algum tempo em outra casa, lhe provocou o agravamento duma discopatia e lhe diminuiu a sua capacidade para o trabalho, deve fixar-se em 250 000$00 a indemnização a que tem direito a referida locatária."*[36]

*"– A mudança do terminal rodoviário da Av. Casal Ribeiro, em Lisboa, para o Arco do Cego, embora implique custos para os moradores desta área, em matéria de ambiente e qualidade de vida, acarretará uma melhoria significativa na circulação rodoviária e no ambiente e qualidade de vida dos habitantes e trabalhadores da zona da Av. Casal Ribeiro e dos utentes do terminal, que se encontram fortemente afectados pela muita poluição sonora e atmosférica que a utilização do terminal tem provocado.*
*II – Assim, considerando o disposto no art. 335.º do CC, é legítimo o sacrifício dos interesses dos residentes na zona do Arco do*

---

[34] Alínea *h)* do artigo 2.º do RJUE – Regime Jurídico da Urbanização e Edificação (Decreto-Lei n.º 555/99, de 16 de Dezembro).

[35] In, RJUE – Regime Jurídico da Urbanização e da Edificação (Decreto-Lei n.º 555/99, de 16 de Dezembro), Francisco Cabral Metello, Almedina, 2008, pág. 31.

[36] Acórdão do Supremo Tribunal de Justiça, de 28 de Abril de 1977, in BMJ n.º 266, pág. 165 e seguintes.

*Cego para evitar uma lesão, manifestamente mais grave, dos interesses dos utentes do terminal rodoviário da Av. Casal Ribeiro, dos seus trabalhadores e de todos os residentes desta última zona."*[37]

ARTIGO 3.º

**Definições**

Para efeitos do presente Regulamento, entende-se por:

*a)* «Actividade ruidosa permanente» a actividade desenvolvida com carácter permanente, ainda que sazonal, que produza ruído nocivo ou incomodativo para quem habite ou permaneça em locais onde se fazem sentir os efeitos dessa fonte de ruído, designadamente laboração de estabelecimentos industriais, comerciais e de serviços;

*b)* «Actividade ruidosa temporária» a actividade que, não constituindo um acto isolado, tenha carácter não permanente e que produza ruído nocivo ou incomodativo para quem habite ou permaneça em locais onde se fazem sentir os efeitos dessa fonte de ruído tais como obras de construção civil, competições desportivas, espectáculos, festas ou outros divertimentos, feiras e mercados;

*c)* «Avaliação acústica» a verificação da conformidade de situações específicas de ruído com os limites fixados;

*d)* «Fonte de ruído» a acção, actividade permanente ou temporária, equipamento, estrutura ou infra-estrutura que produza ruído nocivo ou incomodativo para quem habite ou permaneça em locais onde se faça sentir o seu efeito;

*e)* «Grande infra-estrutura de transporte aéreo» o aeroporto civil identificado como tal pelo Instituto Nacional de Aviação Civil cujo tráfego seja superior a 50 000 movimentos por ano de aviões civis subsónicos de propulsão por reacção, tendo em conta a média dos três últimos anos que tenham precedido a aplicação das disposi-

---

[37] Acórdão da Relação de Lisboa, de 2 de Julho de 1998, in CJ, 1998, Tomo IV, pág. 77 e segs.

ções deste diploma ao aeroporto em questão, considerando-se um movimento uma aterragem ou uma descolagem;

*f*) «Grande infra-estrutura de transporte ferroviário» o troço ou conjunto de troços de uma via férrea regional, nacional ou internacional identificada como tal pelo Instituto Nacional do Transporte Ferroviário, onde se verifique mais de 30 000 passagens de comboios por ano;

*g*) «Grande infra-estrutura de transporte rodoviário» o troço ou conjunto de troços de uma estrada municipal, regional, nacional ou internacional identificada como tal pela Estradas de Portugal, E. P. E., onde se verifique mais de três milhões de passagens de veículos por ano;

*h*) «Infra-estrutura de transporte» a instalação e meios destinados ao funcionamento de transporte aéreo, ferroviário ou rodoviário;

*i*) «Indicador de ruído» o parâmetro físico-matemático para a descrição do ruído ambiente que tenha uma relação com um efeito prejudicial na saúde ou no bem-estar humano;

*j*) «Indicador de ruído diurno-entardecer-nocturno $(L_{den})$» o indicador de ruído, expresso em dB(A), associado ao incómodo global, dado pela expressão:

$$L_{den} = 10 \times \log \tfrac{1}{24} \left[ 13 \times 10^{\frac{L_e}{10}} + 3 \times 10^{\frac{L_e+5}{10}} + 8 \times 10^{\frac{L_n+10}{10}} \right]$$

*l*) «Indicador de ruído diurno $(L_d)$ ou $(L_{day})$» o nível sonoro médio de longa duração, conforme definido na Norma NP 1730-1:1996, ou na versão actualizada correspondente, determinado durante uma série de períodos diurnos representativos de um ano;

*m*) «Indicador de ruído do entardecer $(L_e)$ ou $(L_{evening})$» o nível sonoro médio de longa duração, conforme definido na Norma NP 1730-1:1996, ou na versão actualizada correspondente, determinado durante uma série de períodos do entardecer representativos de um ano;

*n*) «Indicador de ruído nocturno $(L_n)$ ou $(L_{night})$» o nível sonoro médio de longa duração, conforme definido na Norma NP 1730-1:1996, ou na versão actualizada correspondente, determinado durante uma série de períodos nocturnos representativos de um ano;

*o*) «Mapa de ruído» o descritor do ruído ambiente exterior, expresso pelos indicadores $L_{den}$ e $L_n$, traçado em documento onde se representam as isófonas e as áreas por elas delimitadas às quais corresponde uma determinada classe de valores expressos em dB(A);

*p*) «Período de referência» o intervalo de tempo a que se refere um indicador de ruído, de modo a abranger as actividades humanas típicas, delimitado nos seguintes termos:

*i*) Período diurno – das 7 às 20 horas;
*ii*) Período do entardecer – das 20 às 23 horas;
*iii*) Período nocturno – das 23 às 7 horas;

*q*) «Receptor sensível» o edifício habitacional, escolar, hospitalar ou similar ou espaço de lazer, com utilização humana;

*r*) «Ruído de vizinhança» o ruído associado ao uso habitacional e às actividades que lhe são inerentes, produzido directamente por alguém ou por intermédio de outrem, por coisa à sua guarda ou animal colocado sob a sua responsabilidade, que, pela sua duração, repetição ou intensidade, seja susceptível de afectar a saúde pública ou a tranquilidade da vizinhança;

*s*) «Ruído ambiente» o ruído global observado numa dada circunstância num determinado instante, devido ao conjunto das fontes sonoras que fazem parte da vizinhança próxima ou longínqua do local considerado;

*t*) «Ruído particular» o componente do ruído ambiente que pode ser especificamente identificada por meios acústicos e atribuída a uma determinada fonte sonora;

*u*) «Ruído residual» o ruído ambiente a que se suprimem um ou mais ruídos particulares, para uma situação determinada;

*v*) «Zona mista» a área definida em plano municipal de ordenamento do território, cuja ocupação seja afecta a outros usos, existentes ou previstos, para além dos referidos na definição de zona sensível;

*x*) «Zona sensível» a área definida em plano municipal de ordenamento do território como vocacionada para uso habitacional, ou para escolas, hospitais ou similares, ou espaços de lazer, existentes ou previstos, podendo conter pequenas unidades de comércio e de serviços destinadas a servir a população local, tais como cafés e outros estabelecimentos de restauração, papelarias e outros estabelecimentos de comércio tradicional, sem funcionamento no período nocturno;

*z)* «Zona urbana consolidada» a zona sensível ou mista com ocupação estável em termos de edificação.

## Comentários:

1. *A priori*, uma referência quanto à **Epígrafe** do artigo em análise. O novo *"RGR"* substituiu o termo *"Conceito"* por *"Definições"*.

2. O artigo, *sub judice*, reproduz com ligeiras alterações o n.º 3 do artigo 3.º do revogado Decreto-Lei n.º 292/200, de 14 de Setembro.

3. Tal como, no anterior regulamento, persiste a expressão *"nocivo ou incomodativo"* (alínea *a)*) para traduzir e retratar toda a dimensão do termo *"ruído"*.

4. Subsiste, no quadro legal, a noção legal: *"avaliação acústica"* (alínea *c)* do artigo em anotação).

5. Verifica-se, igualmente, a introdução de um novo *período de referência*. Mais propriamente, o designado *"período do entardecer"*; a observar entre as 20 e as 23 horas.

6. A alínea *r)* do artigo em apreço («*ruído de vizinhança*») corresponde – *mutatis mutandis* –, à alínea *f)* do revogado artigo 3.º do Decreto-Lei 292/200, de 14 de Setembro.

– Atente-se, ainda, à introdução de um conjunto de *novas definições*.

Vide, igualmente, *"Considerações Gerais"* ao artigo 1.º.

## Artigo 4.º
### Princípios fundamentais

1. Compete ao Estado, às Regiões Autónomas, às autarquias locais e às demais entidades públicas, no quadro das suas atribuições e das competências dos respectivos órgãos, promover as medidas de carácter administrativo e técnico adequadas à prevenção e controlo da poluição sonora, nos limites da lei e no respeito do interesse público e dos direitos dos cidadãos.

2. Compete ao Estado definir uma estratégia nacional de redução da poluição sonora e definir um modelo de integração da política de controlo de ruído nas políticas de desenvolvimento económico e social e nas demais políticas sectoriais com incidência ambiental, no ordenamento do território e na saúde.

3. Compete ao Estado e às demais entidades públicas, em especial às autarquias locais, tomar todas as medidas adequadas para o controlo e minimização dos incómodos causados pelo ruído resultante de quaisquer actividades, incluindo as que ocorram sob a sua responsabilidade ou orientação.

4. As fontes de ruído susceptíveis de causar incomodidade podem ser submetidas:

   *a)* Ao regime de avaliação de impacte ambiental ou a um regime de parecer prévio, como formalidades essenciais dos respectivos procedimentos de licenciamento, autorização ou aprovação;
   *b)* A licença especial de ruído;
   *c)* A caução;
   *d)* A medidas cautelares.

### Comentário:

A **Epígrafe** e, todo o corpo do artigo correspondem – *mutatis mutandis* – ao artigo 2.º do revogado Decreto-Lei n.º 292/200, de 14 de Setembro.

# Artigo 5.º
## Informação e apoio técnico

1. Incumbe ao Instituto do Ambiente:

*a*) Prestar apoio técnico às entidades competentes para elaborar mapas de ruído e planos de redução de ruído, incluindo a definição de directrizes para a sua elaboração;
*b*) Centralizar a informação relativa a ruído ambiente exterior.

2. Para efeitos do disposto na alínea *b*) do número anterior, as entidades que disponham de informação relevante em matéria de ruído, designadamente mapas de ruído e o relatório a que se refere o artigo 10.º do presente Regulamento, devem remetê-la regularmente ao Instituto do Ambiente.

## Comentários:

1. Preceito novo.
2. O legislador, dada a delicadeza da questão, definiu as incumbências do Instituto do Ambiente.

# CAPÍTULO II
## Planeamento municipal

### Artigo 6.º
#### Planos municipais de ordenamento do território

1. Os planos municipais de ordenamento do território asseguram a qualidade do ambiente sonoro, promovendo a distribuição adequada dos usos do território, tendo em consideração as fontes de ruído existentes e previstas.

2. Compete aos municípios estabelecer nos planos municipais de ordenamento do território a classificação, a delimitação e a disciplina das zonas sensíveis e das zonas mistas.

3. A classificação de zonas sensíveis e de zonas mistas é realizada na elaboração de novos planos e implica a revisão ou alteração dos planos municipais de ordenamento do território em vigor.

4. Os municípios devem acautelar, no âmbito das suas atribuições de ordenamento do território, a ocupação dos solos com usos susceptíveis de vir a determinar a classificação da área como zona sensível, verificada a proximidade de infra-estruturas de transporte existentes ou programadas.

**Comentários:**

1. O artigo em anotação vem definir os objectivos dos *"PMOT's"* (*planos municipais de ordenamento do território*), no que tange ao ambiente sonoro e, impõe a obrigação de nos plano municipais constar delimitação e, a disciplina das zonas sensíveis e das zonas mistas.

2. Por outro lado, impõe a alteração ou revisão dos *"PMOT's"* em vigor para que estes prevejam a classificação das zonas sensíveis e das zonas mistas.

3. Finalmente, obriga os municípios a acautelarem a ocupação dos solos com usos susceptíveis de vir a determinar a classificação da área como zona sensível, verificada a proximidade de infra-estruturas de transporte existentes ou programadas.

ARTIGO 7.º

**Mapas de ruído**

1. As câmaras municipais elaboram mapas de ruído para apoiar a elaboração, alteração e revisão dos planos directores municipais e dos planos de urbanização.

2. As câmaras municipais elaboram relatórios sobre recolha de dados acústicos para apoiar a elaboração, alteração e revisão dos planos de pormenor, sem prejuízo de poderem elaborar mapas de ruído sempre que tal se justifique.

3. Exceptuam-se do disposto nos números anteriores os planos de urbanização e os planos de pormenor referentes a zonas exclusivamente industriais.

*Regulamento Geral do Ruído* 57

4. A elaboração dos mapas de ruído tem em conta a informação acústica adequada, nomeadamente a obtida por técnicas de modelação apropriadas ou por recolha de dados acústicos realizada de acordo com técnicas de medição normalizadas.

5. Os mapas de ruído são elaborados para os indicadores $L_{den}$ e $L_n$ reportados a uma altura de 4 m acima do solo.

6. Os municípios que constituam aglomerações com uma população residente superior a 100 000 habitantes e uma densidade populacional superior a 2500 habitantes/km2 estão sujeitos à elaboração de mapas estratégicos de ruído, nos termos do disposto no Decreto-Lei n.º 146/ /2006, de 31 de Julho.

## Comentários:

1. No artigo em anotação, incumbe agora às câmaras municipais a elaboração de **mapas de ruído** para os *"PDM's"* (**planos directores municipais**) e *"PU's"* (**planos de urbanização**) e, elaboram relatórios sobre a recolha de dados acústicos para os *"PP's"* (**planos de pormenor**).

2. Excluem-se dos *"Pu's"* e *"PP's"* as zonas exclusivamente industriais.

3. Os mapas de ruído são elaborados com base nos indicadores $L_{den}$ e $L_n$, reportados a uma altura de 4 m acima do solo.

ARTIGO 8.º

### Planos municipais de redução de ruído

1. As zonas sensíveis ou mistas com ocupação expostas a ruído ambiente exterior que exceda os valores limite fixados no artigo 11.º devem ser objecto de planos municipais de redução de ruído, cuja elaboração é da responsabilidade das câmaras municipais.

2. Os planos municipais de redução de ruído devem ser executados num prazo máximo de dois anos contados a partir da data de entrada em vigor do presente Regulamento, podendo contemplar o faseamento de medidas, considerando prioritárias as referentes a zonas sensíveis ou mistas expostas a ruído ambiente exterior que exceda em mais de 5 dB(A) os valores limite fixados no artigo 11.º.

3. Os planos municipais de redução do ruído vinculam as entidades públicas e os particulares, sendo aprovados pela assembleia municipal, sob proposta da câmara municipal.

4. A gestão dos problemas e efeitos do ruído, incluindo a redução de ruído, em municípios que constituam aglomerações com uma população residente superior a 100 000 habitantes e uma densidade populacional superior a 2500 habitantes/km$^2$ é assegurada através de planos de acção, nos termos do Decreto-Lei n.º 146/2006, de 31 de Julho.

5. Na elaboração dos planos municipais de redução de ruído, são consultadas as entidades públicas e privadas que possam vir a ser indicadas como responsáveis pela execução dos planos municipais de redução de ruído.

**Comentários:**

1. A **Epígrafe** do artigo em anotação corresponde à do artigo 6.º do revogado Decreto-Lei n.º 292/200, de 14 de Setembro.

2. O artigo em anotação, introduz inovações, em sede de *"aglomerados populacionais e, densidade"*.

3. Procede à identificação das situações atinentes à elaboração de planos municipais de redução do ruído e, respectivos *prazos*.

– Vide, igualmente, Considerações Gerais ao artigo 1.º.

Artigo 9.º

**Conteúdo dos planos municipais de redução de ruído**

Dos planos municipais de redução de ruído constam, necessariamente, os seguintes elementos:

*a)* Identificação das áreas onde é necessário reduzir o ruído ambiente exterior;

*b)* Quantificação, para as zonas referidas no n.º 1 do artigo anterior, da redução global de ruído ambiente exterior relativa aos indicadores $L_{den}$ e $L_n$;

*c*) Quantificação, para cada fonte de ruído, da redução necessária relativa aos indicadores $L_{den}$ e $L_n$ e identificação das entidades responsáveis pela execução de medidas de redução de ruído;

*d*) Indicação das medidas de redução de ruído e respectiva eficácia quando a entidade responsável pela sua execução é o município.

## Comentário:

A primordial *novidade* do artigo em anotação, centraliza-se nos elementos que devem constar – necessariamente – *desses planos*.

ARTIGO 10.º

### Relatório sobre o ambiente acústico

As câmaras municipais apresentam à assembleia municipal, de dois em dois anos, um relatório sobre o estado do ambiente acústico municipal, excepto quando esta matéria integre o relatório sobre o estado do ambiente municipal.

## Comentário:

Impõe às câmaras municipais apresentar à Assembleia Municipal um relatório referente ao estado do ambiente acústico municipal; salvo se esta matéria já se encontrar aplicada no relatório sobre o estado do ambiente municipal.

# CAPÍTULO III

## Regulação da produção de ruído

### Artigo 11.º

**Valores limite de exposição**

1. Em função da classificação de uma zona como mista ou sensível, devem ser respeitados os seguintes valores limite de exposição:

*a*) As zonas mistas não devem ficar expostas a ruído ambiente exterior superior a 65 dB(A), expresso pelo indicador $L_{den}$, e superior a 55 dB(A), expresso pelo indicador $L_n$;

*b*) As zonas sensíveis não devem ficar expostas a ruído ambiente exterior superior a 55 dB(A), expresso pelo indicador $L_{den}$, e superior a 45 dB(A), expresso pelo indicador $L_n$;

*c*) As zonas sensíveis em cuja proximidade exista em exploração, à data da entrada em vigor do presente Regulamento, uma grande infra-estrutura de transporte não devem ficar expostas a ruído ambiente exterior superior a 65 dB(A), expresso pelo indicador $L_{den}$, e superior a 55 dB(A), expresso pelo indicador $L_n$;

*d*) As zonas sensíveis em cuja proximidade esteja projectada, à data de elaboração ou revisão do plano municipal de ordenamento do território, uma grande infra-estrutura de transporte aéreo não devem ficar expostas a ruído ambiente exterior superior a 65 dB(A), expresso pelo indicador $L_{den}$, e superior a 55 dB(A), expresso pelo indicador $L_n$;

*e*) As zonas sensíveis em cuja proximidade esteja projectada, à data de elaboração ou revisão do plano municipal de ordenamento do território, uma grande infra-estrutura de transporte que não aéreo não devem ficar expostas a ruído ambiente exterior superior a 60 dB(A), expresso pelo indicador $L_{den}$, e superior a 50 dB(A), expresso pelo indicador $L_n$.

2. Os receptores sensíveis isolados não integrados em zonas classificadas, por estarem localizados fora dos perímetros urbanos, são equiparados, em função dos usos existentes na sua proximidade, a zonas sen-

síveis ou mistas, para efeitos de aplicação dos correspondentes valores limite fixados no presente artigo.

3. Até à classificação das zonas sensíveis e mistas a que se referem os n.$^{os}$ 2 e 3 do artigo 6.º, para efeitos de verificação do valor limite de exposição, aplicam-se aos receptores sensíveis os valores limite de $L_{den}$ igual ou inferior a 63 dB(A) e $L_n$ igual ou inferior a 53 dB(A).

4. Para efeitos de verificação de conformidade dos valores fixados no presente artigo, a avaliação deve ser efectuada junto do ou no receptor sensível, por uma das seguintes formas:

a) Realização de medições acústicas, sendo que os pontos de medição devem, sempre que tecnicamente possível, estar afastados, pelo menos, 3,5 m de qualquer estrutura reflectora, à excepção do solo, e situar-se a uma altura de 3,8 m a 4,2 m acima do solo, quando aplicável, ou de 1,2 m a 1,5 m de altura acima do solo ou do nível de cada piso de interesse, nos restantes casos;

b) Consulta dos mapas de ruído, desde que a situação em verificação seja passível de caracterização através dos valores neles representados.

5. Os municípios podem estabelecer, em espaços delimitados de zonas sensíveis ou mistas, designadamente em centros históricos, valores inferiores em 5 dB(A) aos fixados nas alíneas a) e b) do n.º 1.


**Comentários:**

1. À priori, o artigo sub judice determina os parâmetros máximos de ruído ambiente exterior a que podem ficar expostas quaisquer zonas (mistas e/ou sensíveis), tanto em circunstâncias normais; bem como, nas próximas de explorações de grandes infra-estruturas de transporte ou, eventualmente na proximidade de quaisquer infra-estruturas projectadas.

2. Concomitantemente, vem equiparar os receptores sensíveis isolados não integrados em zonas classificadas, a zonas sensíveis ou mistas para efeitos de aplicação dos correspondentes valores limite fixados.

3. Define os valores limites de exposição a que podem ficar expostos os receptores sensíveis, até à classificação das zonas sensíveis e mistas, constantes no artigo 6.º do presente regulamento.

4. Finalmente, faculta aos municípios a oportunidade em determinarem valores inferiores a 5 dB(A) aos fixados nas alíneas a) e b) do n.º 1 relativamente a zonas mistas e sensíveis. Designadamente: centros históricos.

5. Para uma melhor clarificação (zonas / valores) apresentamos o seguinte quadro:

| Tipo de Zona | Descritor $L_{den}$ [dB(A)] | Descritor $L_n$ [dB(A)] |
|---|---|---|
| Zona Mista | $\leq 65$ [a] | $\leq 55$ [a] |
| Zona Sensível | $\leq 55$ [a] | $\leq 45$ [a] |
| Zona sensível com grande estrutura de transporte em exploração na proximidade | $\leq 65$ | $\leq 55$ |
| Zona sensível com grande infra-estrutura de transporte aéreo projectada para a proximidade | $\leq 65$ | $\leq 55$ |
| Zona sensível com grande infra-estrutura de transporte que não aéreo projectada para a proximidade | $\leq 60$ | $\leq 50$ |
| Zona não classificada | $\leq 63$ [b] | $\leq 53$ [b] |

*Legenda:*

(a) Os municípios podem estabelecer em espaços delimitados, designadamente em centros históricos, valores inferiores a 5 dB(A).

(b) Valores limite a aplicar aos receptores sensíveis·

ARTIGO 12.º

## Controlo prévio das operações urbanísticas

1. O cumprimento dos valores limite fixados no artigo anterior é verificado no âmbito do procedimento de avaliação de impacte ambiental, sempre que a operação urbanística esteja sujeita ao respectivo regime jurídico.

2. O cumprimento dos valores limite fixados no artigo anterior relativamente às operações urbanísticas não sujeitas a procedimento de

avaliação de impacte ambiental é verificado no âmbito dos procedimentos previstos no regime jurídico de urbanização e da edificação, devendo o interessado apresentar os documentos identificados na Portaria n.º 1110/2001, de 19 de Setembro.

3. Ao projecto acústico, também designado por projecto de condicionamento acústico, aplica-se o Regulamento dos Requisitos Acústicos dos Edifícios, aprovado pelo Decreto-Lei n.º 129/2002, de 11 de Maio.

4. Às operações urbanísticas previstas no n.º 2 do presente artigo, quando promovidas pela administração pública, é aplicável o artigo 7.º do Decreto-Lei n.º 555/99, de 16 de Dezembro, competindo à comissão de coordenação e desenvolvimento regional territorialmente competente verificar o cumprimento dos valores limite fixados no artigo anterior, bem como emitir parecer sobre o extracto de mapa de ruído ou, na sua ausência, sobre o relatório de recolha de dados acústicos ou sobre o projecto acústico, apresentados nos termos da Portaria n.º 1110/2001, de 19 de Setembro.

5. A utilização ou alteração da utilização de edifícios e suas fracções está sujeita à verificação do cumprimento do projecto acústico a efectuar pela câmara municipal, no âmbito do respectivo procedimento de licença ou autorização da utilização, podendo a câmara, para o efeito, exigir a realização de ensaios acústicos.

6. É interdito o licenciamento ou a autorização de novos edifícios habitacionais, bem como de novas escolas, hospitais ou similares e espaços de lazer enquanto se verifique violação dos valores limite fixados no artigo anterior.

7. Exceptuam-se do disposto no número anterior os novos edifícios habitacionais em zonas urbanas consolidadas, desde que essa zona:

*a*) Seja abrangida por um plano municipal de redução de ruído; ou

*b*) Não exceda em mais de 5 dB(A) os valores limite fixados no artigo anterior e que o projecto acústico considere valores do índice de isolamento sonoro a sons de condução aérea, normalizado, $D_{2m,n,w}$, superiores em 3 dB aos valores constantes da alínea *a*) do n.º 1 do artigo 5.º do Regulamento dos Requisitos Acústicos dos Edifícios, aprovado pelo Decreto-Lei n.º 129/2002, de 11 de Maio.

## Comentários:

1. O artigo em anotação define os procedimentos de controlo prévio a que se devem sujeitar as diferentes operações urbanísticas.

2. O preceito em anotação submete quaisquer operações urbanísticas não sujeitas a procedimento de avaliação de impacte ambiental quando promovidas pela administração ao disposto no artigo 7.º do Decreto-Lei n.º 555/99, de 16 de Dezembro.

*"1. As várias alíneas do n.º 1, enumeram as diversas operações urbanísticas **isentas de licença**, sempre que promovidas pela Administração Pública.*

*2. Os n.º 2 a 7, estabelecem um vasto "conjunto" de <u>normas procedimentais</u> a observar quer pelo Estado, quer pelos municípios e, ainda, pelas próprias autarquias locais."*[38]

Nesse contexto, confere à comissão de coordenação e desenvolvimento regional territorialmente competente a competência para aferir o cumprimento dos valores limite fixados e para a emissão de parecer sobre o extracto de mapa de ruído ou, sobre relatório de recolha de dados.

3. Congratulamo-nos pela interdição de licenciamento e autorização de novos edifícios (habitacionais, escolas, hospitais ou similares e espaços de lazer) sempre que ocorra a violação dos valores limite estabelecidos.

4. Impõe a utilização ou alteração da utilização de edifícios e respectivas fracções autónomas à verificação do cumprimento do projecto acústico a realizar pela câmara, no âmbito do respectivo procedimento de licença ou autorização da utilização.

---

[38] In RJUE – Regime Jurídico da Urbanização e da Edificação (Decreto-Lei n.º 555/ /99, de 16 de Dezembro), Francisco Cabral Metello, Almedina, 2008, pág. 56.

## Artigo 13.º

### Actividades ruidosas permanentes

1. A instalação e o exercício de actividades ruidosas permanentes em zonas mistas, nas envolventes das zonas sensíveis ou mistas ou na proximidade dos receptores sensíveis isolados estão sujeitos:

a) Ao cumprimento dos valores limite fixados no artigo 11.º; e

b) Ao cumprimento do critério de incomodidade, considerado como a diferença entre o valor do indicador $L_{Aeq}$ do ruído ambiente determinado durante a ocorrência do ruído particular da actividade ou actividades em avaliação e o valor do indicador $L_{Aeq}$ do ruído residual, diferença que não pode exceder 5 dB(A) no período diurno, 4 dB(A) no período do entardecer e 3 dB(A) no período nocturno, nos termos do anexo I ao presente Regulamento, do qual faz parte integrante.

2. Para efeitos do disposto no número anterior, devem ser adoptadas as medidas necessárias, de acordo com a seguinte ordem decrescente:

a) Medidas de redução na fonte de ruído;

b) Medidas de redução no meio de propagação de ruído;

c) Medidas de redução no receptor sensível.

3. Compete à entidade responsável pela actividade ou ao receptor sensível, conforme quem seja titular da autorização ou licença mais recente, adoptar as medidas referidas na alínea c) do número anterior relativas ao reforço de isolamento sonoro.

4. São interditos a instalação e o exercício de actividades ruidosas permanentes nas zonas sensíveis, excepto as actividades permitidas nas zonas sensíveis e que cumpram o disposto nas alíneas a) e b) do n.º 1.

5. O disposto na alínea b) do n.º 1 não se aplica, em qualquer dos períodos de referência, para um valor do indicador $L_{Aeq}$ do ruído ambiente no exterior igual ou inferior a 45 dB(A) ou para um valor do indicador $L_{Aeq}$ do ruído ambiente no interior dos locais de recepção igual ou inferior a 27 dB(A), considerando o estabelecido nos n.ºs 1 e 4 do anexo I.

6. Em caso de manifesta impossibilidade técnica de cessar a actividade em avaliação, a metodologia de determinação do ruído residual é

apreciada caso a caso pela respectiva comissão de coordenação e desenvolvimento regional, tendo em conta directrizes emitidas pelo Instituto do Ambiente.

7. O cumprimento do disposto no n.º 1 é verificado no âmbito do procedimento de avaliação de impacte ambiental, sempre que a actividade ruidosa permanente esteja sujeita ao respectivo regime jurídico.

8. Quando a actividade não esteja sujeita a avaliação de impacte ambiental, a verificação do cumprimento do disposto no n.º 1 é da competência da entidade coordenadora do licenciamento e é efectuada no âmbito do respectivo procedimento de licenciamento, autorização de instalação ou de alteração de actividades ruidosas permanentes.

9. Para efeitos do disposto no número anterior, o interessado deve apresentar à entidade coordenadora do licenciamento uma avaliação acústica.

**Comentários:**

1. A *Epígrafe* do artigo em anotação corresponde à do artigo 8.º do revogado Decreto-Lei n.º 292/200, de 14 de Setembro.

2. Em termos gerais, o artigo *sub judice*, não apresenta *"nada de novo..."*; à parte, o *limite* à inerente inserção do *"período do entardecer"*.

3. Nestes termos, saliente-se enumeração, por ordem decrescente, quanto às medidas necessárias a serem adoptadas para efeitos do número anterior.

4. Inviabiliza a instalação e o exercício de actividades ruidosas permanentes nas zonas sensíveis, exceptuando as actividades aí permitidas e que cumpram o disposto nas alíneas *a)* e *b)* do n.º 1.

**Resenha jurisprudencial**

*"I – Para efeitos de legitimidade de reacção contra a ofensa, é indiferente que o facto causador do prejuízo seja ou não anterior ao destino dado ao prédio afectado.*

*II – Os direitos de personalidade prevalecem sobre o direito de propriedade mas este não pode aprioristicamente ser sacrificado àqueles, havendo que, caso a caso, e em concreto, averiguar se a prevalência dos primeiros não resulta em desproporção intolerável, face aos interesses em jogo.*

*III – Se os Autores se sentem incomodados no seu descanso e no repouso com o barulho vindo de uma fábrica contígua ao prédio onde habitam no Verão, verificase um dano não patrimonial suficientemente grave para merecer a tutela do direito.*"[39]

## Artigo 14.º
## Actividades ruidosas temporárias

É proibido o exercício de actividades ruidosas temporárias na proximidade de:

*a*) Edifícios de habitação, aos sábados, domingos e feriados e nos dias úteis entre as 20 e as 8 horas;
*b*) Escolas, durante o respectivo horário de funcionamento;
*c*) Hospitais ou estabelecimentos similares.

### Comentários:

1. A **Epígrafe** do artigo em anotação corresponde à do artigo 8.º do revogado Decreto-Lei n.º 292/200, de 14 de Setembro.

2. As alíneas a*)*, *b)* e *c)*, correspondem – *mutatis mutandis* – ao n.º 1 do artigo 9.º do revogado Decreto-Lei n.º 292/2000, de 14 de Novembro.

3. Saliente-se, o horário *proibitivo*: *"entre as 20 e as 8 horas"*.

### Resenha jurisprudencial

*"I – O direito à saúde, ao repouso, à tranquilidade, prevalece sobre o direito de propriedade ou o direito ao exercício de actividade comercial.*

*II – Em questões de natureza ambiental, importa evitar que ocorram os danos, havendo que detê-los na sua origem, independentemente de juízos de culpa.*

---

[39] Acórdão da Relação de Coimbra, de 15 de Fevereiro de 2000, in CJ, 2000, Tomo I, pág. 22 e segs.

*III – Não pode ser admitida, ainda que em períodos de tempo limitados, diurnos, e em dias úteis, a actividade de limpeza de alcatifas, realizada com regularidade numa moradia inserida numa área residencial, no desenvolvimento da qual são utilizadas máquinas que produzem ruídos, bem como produtos de limpeza que exalam cheiros, igualmente produzindo ruídos, a entrada e saída dessas alcatifas, não dando sossego ao casal de reformados, que moram na casa vizinha e passam aí a maior parte do seu tempo."*[40]

*"I – Provando-se que os ruídos emitidos por máquinas de uma unidade fabril excedem o máximo permitido por lei, perturbando os habitantes das moradias que confinam com as instalações daquela fábrica, que os impediram de descansar e dormir durante a noite, deve ser decretada providência cautelar que proíba o funcionamento daquelas máquinas entre as 21 horas e as 8 horas do dia seguinte.*
*II – A providência não pode ser recusada com uma suposta perda dos postos de trabalho dos trabalhadores da unidade fabril, porque num eventual conflito, os direitos em confronto são de espécies diferentes e desiguais, prevalecendo os direitos de personalidade das pessoas afectadas pelos ruídos, sobre os de carácter patrimonial dos trabalhadores."*[41]

*"Num caso de colisão de direitos de personalidade com direito a desenvolver actividade económica (direito ao repouso e defesa de propriedade com máquina para afugentar pássaros ruidosa) importa averiguar se a prevalência dos primeiros não resulta em desproporção intolerável, face aos interesses em jogo, devendo o sacrifício do direito inferior apenas ocorrer na medida adequada e proporcionada à satisfação dos interesses tutelados pelo direito dominante."*[42]

---

[40] Acórdão da Relação de Lisboa, de 16 de Dezembro de 2003, in CJ, 2003, Tomo V, pág. 126 e segs.

[41] Acórdão da Relação de Guimarães, de 29 de Outubro de 2003, in CJ, 2003, Tomo IV, pág. 284 e segs.

[42] Acórdão do STJ, de 15 de Março de 2007, in CJ – Acórdãos do STJ, 2007, Tomo I, pág. 130 e segs.

# Artigo 15.º

## Licença especial de ruído

1. O exercício de actividades ruidosas temporárias pode ser autorizado, em casos excepcionais e devidamente justificados, mediante emissão de licença especial de ruído pelo respectivo município, que fixa as condições de exercício da actividade relativas aos aspectos referidos no número seguinte.

2. A licença especial de ruído é requerida pelo interessado com a antecedência mínima de 15 dias úteis relativamente à data de início da actividade, indicando:

*a*) Localização exacta ou percurso definido para o exercício da actividade;

*b*) Datas de início e termo da actividade;

*c*) Horário;

*d*) Razões que justificam a realização da actividade naquele local e hora;

*e*) As medidas de prevenção e de redução do ruído propostas, quando aplicável;

*f*) Outras informações consideradas relevantes.

3. Se a licença especial de ruído for requerida prévia ou simultaneamente ao pedido de emissão do alvará de licença ou autorização das operações urbanísticas previstas nas alíneas *a*) e *b*) do artigo 2.º do presente decreto-lei, tal licença deve ser emitida na mesma data do alvará.

4. Se a licença especial de ruído requerida nos termos do número anterior não for emitida na mesma data do alvará, esta considera-se tacitamente deferida.

5. A licença especial de ruído, quando emitida por um período superior a um mês, fica condicionada ao respeito nos receptores sensíveis do valor limite do indicador $L_{Aeq}$ do ruído ambiente exterior de 60 dB(A) no período do entardecer e de 55 dB(A) no período nocturno.

6. Para efeitos da verificação dos valores referidos no número anterior, o indicador $L_{Aeq}$ reporta-se a um dia para o período de referência em causa.

7. Não carece de licença especial de ruído:

*a*) O exercício de uma actividade ruidosa temporária promovida pelo município, ficando sujeita aos valores limites fixados no n.º 5;

*b*) As actividades de conservação e manutenção ferroviária, salvo se as referidas operações forem executadas durante mais de 10 dias na proximidade do mesmo receptor.

8. A exigência do cumprimento dos valores limite previstos no n.º 5 do presente artigo pode ser dispensada pelos municípios no caso de obras em infra-estruturas de transporte, quando seja necessário manter em exploração a infra-estrutura ou quando, por razões de segurança ou de carácter técnico, não seja possível interromper os trabalhos.

9. A exigência do cumprimento dos valores limite previstos no n.º 5 do presente artigo pode ser ainda excepcionalmente dispensada, por despacho dos membros do Governo responsáveis pela área do ambiente e dos transportes, no caso de obras em infra-estruturas de transporte cuja realização se revista de reconhecido interesse público.

**Comentários:**

1. A *Epígrafe* e o corpo do artigo em anotação, têm como fonte o n.º 2 do artigo 9.º do revogado regulamento.

2. O exercício de "*actividades ruidosas temporárias*" pode ser autorizado; quando devidamente justificado, mediante *licença especial de ruído*.

3. O prazo para solicitar a licença especial de ruído é de *15 dias úteis* relativamente à *data de início da actividade*.

4. A "*licença especial de ruído*", sempre que emitida por um período superior a um mês, fica condicionada ao respeito dos receptores sensíveis do valor limite do indicador $LA_{eq}$ do ruído ambiente exterior de 60 dB(A) no *período nocturno*, reportando-se *este* indicador a um dia para o período de referência em causa.

5. O artigo em anotação, refere ainda, situações que *não carecem* de "*licença especial de ruído*"; bem como, algumas situações que *dispensam* quaisquer cumprimentos dos "*valores-limite*".

# Regulamento Geral do Ruído

## Artigo 16.º
### Obras no interior de edifícios

1. As obras de recuperação, remodelação ou conservação realizadas no interior de edifícios destinados a habitação, comércio ou serviços que constituam fonte de ruído apenas podem ser realizadas em dias úteis, entre as 8 e as 20 horas, não se encontrando sujeitas à emissão de licença especial de ruído.

2. O responsável pela execução das obras afixa em local acessível aos utilizadores do edifício a duração prevista das obras e, quando possível, o período horário no qual se prevê que ocorra a maior intensidade de ruído.

### Comentários:

1. O n.º 1 do artigo em análise, corresponde, ao n.º 8 do artigo 9.º do revogado regulamento.

2. Por sua vez, o n.º 2, corresponde – *mutatis mutandis* –, ao n.º 10 do artigo 9.º do revogado Decreto-Lei n.º 292/200, de 14 de Novembro.

3. Uma palavra quanto à realização de "*obras de recuperação, remodelação ou conservação*", quando realizadas no interior de edifícios destinados a habitação, comércio ou serviços que, constituam – eventualmente – qualquer "*fonte*" de ruído.

Nessa situação, devem ser realizadas (*sempre*) nos dias úteis, entre as **08,00 e as 20,00 horas**, **não** se encontrando sujeitas à emissão de qualquer "*licença especial de ruído*".

4. Constata-se, desta forma, um profundo alargamento do período destinado às "*actividades ruidosas temporárias*" (anteriormente, apenas previa: 08,00 às 18,00 horas – n.º 8 do artigo 9.º, do revogado Decreto-Lei n.º 292/200, de 14 de Setembro).

# Artigo 17.º
## Trabalhos ou obras urgentes

Não estão sujeitos às limitações previstas nos artigos 14.º a 16.º os trabalhos ou obras em espaços públicos ou no interior de edifícios que devam ser executados com carácter de urgência para evitar ou reduzir o perigo de produção de danos para pessoas ou bens.

### Comentário:

O preceito em anotação teve como fonte, o disposto no n.º 9 do artigo 9.º do revogado Decreto-Lei n.º 292/200, de 14 de Setembro.

# Artigo 18.º
## Suspensão da actividade ruidosa

As actividades ruidosas temporárias e obras no interior de edifícios realizadas em violação do disposto nos artigos 14.º a 16.º do presente Regulamento são suspensas por ordem das autoridades policiais, oficiosamente ou a pedido do interessado, devendo ser lavrado auto da ocorrência a remeter ao presidente da câmara municipal para instauração do respectivo procedimento de contra-ordenação.

### Comentário:

O preceito em anotação teve como fonte, o disposto nos n.ºs 10 e 11.º do artigo 9.º do revogado Decreto-Lei n.º 292/200, de 14 de Setembro.

## Artigo 19.º
### Infra-estruturas de transporte

1. As infra-estruturas de transporte, novas ou em exploração à data da entrada em vigor do presente Regulamento, estão sujeitas aos valores limite fixados no artigo 11.º.

2. As grandes infra-estruturas de transporte aéreo em exploração à data da entrada em vigor do presente Regulamento, abrangidas pelo Decreto-Lei n.º 293/2003, de 19 de Novembro, devem adoptar medidas que permitam dar cumprimento ao disposto no artigo 11.º até 31 de Março de 2008.

3. Para efeitos do disposto nos números anteriores, devem ser adoptadas as medidas necessárias, de acordo com a seguinte ordem decrescente:

a) Medidas de redução na fonte de ruído;

b) Medidas de redução no meio de propagação de ruído.

4. Excepcionalmente, quando comprovadamente esgotadas as medidas referidas no número anterior e desde que não subsistam valores de ruído ambiente exterior que excedam em mais de 5 dB(A) os valores limite fixados na alínea b) do n.º 1 do artigo 11.º, podem ser adoptadas medidas nos receptores sensíveis que proporcionem conforto acústico acrescido no interior dos edifícios adoptando valores do índice de isolamento sonoro a sons de condução aérea, normalizado, $D_{2m,n,w}$, superiores em 3 dB aos valores constantes da alínea a) do n.º 1 do artigo 5.º, da alínea a) do n.º 1 do artigo 7.º e da alínea a) do n.º 1 do artigo 8.º, todos do Regulamento dos Requisitos Acústicos dos Edifícios.

5. A adopção e implementação das medidas de isolamento sonoro nos receptores sensíveis referidas no número anterior compete à entidade responsável pela exploração das infra-estruturas referidas nos n.os 1 e 2 do presente artigo ou ao receptor sensível, conforme quem mais recentemente tenha instalado ou dado início à respectiva actividade, instalação ou construção ou seja titular da autorização ou licença mais recente.

6. Por despacho conjunto dos membros do Governo responsáveis pelas áreas do ambiente e dos transportes e para efeito do cumprimento dos valores limite fixados no artigo 11.º do presente Regulamento, podem ser equiparadas a grandes infra-estruturas de transporte as infra-

74    *Lei do Ruído*

-estruturas de transporte aéreo identificadas pelo Instituto Nacional de Aviação Civil como aeroporto civil com tráfego superior a 43 000 movimentos por ano de aviões subsónicos de propulsão por reacção e em que não seja possível cumprir os valores limite que lhes seriam aplicáveis.

7. O cumprimento do disposto no presente artigo é objecto de verificação no âmbito do procedimento de avaliação de impacte ambiental, quando ao mesmo haja lugar.

8. Quando a infra-estrutura de transporte não esteja sujeita a avaliação de impacte ambiental, a verificação do cumprimento do disposto no presente artigo é efectuada no âmbito do respectivo procedimento de licenciamento ou autorização.

9. As grandes infra-estruturas de transporte aéreo, ferroviário e rodoviário elaboram mapas estratégicos de ruído e planos de acção, nos termos do disposto no Decreto-Lei n.º 146/2006, de 31 de Julho.


**Comentário:**

1. Note-se, antes de mais, a sujeição das ***infra-estruturas de transporte*** (novas ou, em exploração à data da entrada em vigor deste diploma) aos valores limite previamente definidos no artigo 11.º.

2. Para além deste princípio geral, estabelece a obrigatoriedade das infra-estruturas de transporte aéreo, em exploração à data da entrada em vigor deste diploma e abrangidas pelo Decreto-Lei n.º 293/2003, de 19 de Novembro, adoptarem medidas que lhes permitam consumar o estatuído no artigo 11.º.

3. Neste quadro, o artigo em anotação, enumera de forma decrescente (n.º 3) as medidas imprescindíveis a serem adoptadas para efeito dos números anteriores.

4. Simultaneamente, determina a possibilidade e os requisitos subjacentes à equiparação das infra-estruturas de transporte aéreo civil às grandes infra-estruturas de transporte aéreo.

**Resenha jurisprudencial**

*"I – A concessionária da conservação e exploração de uma auto-estrada está obrigada à colocação de barreiras acústicas quando o ruído da circulação que nela se faz pela sua intensidade põe em*

*causa o direito ao repouso, ao descanso e ao sono dos moradores das habitações contíguas.*

*II – Provado que o ruído pela circulação é tal que produz grave perturbação no descanso e sono dos moradores dessas habitações, têm eles direito a serem indemnizados pela concessionária pelos danos não patrimoniais que sofrem."[43]*

## ARTIGO 20.º
### Funcionamento de infra-estruturas de transporte aéreo

1. São proibidas nos aeroportos e aeródromos não abrangidos pelo disposto no Decreto-Lei n.º 293/2003, de 11 de Novembro, a aterragem e a descolagem de aeronaves civis entre as 0 e as 6 horas, salvo por motivo de força maior.

2. Por portaria conjunta dos membros do Governo responsáveis pelas áreas dos transportes e do ambiente, pode ser permitida a aterragem e a descolagem de aeronaves civis entre as 0 e as 6 horas nos aeroportos e aeródromos que disponham de um sistema de monitorização e simulação de ruído que permita caracterizar a sua envolvente relativamente ao $Lden$ e $Ln$ e determinar o número máximo de aterragens e descolagens entre as 0 e as 6 horas, de forma a assegurar o cumprimento dos valores limite fixados no artigo 11.º

3. A portaria referida no número anterior fixa, em função dos resultados do sistema de monitorização e de simulação de ruído, o número máximo de aterragens e descolagens permitido na infra-estrutura de transporte aéreo entre as 0 e as 6 horas, a identificação das aeronaves abrangidas em função do nível de classificação sonora de acordo com as normas da Organização da Aviação Civil Internacional (OACI), bem como outras restrições de operação.

4. As aeronaves a operar no território nacional devem ser objecto de certificação acústica de acordo com as normas estabelecidas pela OACI.

---

[43] Acórdão da Relação do Porto, de 14 de Junho de 2004, in CJ, Tomo III, 2004, pág. 197 e seguintes.

**Comentário:**

1. O preceito em anotação teve como fonte a *Epígrafe* do artigo 17.º do revogado Decreto-Lei n.º 292/2000, de 14 de Novembro.

2. *Grosso modo*, o artigo *sub judice*, não apresenta "nada de novo..."; persiste o horário de proibição (entre as 0 e as 6 horas) e, "*motivo de força maior*" quanto à aterragem e descolagem de aeronaves civis.

3. Prevê uma excepção que poderá ser autorizada por portaria conjunta dos membros do Governo responsáveis pelas áreas dos transportes e do ambiente.

4. Determina quais os *elementos* dessa portaria.

5. Impõe a certificação acústica em conformidade com as normas definidas pela OACI.

ARTIGO 21.º

**Outras fontes de ruído**

As fontes de ruído susceptíveis de causar incomodidade estão sujeitas ao cumprimento dos valores limite fixados no artigo 11.º, bem como ao disposto na alínea *b*) do n.º 1 e no n.º 5 do artigo 13.º e são sujeitas a controlo preventivo no âmbito de procedimento de avaliação de impacte ambiental, quando aplicável, e dos respectivos procedimentos de autorização ou licenciamento.

**Comentário:**

Estabelece que as fontes de ruído susceptíveis de causar incómodo encontram-se sujeitas aos valores limite definidos no artigo 11.º e, no n.º 5 do artigo 13.º e, são sujeitas a controlo preventivo no âmbito de procedimento de avaliação do impacte ambiental, quando este for aplicável e dos respectivos procedimentos de autorização ou licenciamento

## Artigo 22.º

### Veículos rodoviários a motor

1. É proibida, nos termos do disposto no Código da Estrada e respectivo Regulamento, a circulação de veículos com motor cujo valor do nível sonoro do ruído global de funcionamento exceda os valores fixados no livrete, considerado o limite de tolerância de 5 dB(A).

2. No caso de veículos de duas ou três rodas cujo livrete não mencione o valor do nível sonoro, a medição do nível sonoro do ruído de funcionamento é feita em conformidade com a NP 2067, com o veículo em regime de rotação máxima, devendo respeitar os limites constantes do anexo II do presente Regulamento, que dele faz parte integrante.

3. A inspecção periódica de veículos inclui o controlo do valor do nível sonoro do ruído global de funcionamento.

**Comentários:**

1. **Epígrafe,** equivalente ao artigo 16.º do revogado Decreto-Lei n.º 292/2000, de 14 de Novembro.

2. Proíbe a circulação de veículos com motor cujo valor do nível sonoro de ruído global de funcionamento exceda o valor fixado no livrete, com uma tolerância de 5 dB(A).

3. Apresenta o critério de medição do nível sonoro do ruído de funcionamento, para os veículos de duas a três rodas cujo livrete não mencione o valor do nível sonoro.

4. Face ao presente diploma, a inspecção periódica de veículos passa a incluir o controlo do valor do nível sonoro do ruído global de funcionamento.

## Artigo 23.º

### Sistemas sonoros de alarme instalados em veículos

1. É proibida a utilização em veículos de sistemas sonoros de alarme que não possuam mecanismos de controlo que assegurem que a duração do alarme não excede vinte minutos.

2. As autoridades policiais podem proceder à remoção de veículos que se encontram estacionados ou imobilizados com funcionamento sucessivo ou ininterrupto de sistema sonoro de alarme por período superior a vinte minutos.

**Comentário:**

A **Epígrafe** e, todo o *corpo* do preceito em anotação, correspondem – *mutatis mutandis* –, ao artigo 18.º do revogado Decreto-Lei n.º 292/200, de 14 de Setembro.

## Artigo 24.º

### Ruído de vizinhança

1. As autoridades policiais podem ordenar ao produtor de ruído de vizinhança, produzido entre as 23 e as 7 horas, a adopção das medidas adequadas para fazer cessar imediatamente a incomodidade.

2. As autoridades policiais podem fixar ao produtor de ruído de vizinhança produzido entre as 7 e as 23 horas um prazo para fazer cessar a incomodidade.

**Comentários:**

A **Epígrafe** e, todo o *corpo* do preceito em anotação, correspondem – *mutatis mutandis* –, ao artigo 10.º do revogado Decreto-Lei n.º 292/200, de 14 de Setembro.

– Vide, igualmente, Considerações Gerais ao artigo 1.º.

## Resenha jurisprudencial

*"– A "República" onde habita um grupo de estudantes não tem personalidade jurídica, sendo responsáveis pelo que nela se passa os que nela habitam.*

*II – À falta de um "chefe da casa" terão de ser solidariamente responsabilizados pelo que de anormal ocorra todos os que nela habitam, a menos que façam prova da responsabilidade individual de quem provocou a anomalia.*

*III – O direito ao repouso (sono) é inquestionavelmente um direito de personalidade e a sua violação ilícita e sistemática é por si causadora de danos não patrimoniais.*

*IV – A folia e irreverência da juventude académica têm de ser exercidas com respeito dos direitos dos outros, designadamente do direito ao repouso dos habitantes em andar inferior."* [44]

*"– O direito ao descanso e à consequente integridade física e psíquica dos cidadãos constituem valores essenciais constitucionalmente protegidos.*

*II – O ruído nocturno proveniente de um estabelecimento de diversões nocturnas, com condições acústicas deficientes, e superior a 3,3 dB (A) ao permitido pelo artigo 14.º, n.º 1, do Regulamento Geral sobre o Ruído, lesa gravemente o interesse público."* [45]

*" Deve ser encerrada discoteca por, no seu exterior, serem habituais rixas, discussões, palavrões escabrosos e ruídos estridentes dos escapes de veículos motorizados, provocados por empregados e clientes, e aglomeração de bêbedos e drogados, o que não deixa dormir normalmente quem vive nas proximidades desde as 22 horas até depois das 4 horas, até que a sua proprietária garanta a presença permanente de agentes da P.S.P. junto da discoteca, ou, em alter-*

---

[44] Acórdão da Relação de Coimbra, de 26 de Novembro de 1996, in CJ, 1996, Tomo V, pág. 29 e segs.

[45] Acórdão do Tribunal Central Administrativo, de 28 de Maio de 1998, in Boletim do Ministério da Justiça, 1998, n.º 477, pág. 596.

*nativa, os mesmos efeitos dissuasórios, através, por exemplo, de efi-
ciente serviço de segurança próprio."*[46]

*"– Viola ilicitamente o direito à integridade física e moral, à saúde
e ao repouso essencial à existência física dos habitantes de determinado andar o comportamento do andar de cima consistente em dar
pancadas, bater os tacões no soalho, arrastar objectos, produzir
ruídos decorrentes do tombar de coisas no chão, ter um cão que
ladra e late, isto quer de dia, quer de noite, e ainda, sobretudo de
noite, deslocar-se em tamancos ou socas ou outro tipo de tacões,
batendo no soalho com um barulho estridente e penetrante o que
tudo impede os ditos habitantes do andar de baixo de descansar e de
dormir e um deles de efectuar em casa a preparação duma tese de
mestrado."*[47]

*"I – O artigo 1346.º do Código Civil contém uma previsão espe-
cífica para as relações de vizinhança, ali se dispondo que o pro-*

---

[46] Acórdão do Supremo Tribunal de Justiça, de 24 de Outubro de 1995, in CJ –
Acórdãos do Supremo Tribunal de Justiça, 1995, Tomo III, pág. 74 e seguintes.
Martins da Costa e César Marques votaram vencidos, conforme a seguinte
declaração:
*"Está assente que a causa dos danos verificados reside, essencialmente, nas
perturbações ocorridas na via pública e não no próprio facto do funcionamento da
discoteca e que para essas perturbações concorre não só a existência da discoteca
como a proximidade do Casino, com a consequente movimentação de pessoas e veículos
numa zona habitacional.*
*Entendo, por isso, que a responsabilidade por tal situação recai, de modo directo
ou principal, sobre a autoridade administrativa que concedeu o licenciamento para o
funcionamento da discoteca, à qual cabe tomar as providências adequadas – a
suspensão ou cessação do licenciamento ou o necessário policiamento do local –
assumindo também as respectivas consequências.*
*As aludidas perturbações poderiam ainda ser porventura atenuadas com a
proibição de estacionamento de veículos nas proximidades da discoteca.*
*De qualquer modo, parece-me excessivo imputar ao proprietário da discoteca a
responsabilidade civil pelos danos sofridos pela autora em consequência de
perturbações ocorridas na via pública, mesmo em termos de causalidade adequada.*
*Essa responsabilidade deveria ser antes atribuída ao Estado ou às autoridades
locais, nos termos do disposto no Dec-Lei n.º 48 051, de 21/11/67."*
[47] Acórdão da Relação de Lisboa, de 5 de Dezembro de 1996, in CJ, 1996, Tomo
V, pág. 127 e segs.

*prietário de um imóvel pode opôr-se às emissões provenientes dos prédios vizinhos que importem um prejuízo substancial para o uso do seu prédio ou que não resultem da utilização normal do prédio de que emanam.*

*II – A habitação é o espaço, com as condições de higiene e conforto, destinado a preservar a intimidade pessoal e a privacidade familiar, bem como o local privilegiado para o repouso, sossego e tranquilidade necessários à preservação da saúde e, assim, da integridade material e espiritual.*

*III – Nessa perspectiva, todas as emissões de prédios vizinhos ao de habitação transcendem as meras relações reais de vizinhança, envolvendo a tutela dos direitos de personalidade.*

*IV – No caso de colisão de direitos, o direito ao repouso é superior ao direito de propriedade e ao direito de exercício de actividade comercial.*

*V – Justifica-se, assim, a proibição de emissão de ruídos, cheiros e vibrações provenientes da exploração de um estabelecimento de talho e que prejudicam o uso adequado de um imóvel de habitação.*"[48]

*"I – Sendo o repouso de um indivíduo absolutamente indispensável à saúde e, portanto, à sua vida e existência normal, deve cessar ou suspender-se uma obra ou qualquer outra causa adequada à sua continuada lesão; e, também, terá cabimento indemnização ao ofendido.*

*II – Especificamente, as relações de vizinhança impõem restrições à liberdade de cada um, sem o que a liberdade de uns poderia ocasionar o indevido sacrifício da liberdade de outros.*

*III – Tanto a senhoria como o arrendatário dono de um colégio cujo funcionamento, no 1.º andar de um prédio urbano, prejudica os direitos de anteriores arrendatários do r/c do mesmo prédio, são solidariamente responsáveis por indemnização aos ditos arrendatários prejudicados, em função de infracção aos seus deveres de dili-*

---

[48] Acórdão do Supremo Tribunal de Justiça, de 21 de Outubro de 2003, in CJ, STJ, Tomo III, 2003, pág. 106 e segs.

82           *Lei do Ruído*

*gência, precaução ou previsibilidade normais (responsabilidade extra-contratual).*

*IV – A solidariedade passiva quanto à indemnização aos arrendatários do r/c do prédio em causa, cujo sossego foi desconsiderado, é extensiva não só à senhoria e ao arrendatário dono do colégio, como à esposa deste arrendatário, casada segundo o regime de comunhão geral de bens e comerciante, tal como o marido.*

*V – Aliás há, também, quanto à senhoria, incumprimento objectivamente ilícito do contrato de arrendamento com o inquilino do r/c, na medida em que não se lhe possibilitou, sem perturbação, o legítimo gozo do direito à habitação. Com efeito, a senhoria deveria ter prevenido a existência de ruídos excessivos ou outras situações normalmente intoleráveis, quando efectuou o posterior arrendamento para o colégio – artigos 1031.º, h) e 1032.º do Código Civil."*[49]

*"I – Os inquilinos de um rés-do-chão, impedidos de desfrutar do seu andar, pelos barulhos, gritos e correrias produzidos pelos alunos de um Colégio de Reeducação Pedagógica que funciona no andar superior e que durante todo o dia afectam o seu repouso e, consequentemente, a sua saúde, têm direito a serem indemnizados pelos danos não patrimoniais que tais circunstâncias lhes infligem e, bem assim, pelos danos patrimoniais que lhes advenham, caso não sejam eliminados esses incómodos, pelo facto de se verem forçados a fazer cessar o arrendamento e a abandonar o andar.*

*II – Esta responsabilidade impende apenas sobre o inquilino proprietário do dito Colégio e não também sobre o locador, já que este, pelo facto de outorgar o contrato de arrendamento, não impediu nem diminuiu o gozo do rés-do-chão e, assim, não praticou qualquer acto ilícito. Este só se verifica com os actos praticados posteriormente, ou seja, pelo funcionamento do Colégio em termos que violam direitos essenciais dos outros inquilinos, nomeadamente os direitos constitucionalmente reconhecidos à integridade pessoal (artigo 26.º da Constituição, e 70.º do Código Civil), à protecção da saúde (artigo 64.º,*

---

[49] Acórdão da Relação de Lisboa, de 29 de Junho de 1977, in CJ 1977, Tomo IV, pág. 918 e seguintes.

*n.º 1) e a um ambiente de vida humana sadia e ecologicamente equilibrado (artigo 66.º)."*[50]

"*I – As relações de vizinhança impõem restrições à liberdade de cada um.*

*II – Há que procurar conciliar os interesses em conflito na medida do possível e do razoável e, quando isso não puder ser feito, dar preferência ao interesse superior.*

*III – Assim, uma vez que os réus, no exercício da sua actividade produtiva, lícita, de que auferem benefícios materiais, causam aos autores – mais do que um incómodo excedendo a medida das obrigações ordinárias de vizinhança – um real prejuízo para a saúde, o seu direito terá de ceder perante a prevalência do direito dos autores.*

*IV – Em tal caso, além de proceder o pedido de cessação dessas actividades, não pode deixar de proceder também o do pagamento de uma indemnização pelos danos causados, a determinar em execução de sentença.*"[51]

"*I – São ressarcíveis os danos resultantes da saída da casa de habitação em consequência de obras em prédio contíguo que tornam impossível a vida do dia-a-dia, pela trepidação, ruídos das máquinas, risco de desmoronamento, etc.*

*II – A autorização do Presidente da Câmara Municipal para continuação da obra não afasta a culpa de quem a começou sem autorização dos habitantes do prédio contíguo e depois de a obra ter sido embargada judicialmente.*"[52]

"*I – Não existe recurso de agravo autónomo da decisão que fixou os factos provados, sendo de agravar tão-somente da decisão final.*

---

[50] Acórdão do Supremo Tribunal de Justiça, de 4 de Julho de 1978, in BMJ n.º 279, pág. 124 e seguintes.

[51] Acórdão da Relação do Porto, de 9 de Fevereiro de 1984, in CJ, 1984, Tomo I, pág. 236 e seguintes.

[52] Acórdão do Supremo Tribunal de Justiça, de 2 de Fevereiro de 1988, in BMJ n.º 374, pág. 443 e seguintes.

*II – Os ensaios de uma orquestra, quando perturbadores do direito à tranquilidade dos vizinhos, violam o direito à saúde e à tranquilidade física e moral das pessoas, como um direito eminentemente pessoal.*

*III – Nestes casos o julgador, ao aplicar a lei, não deve atender a um tipo humano médio, ao conceito de cidadão normal e comum, mas à especial sensibilidade do lesado, tal como é na realidade.*"[53]

*"– Se a instalação de uma creche e de um infantário, com um número significativo de crianças e empregados, nos 1.º e 2.º andares de um prédio e funcionando todos os dias úteis das 8 às 19 horas, perturba significativamente, pelos barulhos provocados (gritos, ruídos, estrondos, que provocam estremecimento e vibração de paredes e tectos), a vida normal da inquilina do rés-do-chão e respectiva família, que já aí habitavam antes – aliás, a inquilina, que também ali exerce a profissão de técnica de electrocoagulação, em nada consentiu –, justifica-se seja decretada a cessação daquelas actividades e arbitrada indemnização pelos danos não patrimoniais que daí advieram (cfr. artigos 70.º, n.º 1, 483.º, n.º 1, e 493.º, n.º 1, do Código Civil).*"[54]

*"– Ter de suportar fumos de uma chaminé, ver a sua saúde em perigo em consequência da instalação de um canil, ter de suportar, para além da porcaria produzida por uma cadela e suas crias, o ruído feito por esses animais – tudo isto durante 7 anos – constituem danos não patrimoniais que pela sua gravidade geram obrigação de indemnização.*"[55]

*"I – Sendo a questão a conhecer, o facto dos condóminos verem atingido o seu direito à tranquilidade e ao descanso, consequentemente o seu direito à saúde e ao bem-estar, pela emissão de ruídos, calores e cheiros por parte da padaria/pastelaria instalada no rés-*

---

[53] Acórdão da Relação de Lisboa, de 19 de Fevereiro de 1987, in CJ, 1987, Tomo I, pág. 141 e seguintes.

[54] Acórdão da Relação de Lisboa, de 12 de Novembro de 1992, in BMJ n.º 421, pág. 486.

[55] Acórdão da Relação de Lisboa, de 28 de Setembro de 1993, in CJ, Tomo IV, pág. 113 e seguintes.

*-do-chão do prédio em propriedade horizontal onde vivem, o Tribunal ao socorrer-se da aplicação da Lei de Bases do Ambiente não está a conhecer de questões de que não podia tomar conhecimento, em oposição ao disposto no art.º 668.º Código de Processo Civil.*

*II – O que o Tribunal está a fazer é conhecer da questão que lhe foi colocada: fazer cessar ruídos, cheiros e calores que estão a atingir a qualidade de vida dos requerentes e que estes, por uma ou outra das razões ou por ambas, não têm que suportar.*

*III – O Tribunal Comum não tem que cuidar de saber se a administração deve ou não deve mandar encerrar um estabelecimento a que concedeu autorização (provisória) para funcionar mas que tem um nível de ruído de 15,2 DB quando o máximo legalmente admissível é de 10 DB; mas já tem que saber se o ruído emitido por esse estabelecimento atinge ou não o direito ao repouso dos condóminos do prédio onde está instalado.*

*IV – Independentemente de qualquer licença camarária que autorize o funcionamento de uma padaria/pastelaria, aos tribunais comuns compete apreciar as questões que se suscitem directamente entre o padeiro/pasteleiro e os seus vizinhos."*[56]

*"I – Tendo o prédio urbano onde os autores residem sido construído anteriormente às instalações fabris onde as rés laboram em oficinas que se desenvolveram aumentando o número e porte das máquinas industriais, há que fazer prevalecer os direitos de personalidade daqueles sobre o direito à laboração destas.*

*II – É de ordenar a cessação temporária da actividade das rés se a satisfação do direito dos autores com isso se basta.*

*III – Provocada a emissão do ruído pela actividade de ambas as rés, e sendo a intensidade do som, quando propagado por mais que uma fonte, superior ao nível de cada uma delas, o resultado global tem de ser atribuído a ambas.*

*IV – Não cabe ao tribunal indicar as obras a realizar em execução da sentença."*[57]

---

[56] Acórdão de 13-02-2001, Proc. N.º 1906/2000, Tribunal da Relação da Coimbra, in www.dgsi.pt

[57] Acórdão da Relação do Porto, de 2 de Fevereiro de 1998, in CJ, 1998, Tomo I, pág. 203 e segs.

*"I – É susceptível de constituir o crime de ofensas corporais do artigo 142.° n.° 1, do Código Penal, uma discussão em tom de voz audível a 100 metros de distância, em zona habitada, às 3 horas da madrugada, já que é adequada a provocar o brusco acordar de quem dorme, causando dificuldades em readormecer, com dores de cabeça, náuseas e depressão psíquica durante horas ou dias.*

*II – A nível indiciário, é de presumir que os agentes dessa discussão tenham previsto as referidas consequências como possível resultado da sua conduta, conformando-se com a sua realização, já que as mesmas constituem um dado da experiência geral."*[58]

*"I – O licenciamento administrativo pela autoridade competente para o exercício de determinada actividade apenas significa que esta pode ser exercida em determinado local, nada mais do que isso.*

*II – A reparação de bicicletas e motorizadas não é actividade acessória ou complementar da de venda dos mesmos bens, não estando abrangida pela actividade comercial.*

*III – Os condóminos não estão obrigados a suportar os cheiros e ruídos causados com a reparação de bicicletas e motorizadas, porque tal actividade não resulta da utilização normal da fracção dos réus, que apenas pode ser utilizada para o exercício do comércio."*[59]

## ARTIGO 25.°

### Caução

1. Por despacho conjunto do membro do Governo competente em razão da matéria e do membro do Governo responsável pela área do ambiente, pode ser determinada a prestação de caução aos agentes económicos que se proponham desenvolver, com carácter temporário ou permanente, actividades ruidosas, a qual é devolvida caso não surjam,

---

[58] Acórdão da Relação do Porto, de 14 de Dezembro de 1988, in CJ, 1988, Tomo V, pág. 233 e seguintes.

[59] Acórdão de 09-12-1999, Proc. N.° 833/99, Supremo Tribunal de Justiça, in www.dgsi.pt

*Regulamento Geral do Ruído*　　　　　　87

nos prazo e condições nela definidos, reclamações por incomodidade impu-
tada à actividade ou, surgindo, venha a concluir-se pela sua improcedência.

2. Caso ocorra a violação de disposições do presente Regulamento e
das condições fixadas na caução, a mesma pode ser utilizada para os
seguintes fins, por ordem decrescente de preferência:

*a*) Ressarcimento de prejuízos causados a terceiros;
*b*) Liquidação de coimas aplicadas nos termos do artigo 28.º do presente Regulamento.

## CAPÍTULO IV
### Fiscalização e regime contra-ordenacional

### ARTIGO 26.º
### Fiscalização

A fiscalização do cumprimento das normas previstas no presente
Regulamento compete:

*a*) À Inspecção-Geral do Ambiente e do Ordenamento do Território;
*b*) À entidade responsável pelo licenciamento ou autorização da actividade;
*c*) Às comissões de coordenação e desenvolvimento regional;
*d*) Às câmaras municipais e polícia municipal, no âmbito das respectivas atribuições e competências;
*e*) Às autoridades policiais e polícia municipal relativamente a actividades ruidosas temporárias, no âmbito das respectivas atribuições
e competências;
*f*) Às autoridades policiais relativamente a veículos rodoviários a motor, sistemas sonoros de alarme e ruído de vizinhança.

**Comentário:**

Em termos gerais, o preceito em anotação corresponde ao artigo 19.º
do revogado Decreto-Lei n.º 292/2000, de 14 de Novembro.

## Artigo 27.º
### Medidas cautelares

1. As entidades fiscalizadoras podem ordenar a adopção das medidas imprescindíveis para evitar a produção de danos graves para a saúde humana e para o bem-estar das populações em resultado de actividades que violem o disposto no presente Regulamento.

2. As medidas referidas no número anterior podem consistir na suspensão da actividade, no encerramento preventivo do estabelecimento ou na apreensão de equipamento por determinado período de tempo.

3. As medidas cautelares presumem-se decisões urgentes, devendo a entidade competente, sempre que possível, proceder à audiência do interessado concedendo-lhe prazo não inferior a três dias para se pronunciar.

## Artigo 28.º
### Sanções

1. Constitui contra-ordenação ambiental leve:

*a*) O exercício de actividades ruidosas temporárias sem licença especial de ruído em violação do disposto do n.º 1 do artigo 15.º;

*b*) O exercício de actividades ruidosas temporárias em violação das condições da licença especial de ruído fixadas nos termos do n.º 1 do artigo 15.º;

*c*) A violação dos limites estabelecidos no n.º 5 do artigo 15.º, quando a licença especial de ruído é emitida por período superior a um mês;

*d*) A realização de obras no interior de edifícios em violação das condições estabelecidas pelo n.º 1 do artigo 16.º;

*e*) O não cumprimento da obrigação de afixação das informações nos termos do n.º 2 do artigo 16.º;

*f*) O não cumprimento da ordem de suspensão emitida pelas autoridades policiais ou municipais, nos termos do artigo 18.º;

*g*) A utilização de sistemas sonoros de alarme instalados em veículos em violação do disposto no n.º 1 do artigo 23.º;

*h*) O não cumprimento da ordem de cessação da incomodidade emitida pela autoridade policial nos termos do n.º 1 do artigo 24.º;

*Regulamento Geral do Ruído* 89

*i*) O não cumprimento da ordem de cessação da incomodidade emitida pela autoridade policial nos termos do n.º 2 do artigo 24.º

2. Constitui contra-ordenação ambiental grave:

*a*) O incumprimento das medidas previstas no plano municipal de redução de ruído pela entidade privada responsável pela sua execução nos termos do artigo 8.º;

*b*) A instalação ou o exercício de actividades ruidosas permanentes em zonas mistas, nas envolventes das zonas sensíveis ou mistas ou na proximidade dos receptores sensíveis isolados em violação do disposto no n.º 1 do artigo 13.º;

*c*) A instalação ou o exercício de actividades ruidosas permanentes em zonas sensíveis em violação do disposto no n.º 4 do artigo 13.º;

*d*) A instalação ou exploração de infra-estrutura de transporte em violação do disposto no n.º 1 do artigo 19.º;

*e*) A não adopção, na exploração de grande infra-estrutura de transporte aéreo, das medidas previstas no n.º 2 do artigo 19.º necessárias ao cumprimento dos valores limite fixados no artigo 11.º;

*f*) A aterragem e descolagem de aeronaves civis em violação do disposto no n.º 1 do artigo 20.º;

*g*) A violação das condições de funcionamento da infra-estrutura de transporte aéreo fixadas nos termos do n.º 3 do artigo 20.º;

*h*) A instalação ou exploração de outras fontes de ruído em violação dos limites previstos no artigo 21.º;

*i*) O não cumprimento das medidas cautelares fixadas nos termos do artigo 27.º

3. A negligência e a tentativa são puníveis, sendo nesse caso reduzido para metade os limites mínimos e máximos das coimas referidos no presente Regulamento.

4. A condenação pela prática das infracções graves previstas no n.º 2 do presente artigo pode ser objecto de publicidade, nos termos do disposto no artigo 38.º da Lei n.º 50/2006, de 29 de Agosto, quando a medida concreta da coima aplicada ultrapasse metade do montante máximo da coima abstracta aplicável.

## Comentário:

Em termos gerais, o preceito em anotação corresponde ao artigo 22.º do revogado Decreto-Lei n.º 292/2000, de 14 de Novembro.

– Vide, igualmente, Considerações Gerais ao artigo 1.º.

## Resenha jurisprudencial

*"– I – Comete a contra-ordenação p. e p. pelo art.º 22.º, n.º 1, c), do DL n.º 292/2000, de 14 de Novembro, aquele que, instado pela autoridade policial, que foi chamada ao local por um vizinho, para deixar de utilizar um aspirador doméstico, prossegue com essa utilização quando eram cerca das 3 horas da madrugada*
*– II – Constitui matéria de facto o preenchimento dos conceitos indeterminados relativos aos factos materiais de uma contra-ordenação, mesmo que, nesse preenchimento, o julgador tenha que formular juízos de valor."*[60]

*"Para o preenchimento do crime do artigo 280.º do Código Penal 1995 não é necessário que se crie perigo para a vida ou para a integridade física de um grande número de pessoas."*[61]

*"I – A consagração legal de um valor máximo de nível sonoro do ruído apenas significa que a administração não pode autorizar a instalação de equipamentos nem conceder o licenciamento de actividades que não respeitem aquele limite máximo.*
*II – Quem desrespeitar esse limite legal incorre em ilícito de mera ordenação social, praticando uma contra-ordenação punível com coima.*
*III – Mas, face à lei civil, o direito de oposição face à emissão de ruídos subsiste, mesmo que o seu nível sonoro seja inferior ao legal*

---

[60] Acórdão do STJ, de 14 de Março de 2007, in CJ – Acórdãos do STJ, 2007, Tomo II, pág. 199 e segs.
[61] Acórdão de 27-04-2005, Proc. N.º 510007, Tribunal da Relação do Porto, in www.dgsi.pt

Regulamento Geral do Ruído

*e a respectiva actividade tenha sido autorizada pela autoridade administrativa competente, sempre que implique ofensa de direitos da personalidade.*

*IV – A colocação de uma instalação de ar condicionado, cujo funcionamento provoca ruído que se repercute dentro do prédio vizinho, perturbando o sono e o repouso dos seus moradores e agravando em um deles uma doença do foro neurológico de que já padecia, é civilmente ilícita, porque violadora do direito à saúde e ao repouso, mesmo que o nível sonoro atingido seja inferior ao nível sonoro máximo legalmente permitido."*[62]

## ARTIGO 29.º
### Apreensão cautelar e sanções acessórias

A entidade competente para aplicação da coima pode proceder a apreensões cautelares e aplicar as sanções acessórias que se mostrem adequadas, nos termos do disposto na Lei n.º 50/2006, de 29 de Agosto.

### Resenha jurisprudencial

*"I – No artigo 279.º do Código Penal protege-se directamente o ambiente.*

*II – Para a perfeição do crime de poluição previsto nesse artigo 279.º, que está configurado como um crime de desobediência, é necessário que haja inobservância, em medida inadmissível, de prescrições ou limitações da Administração.*

*III – O crime de poluição previsto no artigo 280.º do Código Penal é um crime de perigo comum, pois atinge um número indeterminado de pessoas, tendo o perigo que se concretizar num dos seguintes bens jurídicos: a vida ou a integridade física de outrem, ou bens patrimoniais de valor elevado.*

---

[62] Acórdão. da Relação do Porto, de 27 de Abril de 1995 (R. 1113/94), in CJ, 1995, Tomo II, pág. 213 e seguintes.

*IV – Para a perfeição do crime de poluição do artigo 280.º, é necessário que se produza o resultado típico de criação do perigo nele previsto, mas não é preciso que a poluição ocorra em medida inadmissível.*"[63]

*"I – Para além dos casos referidos no n.º 3 do artigo 279.º do Código Penal, haverá poluição em medida inadmissível quando a situação da poluição for grave.*

*II – Tem características de poluição grave, para efeitos da prática daquele crime, o ruído propagado pela actividade do arguido que atinge os apartamentos vizinhos em grau suficientemente intenso para perturbar o sossego, a tranquilidade e o equilíbrio psicológico dos respectivos moradores, afectando a sua saúde, ruído que excede o máximo legalmente permitido.*"[64]

## Artigo 30.º
### Processamento e aplicação de coimas

1. O processamento das contra-ordenações e a aplicação das respectivas coimas e sanções acessórias é da competência da entidade autuante, sem prejuízo do disposto nos números seguintes.

2. Compete à câmara municipal o processamento das contra-ordenações e a aplicação das coimas e sanções acessórias em matéria de actividades ruidosas temporárias e de ruído de vizinhança.

3. Compete à Direcção-Geral de Viação o processamento das contra-ordenações e a aplicação das coimas e sanções acessórias em matéria de veículos rodoviários a motor e sistemas sonoros de alarme instalados em veículos.

---

[63] Acórdão da Relação do Porto, de 15 de Fevereiro de 2006, in CJ, 2006, Tomo I, pág. 210 e seguintes.

[64] Acórdão da Relação do Porto, de 23 de Junho de 1999, in Boletim do Ministério da Justiça, 1999, n.º 488, pág. 411.

## CAPÍTULO V
# Outros regimes e disposições de carácter técnico

### ARTIGO 31.º
### Outros regimes

1. O ruído produzido por equipamento para utilização no exterior é regulado pelo Regulamento das Emissões Sonoras para o Ambiente do Equipamento para Utilização no Exterior, aprovado pelo Decreto-Lei n.º 76/2002, de 26 de Março.

2. Ao ruído produzido por sistemas sonoros de alarme instalados em imóveis aplica-se o Decreto-Lei n.º 297/99, de 4 de Agosto, que regula a ligação às forças de segurança, Guarda Nacional Republicana e Polícia de Segurança Pública, de equipamentos de segurança contra roubo ou intrusão que possuam ou não sistemas sonoros de alarme instalados em edifícios ou imóveis de qualquer natureza.

3. Os espectáculos de natureza desportiva e os divertimentos públicos nas vias, jardins e demais lugares públicos ao ar livre realizam-se nos termos do disposto no Decreto-Lei n.º 310/2002, de 18 de Dezembro.

**Resenha jurisprudencial**

*"I – O prazo fixado na lista de doenças profissionais anexa ao Decreto Regulamentar n.º 12/80, de 8/5, é um prazo de imputabilidade (e não de prescrição ou de caducidade), para além do qual se presume que a doença não procede ou resulta do trabalho;*

*II – Essa presunção é ilidível por prova em contrário;*

*III – Um trabalhador afectado de hipoacusia tem direito à reparação dessa doença profissional, de acordo com o disposto na Base XXVI da Lei n.º 2127, de 3/8/65, se a entidade patronal aceita que se acha afectado da mesma e que esteve exposto ao respectivo risco no ambiente de trabalho, pela natureza da indústria, ainda que o diagnóstico da doença tenha sido feito mais de um ano depois de transferido do local de risco."*[65]

---

[65] Acórdão do Supremo Tribunal de Justiça, de 26 de Janeiro de 1994, in CJ – Acórdãos do Supremo Tribunal de Justiça, Tomo I, pág. 285 e seguintes.

*"I – É meramente exemplificativa a indicação, na lista de doenças profissionais, dos trabalhos que podem dar origem à diminuição de audição por exposição a níveis sonoros excessivos.*

*II – Assim, deve considerar-se doença profissional a hipoacusia que afecta um trabalhador numa carpintaria, sujeito, durante anos, a níveis de poluição sonora de 72-75-85 e, por vezes, 91 decibéis."*[66]

*"I – É de considerar como doença profissional indemnizável a surdez bilateral que afecta um trabalhador que durante cerca de 20 anos esteve sujeito no seu trabalho, nas instalações fabris da entidade patronal, a um ambiente ruidoso permanente, verificado o nexo de causalidade entre a surdez e o trabalho.*

*II – Cabia à entidade responsável o ónus da prova de que a surdez não era consequência do trabalho, antes representando uma degenerescência do aparelho auditivo devida à idade."*[67]

*"I – De acordo com o despacho normativo n.º 253/82, de 22 de Novembro, é considerada doença profissional a doença provocada por agentes físicos, onde se inclui a hipoacusia provocada por ruídos ou traumatismo sonoro, desde que seja bilateral e no ouvido menos lesado exista uma perda de audição não inferior a 35 decibéis.*

*II – O prazo de caracterização a que alude a alínea c) do artigo 13.º do Regulamento da Caixa Nacional de Seguros de Doenças Profissionais não é um prazo de caducidade nem de prescrição, constituindo antes um prazo de imputabilidade, para além do qual se presume que a doença não procede ou não resulta do trabalho. Tal presunção é ilidível por prova em contrário."*[68]

---

[66] Acórdão da Relação de Évora, de 30 de Janeiro de 1990, in CJ, 1990, Tomo I, pág. 320 e seguintes.

[67] Acórdão da Relação de Lisboa, de 9 de Fevereiro de 1994, in CJ, 1994, Tomo I, pág. 177 e seguintes.

[68] Acórdão do Supremo Tribunal de Justiça, de 13 de Janeiro de 1989, in Acórdãos Doutrinais do STA n.º 329, pág. 730 e seguintes.

*"I – A exigência de níveis sonoros iguais ou superiores a 85 decibéis foi uma solução jurídica que apenas durou de Maio de 1980 a Novembro de 1982.*

*II – Constitui trabalho que implicou exposição a níveis sonoros excessivos aquele em que o trabalhador esteve exposto, durante anos, a níveis de poluição sonora de 72, 75, 85 e, por vezes, 91 decibéis."*[69]

*"I – Cotejando os n.$^{os}$ 1 e 2 da base XXV, conclui-se que o legislador pretendeu distinguir duas distintas espécies de doenças profissionais que dão direito a indemnização.*

*II – No n.º 1 da citada base prevêem-se as chamadas doenças profissionais típicas.*

*III – No n.º 2, as chamadas doenças profissionais atípicas.*

*IV – As doenças a que se reporta o citado n.º 1 são restritas a certas actividades laborais e as do n.º 2 são comuns a todos os trabalhadores.*

*V – Da análise das bases XXV e XXVI conclui-se que no tocante às doenças profissionais mencionadas no n.º 1 da base XXV o trabalhador apenas tem de provar os factos a que se referem as alíneas a), b) e c) do n.º 1 da base XXVI.*

*VI – No que se refere às doenças profissionais aludidas no n.º 2 da base XXV, o trabalhador tem de fazer prova do nexo de causalidade entre a doença de que sofre e a actividade exercida."*[70]

*"A longa permanência do trabalhador em ambiente com ruído excessivo pode provocar-lhe um traumatismo auditivo – hipoacusia permanente – o que constitui doença profissional determinada por diagnóstico inequívoco."*[71]

---

[69] Acórdão da Relação de Évora, de 30 de Janeiro de 1990 in BMJ n.º 393, pág. 683 e seguintes.

[70] Acórdão do Supremo Tribunal de Justiça, de 4 de Novembro de 1992, in BMJ n.º 421, pág. 273 e seguintes.

[71] Acórdão da Relação de Évora, de 16 de Fevereiro de 1993, in CJ, 1993, Tomo I, pág. 295 e seguintes.

# Artigo 32.º
## Normas técnicas

1. Sem prejuízo do disposto no artigo 3.º do presente Regulamento, são aplicáveis as definições e procedimentos constantes da normalização portuguesa em matéria de acústica.

2. Na ausência de normalização portuguesa, são utilizadas as definições e procedimentos constantes de normalização europeia ou internacional adoptada de acordo com a legislação vigente.

# Artigo 33.º
## Controlo metrológico de instrumentos

Os instrumentos técnicos destinados a realizar medições acústicas no âmbito da aplicação do presente Regulamento são objecto de controlo metrológico de acordo com o disposto no Decreto-Lei n.º 291/90, de 20 de Setembro, e respectivas disposições regulamentares.

## Comentário:

A **Epígrafe** e, todo o corpo do artigo correspondem – *mutatis mutandis* – ao artigo 21.º do revogado Decreto-Lei n.º 292/200, de 14 de Setembro.

– Vide, em anexo:
– **Portaria n.º 1069/89, de 13 de Dezembro** (Regulamento do Controlo Metrológico dos Sonómetros);
– **Decreto-Lei n.º 291/90, de 20 de Setembro** (Estabelece o regime de controlo metrológico de métodos e instrumentos de medição);
– **Portaria n.º 962/90, de 9 de Outubro** (Regulamento geral do controlo metrológico).

*Regulamento Geral do Ruído*

## ARTIGO 34.º
### Entidades acreditadas

1. Os ensaios e medições acústicas necessárias à verificação do cumprimento do disposto no presente Regulamento são realizados por entidades acreditadas.

2. As entidades acreditadas noutro Estado membro que pretendam desenvolver no território nacional as actividades referidas no número anterior devem notificar a entidade portuguesa com competência de acreditação.

3. As entidades fiscalizadoras que realizem ensaios e medições acústicas necessárias à verificação do cumprimento do disposto no presente Regulamento dispõem de um prazo de quatro anos para se acreditarem no âmbito do Sistema Português da Qualidade.

## ANEXO I
(a que se refere o artigo 13.º)

### Parâmetros para a aplicação do critério de incomodidade

1. O valor do $L_{Aeq}$ do ruído ambiente determinado durante a ocorrência do ruído particular deve ser corrigido de acordo com as características tonais ou impulsivas do ruído particular, passando a designar-se por nível de avaliação, $L_{Ar}$, aplicando a seguinte fórmula:

$$L_{Ar} = L_{Aeq} + K1 + K2$$

em que $K1$ é a correcção tonal e $K2$ é a correcção impulsiva.

Estes valores são $K1 = 3$ dB(A) ou $K2 = 3$ dB(A) se for detectado que as componentes tonais ou impulsivas, respectivamente, são características específicas do ruído particular, ou são $K1 = 0$ dB(A) ou $K2 = 0$ dB(A) se estas componentes não forem identificadas. Caso se verifique a coexistência de componentes tonais e impulsivas a correcção a adicionar é de $K1 + K2 = 6$ dB(A).

O método para detectar as características tonais do ruído dentro do intervalo de tempo de avaliação, consiste em verificar, no espectro de um terço de oitava, se o nível sonoro de uma banda excede o das adjacentes em 5 dB(A) ou mais, caso em que o ruído deve ser considerado tonal.

O método para detectar as características impulsivas do ruído dentro do intervalo de tempo de avaliação, consiste em determinar a diferença entre o nível sonoro contínuo equivalente, $L_{Aeq}$, medido em simultâneo com característica impulsiva e *fast*. Se esta diferença for superior a 6 dB(A), o ruído deve ser considerado impulsivo.

2. Aos valores limite da diferença entre o $L_{Aeq}$ do ruído ambiente que inclui o ruído particular corrigido *(LAr)* e o $L_{Aeq}$ do ruído residual, estabelecidos na alínea *b)* do n.º 1 do artigo 13.º, deve ser adicionado o valor $D$ indicado na tabela seguinte. O valor $D$ é determinado em função da relação percentual entre a duração acumulada de ocorrência do ruído particular e a duração total do período de referência.

Valor da relação percentual *(q)* entre a duração acumulada de ocorrência do ruído particular e a duração total do período de referência.

| Valor da relação percentual ($q$) entre a duração acumulada de ocorrência do ruído particular e a duração total do período de referência | $D$ em dB(A) |
|---|:---:|
| $q \leq 12,5\%$ ............................................................ | 4 |
| $12,5\% < q \leq 25\%$ ............................................. | 3 |
| $25\% < q \leq 50\%$ ................................................ | 2 |
| $50\% < q \leq 75\%$ ................................................ | 1 |
| $q > 75\%$ ................................................................ | 0 |

3. Excepções à tabela anterior – para o período nocturno não são aplicáveis os valores de $D = 4$ e $D = 3$, mantendo-se $D = 2$ para valores percentuais inferiores ou iguais a 50%. Exceptua-se desta restrição a aplicação de $D = 3$ para actividades com horário de funcionamento até às 24 horas.

4. Para efeitos da verificação dos valores fixados na alínea *b)* do n.º 1 e no n.º 5 do artigo 13.º, o intervalo de tempo a que se reporta o indicador $L_{Aeq}$ corresponde ao período de um mês, devendo corresponder ao mês mais crítico do ano em termos de emissão sonora da(s) fonte(s) de ruído em avaliação no caso de se notar marcada sazonalidade anual.

## ANEXO II

### Limites para veículos de duas e três rodas

(a que se refere o artigo 22.º )

| Cilindrada ($C$, em cm$^3$) | Nível sonoro admissível [$L$, em dB(A)] |
|---|---|
| $C \leq 80$ | $L \leq 102$ |
| $80 < C \leq 175$ | $L \leq 105$ |
| $C > 175$ | $L \leq 110$ |

# LEGISLAÇÃO COMPLEMENTAR

# Código Civil

ARTIGO 70.º

**Tutela geral da personalidade**

1. A lei protege os indivíduos contra qualquer ofensa ilícita ou ameaça de ofensa à sua personalidade física ou moral.

2. Independentemente da responsabilidade civil a que haja lugar, a pessoa ameaçada ou ofendida pode requerer as providências adequadas às circunstâncias do caso, com o fim de evitar a consumação da ameaça ou atenuar os efeitos da ofensa já cometida.

*"2. O artigo limita-se a declarar, em termos muito genéricos e muito sucintos, a ilicitude das ofensas ou das ameaças à personalidade física ou moral dos indivíduos, sem descer à minuciosa referência analítica a que recorre, por exemplo, o anteprojecto do Código francês (arts. 151.º e segs.).*

*Mas daquela referência genérica pode, sem dúvida, inferir-se a existência de uma série de direitos (à vida, à integridade física, à liberdade, à honra, do bom nome, à saúde, até ao repouso essencial à existência física, etc.) que a lei tutela nos termos do n.º 1 do artigo."*[72]

*"19. I – O direito à vida, à integridade física, à honra, à saúde, ao bom nome à intimidade, à inviolabilidade de domicílio e de correspondência, e ao repouso essencial à existência, são exemplos de direitos de personalidade reconhecidos pela nossa lei, constituindo a*

---

[72] In Código Civil Anotado, Pires de Lima e Antunes Varela, Coimbra Editora, Volume I, 4.ª Edição, pág. 104.

104           *Lei do Ruído*

*sua violação facto ilícito gerador da obrigação de indemnizar o lesado. II – O lar de cada um, é o local normal de retempero das forças físicas e anímicas desgastadas pela vivência no seio da comunidade, mormente nos grandes centros urbanos. III – Não disfruta de ambiente repousante, calmo e tranquilo quem, como a recorrida no presente processo, se encontra sujeita a barulhos produzidos na casa dos vizinhos, que habitam no pavimento imediatamente superior do mesmo prédio, proveniente do bater de portas, do arrastamento de imóveis, do funcionamento dos aparelhos de rádio e televisão, o que a tem levado a socorrer-se de clínicos que a medicam e recomendam a melhorar as condições ambientais, tendo sido forçada a pedir frequentemente a pessoas amigas que lhe facultem pernoitar em sua casa, por não poder suportar os ruídos que a atingem na sua habitação (STJ, 13-3-1986: BMJ 355º-356)."*[73]

## ARTIGO 483.º
### Princípio geral

1. Aquele que, com dolo ou mera culpa, violar ilicitamente o direito de outrem ou qualquer disposição legal destinada a proteger interesses alheios fica obrigado a indemnizar o lesado pelos danos resultantes da violação.

2. Só existe obrigação de indemnizar independentemente de culpa nos casos especificados na lei.

## ARTIGO 493.º
### Danos causados por coisas, animais ou actividades

1. Quem tiver em seu poder coisa móvel ou imóvel, com o dever de a vigiar, e bem assim quem tiver assumido o encargo da vigilância de quaisquer animais, responde pelos danos que a coisa ou os animais causarem, salvo se provar que nenhuma culpa houve da sua parte ou que os danos se teriam igualmente produzido ainda que não houvesse culpa sua.

2. Quem causar danos a outrem no exercício de uma actividade, perigosa por sua própria natureza ou pela natureza dos meios utilizados, é

---

[73] In Código Civil Anotado, Abílio Neto Herlander Martins, Livraria Petrony, 7.ª Edição, 1990, págs. 55 e 56.

*Legislação Complementar* 105

obrigado a repará-los, excepto se mostrar que empregou todas as providências exigidas pelas circunstâncias com o fim de os prevenir.

*"1. Estabelece-se neste artigo, como nos dois anteriores, a inversão do ónus da prova, ou seja, uma presunção de culpa por parte de quem tem a seu cargo a vigilância der coisas ou de animais ou exerce uma actividade perigosa.*

*(...)*

*2.No n.º 1 estabelece-se uma importante restrição à responsabilidade. Ela só existe se a pessoa que tem em seu poder a coisa móvel ou imóvel (a caldeira, o paiol, o depósito de combustível ou de artigos de pirotécnica, armas, substâncias radioactivas ou insalubres, instrumentos cortantes, etc.) está obrigada a vigiá-la. Pode tratar-se do proprietário da coisa ou animal; mas não tem necessariamente de ser o proprietário, ao contrário do que resultava do artigo 2394.º do Código de 1867. É a pessoa que tem as coisas ou animais à sua guarda quem dever tomar as providências indispensáveis para evitar a lesão. Pode tratar-se de um comodatário, do depositário, do credor pignoratício, etc.)."*

*(...)*

*4. Quanto aos danos causados no exercício de actividades perigosas, o lesante só poderá exonerar-se da responsabilidade, provando que empregou todas as providências exigidas pelas circunstâncias para o evitar. Afasta-se indirecta, mas concludentemente, a possibilidade de o responsável se eximir à obrigação de indemnizar, com a alegação de que os danos se teriam verificado por uma outra causa (causa virtual: cfr. a nota 8 ao art. 492.º), mesmo que ele tivesse adoptado todas aquelas providências."*[74]

ARTIGO 496.º

## Danos não patrimoniais

1. Na fixação da indemnização deve atender-se aos danos não patrimoniais que, pela sua gravidade, mereçam a tutela do direito.

---

[74] In Código Civil Anotado, Pires de Lima e Antunes Varela, Coimbra Editora, Volume I, 4.ª Edição, pág. 496.

2. Por morte da vítima, o direito à indemnização por danos não patrimoniais cabe, em conjunto, ao cônjuge não separado judicialmente de pessoas e bens e aos filhos ou outros descendentes; na falta destes, aos pais ou outros ascendentes; e, por último, aos irmãos ou sobrinhos que os representem.

3. O montante da indemnização será fixado equitativamente pelo tribunal, tendo em atenção, em qualquer caso, as circunstâncias referidas no artigo 494.º; no caso de morte, podem ser atendidos não só os danos não patrimoniais sofridos pela vítima, como os sofridos pelas pessoas com direito a indemnização nos termos do número anterior.

## ARTIGO 562.º

### Princípio geral

Quem estiver obrigado a reparar um dano deve reconstituir a situação que existiria, se não se tivesse verificado o evento que obriga à reparação.

## ARTIGO 564.º

### Cálculo da indemnização

1. O dever de indemnizar compreende não só o prejuízo causado, como os benefícios que o lesado deixou de obter em consequência da lesão.

2. Na fixação da indemnização pode o tribunal atender aos danos futuros, desde que sejam previsíveis; se não forem determináveis, a fixação da indemnização correspondente será remetida para decisão ulterior.

## ARTIGO 566.º

### Indemnização em dinheiro

1. A indemnização é fixada em dinheiro, sempre que a reconstituição natural não seja possível, não repare integralmente os danos ou seja excessivamente onerosa para o devedor.

2. Sem prejuízo do preceituado noutras disposições, a indemnização em dinheiro tem como medida a diferença entre a situação patrimonial do lesado, na data mais recente que puder ser atendida pelo tribunal, e a que teria nessa data se não existissem danos.

3. Se não puder ser averiguado o valor exacto dos danos, o tribunal julgará equitativamente dentro dos limites que tiver por provados.

# Legislação Complementar

Artigo 1346.º

**Emissão de fumo, produção de ruídos e factos semelhantes**

O proprietário de um imóvel pode opor-se à emissão de fumo, fuligem, vapores, cheiros, calor ou ruídos, bem como à produção de trepidações e a outros quaisquer factos semelhantes, provenientes de prédio vizinho, sempre que tais factos importem um prejuízo substancial para o uso do imóvel ou não resultem da utilização normal do prédio de que emanam.

*"A enumeração é, como resulta do próprio texto, meramente exemplificativa. No entanto, só estão sujeitos ao regime fixado, como nota Henrique Mesquita (Direitos Reais, lições dactilog. N.º 33), as «emissões de elementos que tenham natureza incorpórea (vapor, ruídos, correntes eléctricas, raios luminosos) e as de elementos corpóreos de tamanho ínfimo (fuligem, poeira, cinza, etc.) Às emissões de outros corpos sólidos (v.g. fragmentos de granito provenientes de pedreiras em exploração) ou líquidos poderão sempre os proprietários opor-se.»*[75]

# Código Penal

Artigo 279.º

**Poluição**

1. Quem, não observando disposições legais, regulamentares ou obrigações impostas pela autoridade competente em conformidade com aquelas disposições:

   *a*) Poluir águas ou solos ou, por qualquer forma, degradar as suas qualidades;

   *b*) Poluir o ar mediante utilização de aparelhos técnicos ou de instalações; ou

---

[75] In Código Civil Anotado, Pires de Lima e Antunes Varela, Coimbra Editora, Volume III, 4.ª Edição, pág. 178.

*c*) Provocar poluição sonora mediante utilização de aparelhos técnicos ou de instalações, em especial de máquinas ou de veículos terrestres, fluviais, marítimos ou aéreos de qualquer natureza; de forma grave, é punido com pena de prisão até três anos ou com pena de multa até 600 dias.

2. Se a conduta referida no n.º 1 for praticada por negligência, o agente é punido com pena de prisão até 1 ano ou com pena de multa.

3. Para os efeitos dos números anteriores, o agente actua de forma grave quando:

*a*) Prejudicar, de modo duradouro, o bem-estar das pessoas na fruição da natureza;

*b*) Impedir, de modo duradouro, a utilização de recurso natural; ou

*c*) Criar o perigo de disseminação de microrganismo ou substância prejudicial para o corpo ou saúde das pessoas.

ARTIGO 280.º

**Poluição com perigo comum**

Quem, mediante conduta descrita nas alíneas do n.º 1 do artigo anterior, criar perigo para a vida ou para a integridade física de outrem, para bens patrimoniais alheios de valor elevado ou para monumentos culturais ou históricos, é punido com pena de prisão:

*a*) De 1 a 8 anos, se a conduta e a criação do perigo forem dolosas;

*b*) Até 5 anos, se a conduta for dolosa e a criação do perigo ocorrer por negligência.

# Lei de Bases do Ambiente
## Lei n.º 11/87, de 7 de Abril

ARTIGO 21.º
### Poluição

1. São factores de poluição do ambiente e degradação do território todas as acções e actividades que afectam negativamente a saúde, o bem-estar e as diferentes formas de vida, o equilíbrio e a perenidade dos ecossistemas naturais e transformados, assim como a estabilidade física e biológica do território.

2. São causas de poluição do ambiente todas as substâncias e radiações lançadas no ar, na água, no solo e no subsolo que alterem, temporária ou irreversivelmente, a sua qualidade ou interfiram na sua normal conservação ou evolução.

ARTIGO 22.º
### Ruído

1. A luta contra o ruído visa a salvaguarda da saúde e bem-estar das populações e faz-se através, designadamente:

*a*) Da normalização dos métodos de medida do ruído;
*b*) Do estabelecimento de níveis sonoros máximos, tendo em conta os avanços científicos e tecnológicos nesta matéria;
*c*) Da redução do nível sonoro na origem, através da fixação de normas de emissão aplicáveis às diferentes fontes;
*d*) Dos incentivos à utilização de equipamentos cuja produção de ruídos esteja contida dentro dos níveis máximos admitidos para cada caso;

*e*) Da obrigação de os fabricantes de máquinas e electrodomésticos apresentarem informações detalhadas, homologadas, sobre o nível sonoro dos mesmos nas instruções de uso e facilitarem a execução das inspecções oficiais;

*f*) Da introdução nas autorizações de construção de edifícios, utilização de equipamento ou exercício de actividades da obrigatoriedade de adoptar medidas preventivas para eliminação da propagação do ruído exterior e interior, bem como das trepidações;

*g*) Da sensibilização da opinião pública para os problemas do ruído;

*h*) Da localização adequada no território das actividades causadoras de ruído.

2. Os veículos motorizados, incluindo as embarcações, as aeronaves e os transportes ferroviários, estão sujeitos a homologação e controle no que se refere às características do ruído que produzem.

3. Os avisadores sonoros estão sujeitos a homologação e controle no que se refere às características dos sinais acústicos que produzem.

4. Os equipamentos electromecânicos deverão ter especificadas as características do ruído que produzem.

# Decreto-Lei N.° 146/2006, de 31 de Julho

A prevenção e o controlo da poluição sonora constituem objectivos fundamentais para a salvaguarda da saúde e do ambiente. Nessa perspectiva, a Directiva n.° 2002/49/CE, do Parlamento Europeu e do Conselho, de 25 de Junho, que tem como objectivo prevenir e reduzir os efeitos prejudiciais da exposição ao ruído ambiente, veio estabelecer a obrigatoriedade de efectuar a recolha de dados acústicos nos vários Estados membros e de elaborar relatórios sobre o ambiente acústico ao nível comunitário de forma a criar uma base para a definição de uma futura política comunitária neste domínio e a garantir uma informação mais ampla ao público.

Assinale-se que esta matéria havia sido já abordada no Regulamento Geral do Ruído, aprovado pelo Decreto-Lei n.° 292/2000, de 14 de Novembro, com as alterações introduzidas pelos Decretos-Leis n.ºs 76/2002, de 26 de Março, 259/2002, de 23 de Novembro, e 293/2003, de 19 de Novembro. No entanto, transpondo a referida directiva para a ordem jurídica interna, estabelece-se agora um regime especial para a elaboração de mapas estratégicos de ruído, impondo a obrigação de recolha e de disponibilização de informação ao público relativa aos níveis de ruído ambiente sob a forma de mapas estratégicos de ruído, de acordo com critérios definidos ao nível comunitário, e a utilização de indicadores e métodos de avaliação harmonizados, bem como para os planos de acção.

Essa obrigação recai sobre as grandes infra-estruturas de transporte rodoviário, ferroviário e aéreo e as aglomerações de maior expressão populacional. Com base em mapas estratégicos de ruído, o presente decreto-lei prevê ainda a elaboração de planos de acção destinados a gerir o ruído ambiente e os problemas dele derivados. Estes planos definem medidas prioritárias de redução de ruído, em particular quando os níveis respectivos possam ter efeitos nocivos na saúde humana, incluindo o incómodo daí decorrente, e integram um procedimento que garante a consulta e a participação dos cidadãos na sua elaboração e revisão.

Foi promovida a audição à Assembleia Legislativa da Região Autónoma dos Açores.

Foram ouvidas a Assembleia Legislativa da Região Autónoma da Madeira e a Associação Nacional de Municípios Portugueses.

Assim:

Nos termos da alínea a) do n.º 1 do artigo 198.º da Constituição, o Governo decreta o seguinte:

## CAPÍTULO I

### Disposições Gerais

#### Artigo 1.º

#### Objecto

O presente decreto-lei transpõe para a ordem jurídica interna a Directiva n.º 2002/49/CE, do Parlamento Europeu e do Conselho, de 25 de Junho, relativa à avaliação e gestão do ruído ambiente, determinando:

*a*) A elaboração de mapas estratégicos de ruído que determinem a exposição ao ruído ambiente exterior, com base em métodos de avaliação harmonizados ao nível da União Europeia;

*b*) A prestação de informação ao público sobre o ruído ambiente e seus efeitos;

*c*) A aprovação de planos de acção baseados nos mapas estratégicos de ruído a fim de prevenir e reduzir o ruído ambiente sempre que necessário e em especial quando os níveis de exposição sejam susceptíveis de provocar efeitos prejudiciais para a saúde humana e de preservar a qualidade do ambiente acústico.

#### Artigo 2.º

#### Âmbito de aplicação

1. O presente decreto-lei é aplicável ao ruído ambiente a que os seres humanos se encontram expostos em zonas que incluam usos habitacionais, escolares, hospitalares ou similares, espaços de lazer, em zonas tranquilas

*Legislação Complementar* 113

de uma aglomeração, em zonas tranquilas em campo aberto e noutras zonas cujo uso seja sensível ao ruído e que seja produzido nas aglomerações ou por grandes infra-estruturas de transporte rodoviário, ferroviário ou aéreo.

2. O presente decreto-lei não é aplicável ao ruído produzido pela própria pessoa exposta, ao ruído de vizinhança, ao ruído em locais de trabalho ou no interior de veículos de transporte e ainda ao ruído gerado por actividades militares em zonas militares.

## ARTIGO 3.º

### Definições

Para efeitos do presente decreto-lei, entende-se por:

*a)* «Aglomeração» um município com uma população residente superior a 100 000 habitantes e uma densidade populacional igual ou superior a 2500 habitantes por quilómetro quadrado;

*b)* «Avaliação» a quantificação de um indicador de ruído ou dos efeitos prejudiciais a ele associados;

*c)* «Efeitos prejudiciais» os efeitos nocivos para a saúde e bem-estar humanos;

*d)* «Grande infra-estrutura de transporte aéreo» o aeroporto civil, identificado pelo Instituto Nacional de Aviação Civil, onde se verifiquem mais de 50 000 movimentos por ano, considerando-se um movimento uma aterragem ou uma descolagem, salvo os destinados exclusivamente a acções de formação em aeronaves ligeiras;

*e)* «Grande infra-estrutura de transporte ferroviário» o troço ou troços de uma via férrea regional, nacional ou internacional, identificados pelo Instituto Nacional de Transporte Ferroviário, onde se verifiquem mais de 30 000 passagens de comboios por ano;

*f)* «Grande infra-estrutura de transporte rodoviário» o troço ou troços de uma estrada municipal, regional, nacional ou internacional, identificados por um município ou pela EP – Estradas de Portugal, E. P. E., onde se verifiquem mais de três milhões de passagens de veículos por ano;

*g)* «Indicador de ruído» um parâmetro físico-matemático para a descrição do ruído ambiente que tenha uma relação com um efeito prejudicial;

*h)* «$L_d$ (indicador de ruído diurno)» o indicador de ruído associado ao incómodo durante o período diurno, conforme especificado no anexo I do presente decreto-lei, do qual faz parte integrante. É equivalente a $L_{day}$;

*i)* «$L_{den}$ (indicador de ruído diurno-entardecer-nocturno)» o indicador de ruído associado ao incómodo global, conforme especificado no anexo I;

*j)* «$L_e$ (indicador de ruído do entardecer)» o indicador de ruído associado ao incómodo durante o período do entardecer, conforme especificado no anexo I. É equivalente a $L_{evening}$;

*l)* «$L_n$ (indicador de ruído nocturno)» o indicador de ruído associado a perturbações do sono, conforme especificado no anexo I. É equivalente a $L_{night}$;

*m)* «Mapa estratégico de ruído» um mapa para fins de avaliação global da exposição ao ruído ambiente exterior, em determinada zona, devido a várias fontes de ruído, ou para fins de estabelecimento de previsões globais para essa zona;

*n)* «Planeamento acústico» o controlo do ruído futuro, através da adopção de medidas programadas, tais como o ordenamento do território, a engenharia de sistemas para a gestão do tráfego, o planeamento da circulação e a redução do ruído por medidas adequadas de isolamento sonoro e de controlo do ruído na fonte;

*o)* «Planos de acção» os planos destinados a gerir o ruído no sentido de minimizar os problemas dele resultantes, nomeadamente pela redução do ruído;

*p)* «Relação dose-efeito» a relação entre o valor de um indicador de ruído e um efeito prejudicial;

*q)* «Ruído ambiente» um som externo indesejado ou prejudicial gerado por actividades humanas, incluindo o ruído produzido pela utilização de grandes infra-estruturas de transporte rodoviário, ferroviário e aéreo e instalações industriais, designadamente as definidas no anexo I do Decreto-Lei n.º 194/2000, de 21 de Agosto, com as alterações introduzidas pelos Decretos-Leis n.ºs 152/2002, de 23 de Maio, 69/2003, de 10 de Abril, 233/2004, de 14 de Dezembro, e 130/2005, de 16 de Agosto;

*r)* «Valor limite» o valor de $L_{den}$ ou de $L_n$ que, caso seja excedido, dá origem à adopção de medidas de redução do ruído por parte das entidades competentes;

*Legislação Complementar* 115

*s*) «Zona tranquila de uma aglomeração» uma zona delimitada pela câmara municipal, no âmbito dos estudos e propostas sobre ruído que acompanham os planos municipais de ordenamento do território, que está exposta a um valor de $L_{den}$ igual ou inferior a 55 dB(A) e de $L_n$ igual ou inferior a 45 dB(A), como resultado de todas as fontes de ruído existentes;

*t*) «Zona tranquila em campo aberto» uma zona delimitada pela câmara municipal, no âmbito dos estudos e propostas sobre ruído que acompanham os planos municipais de ordenamento do território, que não é perturbada por ruído de tráfego, de indústria, de comércio, de serviços ou de actividades recreativas.

ARTIGO 4.º

**Competência**

1. Compete, no âmbito do presente decreto-lei:

*a*) Aos municípios elaborar, aprovar e alterar os mapas estratégicos de ruído e os planos de acção para as aglomerações;

*b*) Às entidades gestoras ou concessionárias de infra-estruturas de transporte rodoviário, ferroviário ou aéreo elaborar e rever os mapas estratégicos de ruído e os planos de acção das grandes infra-estruturas de transporte, respectivamente, rodoviário, ferroviário e aéreo;

*c*) Ao Instituto do Ambiente (IA):

 i) Aprovar os mapas estratégicos de ruído e os planos de acção referidos na alínea b), bem como as respectivas alterações;

 ii) Centralizar todos os mapas estratégicos de ruído e planos de acção elaborados no âmbito do presente decreto-lei;

 iii) Recolher as informações e os dados disponibilizados pelas entidades competentes referidas nas alíneas a) e b) e enviá-las à Comissão Europeia;

 iv) Prestar informação ao público.

2. A elaboração dos mapas estratégicos de ruído e dos planos de acção para as aglomerações compete aos serviços municipais e as respectivas aprovação e alteração competem à assembleia municipal, sob proposta da câmara municipal.

## CAPÍTULO II
# Mapas estratégicos de ruído e planos de acção

### Artigo 5.º
### Indicadores de ruído e respectiva aplicação

1. A elaboração e a revisão dos mapas estratégicos de ruído são realizadas de acordo com os indicadores de ruído $L_{den}$ e $L_n$.

2. Para os casos estabelecidos no n.º 3 do anexo I, podem ser utilizados indicadores de ruído suplementares, a definir por portaria conjunta dos membros do Governo responsáveis pelas áreas do ambiente, do ordenamento do território e dos transportes.

### Artigo 6.º
### Métodos de avaliação

1. Os valores dos indicadores de ruído $L_{den}$ e $L_n$ são determinados pelos métodos de avaliação definidos nos n.$^{os}$ 2 e 3 do anexo II do presente decreto-lei, do qual faz parte integrante, até à adopção de métodos comuns de avaliação pela Comissão Europeia.

2. Os efeitos prejudiciais podem ser avaliados com base nas relações dose-efeito referidas no anexo III do presente decreto-lei, do qual faz parte integrante.

### Artigo 7.º
### Conteúdo dos mapas estratégicos de ruído

1. Os mapas estratégicos de ruído são compostos por uma compilação de dados sobre uma situação de ruído existente ou prevista em termos de um indicador de ruído demonstrando a ultrapassagem de qualquer valor limite em vigor, o número estimado de pessoas afectadas e de habitações expostas a determinados valores de um indicador de ruído em determinada zona.

2. Os mapas estratégicos de ruído devem ainda obedecer aos requisitos mínimos estabelecidos no anexo IV do presente decreto-lei, do qual faz parte integrante.

# Artigo 8.º
## Conteúdo dos planos de acção

1. Os planos de acção são elaborados de acordo com o disposto no anexo V do presente decreto-lei, do qual faz parte integrante, e incluem um resumo elaborado nos termos dos n.ºs 1.8 e 2.8 do anexo VI do presente decreto-lei, do qual faz parte integrante.

2. Os planos de acção devem ainda identificar as medidas a adoptar prioritariamente sempre que se detectem, a partir dos respectivos mapas estratégicos de ruído, zonas ou receptores sensíveis onde os indicadores de ruído ambiente $L_{den}$ e $L_n$ ultrapassam os valores limite fixados no Regulamento Geral do Ruído.

# Artigo 9.º
## Elaboração e aprovação de mapas estratégicos de ruído

1. Os mapas estratégicos de ruído relativos à situação no ano civil de 2006 para todas as aglomerações com mais de 250 000 habitantes são elaborados, aprovados e enviados ao IA até 31 de Março de 2007, juntamente com a informação indicada no n.º 1 do anexo VI.

2. Os mapas estratégicos de ruído relativos à situação no ano civil de 2006 para todas as grandes infra-estruturas de transporte rodoviário com mais de 6 milhões de passagens de veículos por ano, para todas as grandes infra-estruturas de transporte ferroviário com mais de 60 000 passagens de comboios por ano e para todas as grandes infra-estruturas de transporte aéreo são elaborados e enviados ao IA até 31 de Março de 2007, juntamente com a informação indicada no n.º 2 do anexo VI.

3. O IA aprova os mapas estratégicos de ruído referidos no número anterior até 30 de Junho de 2007, sem prejuízo da faculdade de solicitar a apresentação de elementos adicionais ou a correcção dos elementos inicialmente apresentados destinados a garantir o cumprimento do disposto no artigo 7.º.

4. Os mapas estratégicos de ruído relativos à situação no ano civil de 2011 para todas as aglomerações com mais de 100 000 habitantes, depois de elaborados e aprovados, são enviados ao IA até 31 de Março de 2012, juntamente com a informação indicada no n.º 1 do anexo VI.

5. Os mapas estratégicos de ruído relativos à situação no ano civil de 2011, para todas as grandes infra-estruturas de transporte rodoviário com

mais de 3 milhões de passagens de veículos por ano e para todas as grandes infra-estruturas de transporte ferroviário com mais de 30 000 passagens de comboios por ano, são elaborados e enviados ao IA até 28 de Fevereiro de 2012 para aprovação, juntamente com a informação indicada no n.º 2 do anexo VI.

6. O IA aprova os mapas estratégicos de ruído referidos no número anterior até 30 de Junho de 2012, sem prejuízo da faculdade de solicitar a apresentação de elementos adicionais ou a correcção dos elementos inicialmente apresentados destinados a garantir o cumprimento do disposto no artigo 7.º.

7. Os mapas estratégicos de ruído de zonas fronteiriças devem ser elaborados em colaboração com as autoridades competentes do Estado vizinho.

### Artigo 10.º
#### Elaboração e aprovação dos planos de acção

1. São elaborados planos de acção destinados a gerir os problemas e efeitos do ruído, bem como, quando necessário, a reduzir a sua emissão, relativamente à situação no ano civil de 2006, nas seguintes zonas e condições:

   *a*) Envolventes das grandes infra-estruturas de transporte rodoviário com mais de 6 milhões de passagens de veículos por ano, das grandes infra-estruturas de transporte ferroviário com mais de 60 000 passagens de comboios por ano e das grandes infra-estruturas de transporte aéreo, para as quais tenham sido elaborados mapas estratégicos de ruído;

   *b*) Aglomerações com mais de 250 000 habitantes.

2. Os planos de acção previstos na alínea a) do número anterior são elaborados e enviados ao IA até 28 de Fevereiro de 2008, que os aprova até 18 de Julho de 2008, sem prejuízo da faculdade de solicitar a apresentação de elementos adicionais ou a correcção dos elementos inicialmente apresentados destinados a garantir o cumprimento do disposto no artigo 8.º.

3. Os planos de acção previstos na alínea *b*) do n.º 1 são elaborados, aprovados e enviados ao IA até 31 de Março de 2008.

*Legislação Complementar* 119

4. São elaborados planos de acção destinados a gerir os problemas e efeitos do ruído, bem como, quando necessário, a reduzir a sua emissão, relativamente à situação no ano civil de 2011, nas seguintes zonas e condições:

*a)* Envolventes das grandes infra-estruturas de transporte rodoviário com mais de 3 milhões de passagens de veículos por ano, das grandes infra-estruturas de transporte ferroviário com mais de 30 000 passagens de comboios por ano, para as quais tenham sido elaborados mapas estratégicos de ruído;

*b)* Aglomerações com mais de 100 000 habitantes.

5. Os planos de acção previstos na alínea *a)* do número anterior são elaborados e enviados ao IA até 28 de Fevereiro de 2013, que os aprova até 18 de Julho de 2013, sem prejuízo da faculdade de solicitar a apresentação de elementos adicionais ou a correcção dos elementos inicialmente apresentados destinados a garantir o cumprimento do disposto no artigo 8.º.

6. Os planos de acção previstos na alínea *b)* do n.º 4, depois de elaborados e aprovados, são enviados ao IA até 31 de Março de 2013.

7. Os planos de acção de zonas fronteiriças são elaborados em colaboração com as autoridades competentes do Estado vizinho.

8. A execução das medidas de redução de ruído e acções incluídas nos planos de acção relativos às aglomerações é da responsabilidade de cada entidade gestora ou da concessionária da fonte de ruído em causa.

ARTIGO 11.º

**Revisão dos mapas estratégicos de ruído
e dos planos de acção**

1. Os mapas estratégicos de ruído e os planos de acção são reavaliados e alterados de cinco em cinco anos a contar da data da sua elaboração.

2. Os mapas estratégicos de ruído e os planos de acção são ainda reavaliados e alterados sempre que se verifique uma alteração significativa relativamente a fontes sonoras ou à expansão urbana com efeitos no ruído ambiente.

# Artigo 12.º
## Taxas de apreciação

1. A apreciação de mapas estratégicos de ruído e de planos de acção pelo IA está sujeita ao pagamento prévio das seguintes taxas:

a) Apreciação de mapas estratégicos de ruído – € 7500;
b) Apreciação de planos de acção – € 5000.

2. O valor das taxas previstas no número anterior considera-se automaticamente actualizado todos os anos por aplicação do índice de preços no consumidor publicado pelo Instituto Nacional de Estatística.

# CAPÍTULO III
## Informação e participação do público

# Artigo 13.º
## Informação ao público

1. Os mapas estratégicos de ruído e os planos de acção aprovados são disponibilizados e divulgados junto do público, acompanhados de uma síntese que destaque os elementos essenciais, designadamente através das tecnologias de informação electrónica.

2. Os mapas estratégicos de ruído e os planos de acção aprovados estão igualmente disponíveis para consulta nas câmaras municipais da área territorial por eles abrangida, no IA e junto das demais entidades referidas no artigo 4.º.

# Artigo 14.º
## Participação do público nos planos de acção

1. As entidades competentes para a elaboração e revisão dos planos de acção são responsáveis pela realização da consulta pública no respectivo procedimento, cabendo-lhes decidir, em função da natureza e complexidade do plano, a extensão do período de consulta pública, o qual não pode ser inferior a 30 dias.

*Legislação Complementar* 121

2. A consulta pública tem lugar antes da aprovação do plano e inicia-se pela publicação de anúncio em órgãos de comunicação social, do qual constam o calendário em que decorre a consulta, os locais onde o projecto de plano pode ser consultado e a forma de participação dos interessados.

3. Para efeitos da consulta referida nos números anteriores, é facultado ao público o projecto de plano, acompanhado de uma síntese que destaque os seus elementos essenciais, o qual está disponível junto da entidade responsável pela sua elaboração e nas câmaras municipais da área territorial por ele abrangidas.

4. Findo o período de consulta pública, a entidade responsável elabora a versão final do plano, tendo em consideração os resultados da participação pública.

5. O processo relativo à consulta é público e fica arquivado nos serviços da entidade competente para a elaboração e revisão do plano de acção

## CAPÍTULO IV
### Informação à comissão europeia

ARTIGO 15.º
#### Envio de dados à Comissão Europeia

1. O IA envia à Comissão Europeia, até seis meses após a entrada em vigor do presente decreto-lei e, posteriormente, de cinco em cinco anos a contar de 30 de Junho de 2005, as informações necessárias sobre grandes infra-estruturas de transporte rodoviário com mais de 6 milhões de passagens de veículos por ano, grandes infra-estruturas de transporte ferroviário com mais de 60 000 passagens de comboios por ano e grandes infra-estruturas de transporte aéreo e aglomerações com mais de 250 000 habitantes, bem como a listagem das entidades competentes para a elaboração, aprovação e recolha dos respectivos mapas estratégicos de ruído e planos de acção.

2. O IA envia à Comissão Europeia, até 31 de Dezembro de 2008 e, posteriormente, de cinco em cinco anos, as informações necessárias sobre todas as aglomerações e todas as grandes infra-estruturas de transporte rodoviário e ferroviário não abrangidas pelo disposto no número anterior.

3. Para efeitos do disposto nos n.ᵒˢ 1 e 2, as entidades referidas nas alíneas *a*), *d*), *e*) e *f*) do artigo 3.º devem enviar ao IA:

*a*) A listagem das grandes infra-estruturas de transporte rodoviário com mais de 6 milhões de passagens de veículos por ano, das grandes infra-estruturas de transporte ferroviário com mais de 60 000 passagens de comboios por ano, das grandes infra-estruturas de transporte aéreo e das aglomerações com mais de 250 000 habitantes, até 60 dias antes do termo do prazo referido no n.º 1;

*b*) A listagem das grandes infra-estruturas de transporte rodoviário com mais de 3 milhões de passagens de veículos por ano, das grandes infra-estruturas de transporte ferroviário com mais de 30 000 passagens de comboios por ano e das aglomerações com mais de 100 000 habitantes, até 60 dias antes do termo do prazo referido no n.º 2.

4. O IA envia à Comissão Europeia, de acordo com o disposto no anexo VI:

*a*) A informação fornecida pelos mapas estratégicos de ruído referidos nos n.ᵒˢ 1 e 2 do artigo 9.º, até 30 de Dezembro de 2007;

*b*) Os resumos dos planos de acção referidos no n.º 1 do artigo 10.º, até 18 de Janeiro de 2009;

*c*) A informação fornecida pelos mapas estratégicos de ruído referidos nos n.ᵒˢ 4 e 5 do artigo 9.º, até 30 de Dezembro de 2012;

*d*) Os resumos dos planos de acção referidos no n.º 4 do artigo 10.º, até 18 de Janeiro de 2014.

## CAPÍTULO V
### Disposições transitórias e finais

#### ARTIGO 16.º
#### Regiões Autónomas

O presente decreto-lei aplica-se às Regiões Autónomas dos Açores e da Madeira, sem prejuízo das adaptações decorrentes da estrutura própria da administração regional autónoma, a introduzir em diploma regional adequado.

*Legislação Complementar* 123

ARTIGO 17.º

**Regulamento Geral do Ruído**

O disposto no presente decreto-lei não prejudica a aplicação das disposições constantes no Regulamento Geral do Ruído, aprovado pelo Decreto-Lei n.º 292/2000, de 14 de Novembro1, com as alterações introduzidas pelos Decretos-Leis n.ºs 76/2002, de 26 de Março, 259/2002, de 23 de Novembro, e 293/2003, de 19 de Novembro.

ARTIGO 18.º

**Norma transitória**

1. As entidades responsáveis pela elaboração dos mapas estratégicos de ruído e dos planos de acção mantêm, até às datas previstas no presente decreto-lei, a obrigação de elaborar os mapas de ruído e os planos de redução de ruído previstos no Regulamento Geral do Ruído.

2. Os mapas de ruído e os planos de redução de ruído elaborados no âmbito do Regulamento Geral do Ruído pelas entidades indicadas nas alíneas *a)* e *b)* do n.º 1 do artigo 4.º podem ser convertidos em mapas estratégicos de ruído e respectivos planos de acção desde que devidamente adaptados às disposições do presente decreto-lei.

Visto e aprovado em Conselho de Ministros de 18 de Maio de 2006. – *José Sócrates – Carvalho Pinto de Sousa – António Luís Santos Costa – Fernando Teixeira dos Santos – Francisco Carlos da Graça Nunes Correia – Manuel António Gomes de Almeida de Pinho – Mário Lino Soares Correia.*

Promulgado em 13 de Julho de 2006.

Publique-se.

O Presidente da República, ANÍBAL CAVACO SILVA.

Referendado em 15 de Julho de 2006.

O Primeiro-Ministro, *José Sócrates Carvalho Pinto de Sousa.*

## ANEXO I

### Indicadores de ruído

(a que se refere o artigo 5.º)

1. Definição do indicador de ruído diurno-entardecer-nocturno (Lden) – o nível diurno-entardecer-nocturno $L_{den}$ em decibel [dB(A)] é definido pela seguinte fórmula:

$$L_{den} = 10 \times \log \frac{1}{24} \left[ 13 \times 10^{\frac{L_d}{10}} + 3 \times 10^{\frac{L_e+5}{10}} + 8 \times 10^{\frac{L_n+10}{10}} \right]$$

em que:

$L_d$ é o nível sonoro médio de longa duração, conforme definido na norma NP 1730-1:1996, ou na versão actualizada correspondente, determinado durante uma série de períodos diurnos representativos de um ano;

$L_e$ é o nível sonoro médio de longa duração, conforme definido na norma NP 1730-1:1996, ou na versão actualizada correspondente, determinado durante uma série de períodos do entardecer representativos de um ano;

$L_n$ é o nível sonoro médio de longa duração, conforme definido na norma NP 1730-1:1996, ou na versão actualizada correspondente, determinado durante uma série de períodos nocturnos representativos de um ano;

em que:

O período diurno corresponde a treze horas (das 7 às 20 horas), o período do entardecer a três horas (das 20 às 23 horas) e o período nocturno a oito horas (das 23 às 7 horas);

A unidade um ano corresponde a um período com a duração de um ano no que se refere à emissão sonora e a um ano médio no que diz respeito às condições meteorológicas;

e em que:

Nos casos em que existam superfícies reflectoras (por exemplo, fachadas) é considerado o som incidente, o que significa que se despreza o acréscimo de nível sonoro devido à reflexão que aí ocorre [regra geral, isso implica uma correcção de – 3 dB(A) em caso de medição a menos de 3,5 m da referida superfície].

A altura do ponto de avaliação do indicador $L_{den}$ depende da respectiva aplicação:

*Legislação Complementar* 125

Em caso de cálculo para fins da elaboração de mapas estratégicos de ruído relativamente à exposição ao ruído na proximidade dos edifícios, os pontos de avaliação são fixados a uma altura de 4 m ± 0,2 m (de 3,8 m a 4,2 m) acima do solo e na fachada mais exposta: para este efeito, a fachada mais exposta é a parede exterior em frente da fonte sonora específica e mais próxima da mesma. Para outros fins, podem ser feitas outras escolhas;

Em caso de medição para fins da elaboração de mapas estratégicos de ruído relativamente à exposição ao ruído na proximidade dos edifícios, podem ser escolhidas outras alturas, que, todavia, nunca podem ser inferiores a 1,5 m acima do solo, devendo os resultados obtidos ser corrigidos de acordo com uma altura equivalente a 4 m;

Para outros fins, como planeamento ou zonamento acústico, podem ser escolhidas outras alturas, nunca inferiores a 1,5 m acima do solo. São exemplos:

Zonas rurais com casas de um piso;

A concepção de medidas locais destinadas a reduzir o impacte do ruído em habitações específicas;

Um mapa de ruído pormenorizado de uma zona limitada, mostrando a exposição ao ruído de cada uma das habitações.

2. Definição de indicador de ruído nocturno ($L_n$) – o indicador de ruído para o período nocturno $L_n$, é o nível sonoro médio de longa duração, conforme definido na NP 1730-1:1996, ou na versão actualizada correspondente, determinado durante todos os períodos nocturnos de um ano, em que:

A duração do período nocturno é de oito horas, conforme definido no n.º 1 do presente anexo;

A unidade um ano corresponde a um período com a duração de um ano no que se refere à emissão sonora e a um ano médio no que diz respeito às condições meteorológicas;

É considerado o som incidente, tal como descrito no n.º 1 do presente anexo;

O ponto de avaliação é o mesmo que o utilizado para o indicador $L_{den}$.

3. Indicadores de ruído suplementares – em alguns casos, para além dos indicadores Lden e Ln pode justificar-se a utilização de indicadores de ruído suplementares e dos respectivos valores limite. Referem-se, de seguida, alguns exemplos:

A fonte de ruído funciona apenas durante uma pequena parte do tempo (por exemplo, menos de 20% do tempo total dos períodos diurnos durante um ano, dos períodos do entardecer durante um ano ou dos períodos nocturnos durante um ano);

Verifica-se, em média, num ou mais dos períodos, um número muito baixo de acontecimentos acústicos (por exemplo, menos de um acontecimento por hora, podendo um acontecimento acústico ser definido como um ruído que dura menos de cinco minutos; são exemplos, o ruído provocado pela passagem de um comboio ou de uma aeronave);

A componente de baixa frequência é significativa;

$L_{Amax}$. ou *SEL* (nível de exposição sonora) para protecção em caso de picos de ruído;

Protecção suplementar durante o fim-de-semana ou num período específico do ano;

Protecção suplementar no período diurno;

Protecção suplementar no período do entardecer;

Combinação de ruídos de diferentes fontes;

Zonas tranquilas em campo aberto;

O ruído tem fortes componentes tonais;

O ruído tem características impulsivas.

## ANEXO II

## Métodos de avaliação dos indicadores de ruído

(a que se refere o artigo 6.º)

1. Introdução. – Os valores dos indicadores $L_{den}$ e $L_n$ podem ser determinados quer por metodologia de cálculo quer por medição (no ponto de avaliação). No caso de previsões, apenas é aplicável a metodologia de cálculo.

Nos n.ᵒˢ 2 e 3 do presente anexo apresentam-se os métodos provisórios de medição e de cálculo.

2. Métodos provisórios de cálculo dos indicadores $L_{den}$ e $L_n$:

a) Os métodos provisórios de cálculo dos indicadores $L_{den}$ e $L_n$ são:

1) Para o ruído industrial: NP 4361-2:2001, «Acústica – Atenuação do som na sua propagação ao ar livre. Parte 2: Método geral de cálculo».

Os dados de emissão de ruído (dados de entrada) apropriados para este método podem ser obtidos a partir de medições, efectuadas de acordo com cada uma das seguintes normas:

ISO 8297:1994, «Acoustics – Determination of sound power levels of multi-source industrial plants for evaluation of sound pressure levels in the environment – Engineering method»;

NP EN ISO 3744:1999, «Acústica – Determinação dos níveis de potência acústicaemitidos pelas fontes de ruído a partir da pressão sonora – Método de perícia em condições que se aproximam do campo livre sobre um plano reflector»;

EN ISO 3746:1995, «Acoustics – Determination of sound power levels of noise sources using an enveloping measurement surface over a reflecting plane»;

2) Para o ruído das aeronaves: ECAC.CEAC Doc. 29, «Report on Standard Method of Computing Noise Contours around Civil Airports», 1997. Entre as diferentes abordagens quanto à concepção das rotas de voo, será utilizada a técnica de segmentação mencionada na secção 7.5 do Doc. 29 da ECAC.CEAC;

3) Para o ruído do tráfego rodoviário: o método de cálculo francês NMPB--Routes-96 (SETRA-CERTU-LCPC-CSTB), publicado no «Arrêté, du 5 mai 1995 relatif au bruit des infrastructures routiéres, Journal Officiel, du 10 mai 1995, article 6», e na norma francesa XPS 31-133. No que se refere aos dados de entrada relativos à emissão, estes documentos remetem para o «Guide du bruit des transports terrestres, fascicule prévision des niveaux sonores, CETUR, 1980»;

4) Para o ruído do tráfego ferroviário: o método de cálculo nacional Standaard-Rekenmethode II dos Países Baixos, publicado na «Reken – Meetvoorschrift Railverkeerslawaal'96, Ministerie Volkshulsvesting, Ruimtelljke Ordening en Milleubeheer, 20 de Novembro de 1996». Em alternativa, desde que seja demonstrada a obtenção de resultados equivalentes, pode ser utilizado outro método adaptado e validado ao material ferroviário e às condições de circulação em território nacional;

b) Estes métodos têm de ser adaptados à definição dos indicadores $L_{den}$ e $L_n$.

As orientações sobre estes métodos, bem como sobre os dados de emissões relacionados, constam da Recomendação da Comissão n.º 2003/613/CE, de 6 de Agosto.

3. O método provisório de medição dos indicadores $L_{den}$ e $L_n$ tem por base a definição dos indicadores e os procedimentos descritos da norma portuguesa NP 1730:1996,

«Acústica – Descrição e medição de ruído ambiente», ou na versão actualizada correspondente.

Os resultados de medição obtidos diante de uma fachada ou de outro elemento reflector devem ser corrigidos de molde a excluir a contribuição da reflexão dessa fachada ou elemento [regra geral, isso implica uma correcção de –3 dB(A) em caso de medição a menos de 3,5 m da referida fachada ou elemento].

## ANEXO III

### Métodos de avaliação dos efeitos sobre a saúde

(a que se refere o artigo 6.º)

As relações dose-efeito devem ser utilizadas para avaliar o efeito do ruído sobre as populações.

As relações dose-efeito introduzidas por futuras revisões do presente anexo devem referir-se, nomeadamente, aos seguintes factores:

À relação entre o incómodo criado e o indicador $L_{den}$ relativamente ao ruído do tráfego rodoviário, ferroviário e aéreo e ao ruído industrial;

À relação entre as perturbações do sono e o indicador Ln relativamente ao ruído do tráfego rodoviário, ferroviário e aéreo e ao ruído industrial.

Podem, se necessário, ser apresentadas relações dose-efeito específicas para:

Habitações com isolamento sonoro específico, tal como definido nos n.[os] 1.5, 1.6, 2.5 e 2.6 do anexo VI;

Habitações com fachada pouco exposta, tal como definido nos n.[os] 1.5, 1.6, 2.5 e 2.6 do anexo VI;

Diferentes climas/culturas;

Grupos vulneráveis da população;

Ruído industrial tonal;

Ruído industrial impulsivo;

Outros casos especiais.

## ANEXO IV

### Requisitos mínimos para os mapas estratégicos de ruído

(a que se refere o artigo 7.º)

1. Um mapa estratégico de ruído é uma apresentação dos dados referentes a um dos seguintes aspectos:

Situação acústica existente ou prevista em função de um indicador de ruído;

Ultrapassagem de um valor limite;

Número estimado de habitações, escolas e hospitais numa determinada zona que estão expostas a valores específicos de um dado indicador de ruído;

Número estimado de pessoas localizadas numa zona exposta ao ruído.

2. Os mapas estratégicos de ruído podem ser apresentados sob a forma de:

Figuras/cartografia (elementos considerados essenciais);

Dados numéricos em quadros;

*Legislação Complementar* 129

Dados numéricos sob forma electrónica.

3. Os mapas estratégicos de ruído relativos às aglomerações incidem particularmente no ruído emitido por:

Tráfego rodoviário;
Tráfego ferroviário;
Tráfego aéreo;
Instalações industriais, incluindo portos.

4. Os mapas estratégicos de ruído são utilizados para os seguintes fins:

Proporcionar uma base de dados que sustente a informação a enviar à Comissão Europeia, de acordo com o estabelecido no artigo 15.º e no anexo VI;

Construir uma fonte de informação para os cidadãos, de acordo com o estabelecido no artigo 13.º;

Servir de base para elaboração dos planos de acção, de acordo com o estabelecido no artigo 10.º.

Os mapas estratégicos de ruído são apresentados de acordo com o respectivo fim, com a informação tratada em função da utilização do mapa.

5. Os requisitos mínimos para os mapas estratégicos de ruído relativos aos dados a enviar à Comissão Europeia são estabelecidos nos n.$^{os}$ 1.5, 1.6, 2.5, 2.6 e 2.7 do anexo VI.

6. Para fins de informação aos cidadãos, de acordo com o estabelecido no artigo 13.º, e de elaboração dos planos de acção, de acordo com o previsto no artigo 10.º do presente decreto-lei, são necessárias informações adicionais e mais pormenorizadas, tais como:

Uma representação gráfica;

Mapas em que é apresentada a ultrapassagem de um valor limite (mapas de conflito);

Mapas diferenciais em que a situação existente é comparada com diferentes situações futuras possíveis;

Mapas em que é apresentado o valor de um indicador de ruído a uma altura diferente de 4 m, se adequado.

7. Os mapas estratégicos de ruído para aplicação local, regional ou nacional são elaborados para uma altura de avaliação de 4 m e gamas de valores de $L_{den}$ e de $L_n$ de 5 dB(A), conforme definido nos n.$^{os}$ 1.5, 1.6, 2.5 e 2.6 do anexo VI.

8. No que diz respeito às aglomerações, são elaborados mapas estratégicos de ruído distintos para o ruído do tráfego rodoviário, o ruído do tráfego ferroviário, o ruído do tráfego aéreo e o ruído industrial. Podem ser elaborados mapas adicionais para outras fontes de ruído.

9. A elaboração do mapa estratégico de ruído deve seguir as orientações expressas no guia de boas práticas publicado pela Comissão Europeia, contendo no mínimo a isófona de 55 dB(A) para o indicador $L_{den}$ e a isófona de 45 dB(A) para o indicador L$n$.

## ANEXO V

### Requisitos mínimos para os planos de acção

(a que se refere o artigo 8.º)

1. Os planos de acção devem incluir, pelo menos, os seguintes elementos:
Uma descrição da aglomeração, das grandes infra-estruturas de transporte rodoviário, ferroviário e aéreo, tendo em conta outras fontes de ruído;
A entidade competente pela elaboração do plano e as entidades competentes pela execução das eventuais medidas de redução de ruído já em vigor e das acções previstas;
O enquadramento jurídico;
Os valores limites existentes no Regulamento Geral do Ruído;
Um resumo dos dados que lhes dão origem, os quais se baseiam nos resultados dos mapas estratégicos de ruído;
Uma avaliação do número estimado de pessoas expostas ao ruído, identificação de problemas e situações que necessitem de ser corrigidas;
Um registo das consultas públicas, organizadas de acordo com a legislação aplicável;
Eventuais medidas de redução do ruído já em vigor e projectos em curso;
Acções previstas pelas entidades competentes para os cinco anos seguintes, incluindo quaisquer acções para a preservação de zonas tranquilas;
Estratégia a longo prazo;
Informações financeiras (se disponíveis): orçamentos, avaliação custo-eficácia, avaliação custo-benefício;
Medidas previstas para avaliar a implementação e os resultados do plano de acção.

2. As acções que as autoridades pretendam desenvolver no âmbito das suas competências podem incluir:
Planeamento do tráfego;
Ordenamento do território;
Medidas técnicas na fonte de ruído;
Selecção de fontes menos ruidosas;
Redução de ruído no meio de transmissão;
Medidas ou incentivos reguladores ou económicos.

*Legislação Complementar* 131

3. Os planos de acção devem conter estimativas em termos de redução do número de pessoas afectadas (incomodadas, que sofram de perturbações do sono ou outras).

## ANEXO VI
### Dados a enviar à Comissão Europeia
(a que se refere o artigo 8.º)

Os dados a enviar à Comissão Europeia são os seguintes:
1. Relativamente às aglomerações:
1.1. Uma descrição concisa da aglomeração: localização, dimensão, número de habitantes;
1.2. Entidade competente para a elaboração dos mapas estratégicos de ruído e planos de acção;
1.3. Programas de controlo do ruído executados no passado e medidas em vigor em matéria de ruído ambiente;
1.4. Métodos de cálculo ou de medição utilizados;
1.5. O número estimado de pessoas (em centenas) que vivem em habitações expostas a cada uma das seguintes gamas de valores Lden em dB(A), a uma altura de 4 m, na fachada mais exposta:

$55 < L_{den} \leq 60$;
$60 < L_{den} \leq 65$;
$65 < L_{den} \leq 70$;
$70 < L_{den} \leq 75$;
$L_{den} > 75$;

separadamente para o ruído proveniente do tráfego rodoviário, do tráfego ferroviário, do tráfego aéreo e de instalações industriais. Os valores são arredondados para a centena mais próxima (exemplo: 5200 = entre 5150 e 5249; 100 = entre 50 e 149; 0 = menos de 50).

Adicionalmente, sempre que disponível e adequado, deverá indicar-se o número de pessoas das categorias supramencionadas que vivem em habitações com:

Isolamento sonoro específico, ou seja, um isolamento de um edifício relativamente a um ou mais tipos de ruído ambiente;

Uma fachada pouco exposta, ou seja, fachada de uma habitação em que o valor do indicador $L_{den}$ obtido a 4 m acima do solo e a 2 m em frente da fachada, para o ruído emitido por uma fonte específica, está 20 dB(A) abaixo do que se verifica numa outra fachada da mesma habitação onde o valor de $L_{den}$ seja o mais elevado.

132 *Lei do Ruído*

Há que indicar ainda em que medida as grandes infra-estruturas de transporte rodoviário, ferroviário e aéreo, conforme definidas no artigo 3.º do presente decreto-lei, contribuem para os valores acima mencionados;

1.6. O número estimado de pessoas (em centenas) que vivem em habitações expostas a cada uma das seguintes gamas de valores de $L_n$ em dB(A), obtido a uma altura de 4 m, na fachada mais exposta:

$45 < L_n \leq 50$;
$50 < L_n \leq 55$;
$55 < L_n \leq 60$;
$60 < L_n \leq 65$;
$65 < L_n \leq 70$;
$L_n > 70$;

separadamente para o ruído proveniente do tráfego rodoviário, do tráfego ferroviário, do tráfego aéreo e de instalações industriais.

Adicionalmente, sempre que disponível e adequado, deve indicar-se o número de pessoas das categorias supramencionadas que vivem em habitações com:

Isolamento sonoro específico relativamente ao ruído em questão, tal como definido no n.º 1.5;

Uma fachada pouco exposta, tal como definido no n.º 1.5.

Deve indicar-se igualmente em que medida as grandes infra-estruturas de transporte rodoviário, ferroviário e aéreo contribuem para os valores supramencionados;

1.7. Em caso de apresentação gráfica, os mapas estratégicos devem, no mínimo, mostrar os contornos de 55 dB(A), 60 dB(A), 65 dB(A), 70 dB(A) e 75 dB(A);

1.8. Um resumo do plano de acção, com 10 páginas no máximo, que abranja todos os aspectos relevantes referidos no anexo V.

2. Relativamente às grandes infra-estruturas de transporte rodoviário, ferroviário e aéreo:

2.1. Uma descrição geral das grandes infra-estruturas de transporte rodoviário, ferroviário e aéreo: localização, dimensão e dados sobre o tráfego;

2.2. Uma caracterização das suas imediações: zonas urbanas, outras informações sobre a utilização do solo e outras grandes fontes de ruído;

2.3. Programas de controlo do ruído executados no passado e medidas em vigor em matéria de ruído;

2.4. Métodos de cálculo ou de medição utilizados;

2.5. O número estimado de pessoas (em centenas) que vivem fora das aglomerações em habitações expostas a cada uma das seguintes gamas de valores de $L_{den}$, em dB(A), a uma altura de 4 m, na fachada mais exposta:

$55 < L_{den} \leq 60$;
$60 < L_{den} \leq 65$;
$65 < L_{den} \leq 70$;
$70 < L_{den} \leq 75$;
$L_{den} > 75$.

Adicionalmente, sempre que disponível e adequado, deve indicar-se o número de pessoas das citadas categorias que vivem em habitações com:

Isolamento sonoro específico relativamente ao ruído em questão, tal como definido no n.º 1.5;

Uma fachada pouco exposta, tal como definido no n.º 1.5.

2.6. O número estimado de pessoas (em centenas) que vivem fora das aglomerações em habitações expostas a cada uma das seguintes gamas de valores $L_n$ em dB(A), a uma altura de 4 m, na fachada mais exposta:

$45 < L_n \leq 50$;
$50 < L_n \leq 55$;
$55 < L_n \leq 60$;
$60 < L_n \leq 65$;
$65 < L_n \leq 70$;
$L_n > 70$.

Adicionalmente, sempre que disponível e adequado, deve indicar-se o número de pessoas das citadas categorias que vivem em habitações com:

Isolamento sonoro específico relativamente ao ruído em questão, tal como definido no n.º 1.5;

Uma fachada pouco exposta, tal como definido no n.º 1.5.

2.7. A área total (em quilómetros quadrados) exposta a valores de $L_{den}$ superiores a 55 dB(A), 65 dB(A) e 75 dB(A), respectivamente.

Adicionalmente deve indicar-se o número estimado de habitações (em centenas) e o número estimado de pessoas (em centenas) que vivem em cada uma dessas áreas. Esses valores devem incluir as aglomerações.

Os contornos correspondentes aos 55 dB(A) e 65 dB(A) são igualmente apresentados num ou mais mapas que incluem informações sobre a localização de zonas urbanas abrangidas pelas áreas delimitadas por esses contornos.

2.8. Um resumo do plano de acção, com 10 páginas no máximo, que abranja todos os aspectos relevantes referidos no anexo V.

# Lei n.º 50/2006, de 29 de Agosto

**(Aprova a lei-quadro das contra-ordenações ambientais)**

A Assembleia da República decreta, nos termos da alínea *c*) do artigo 161.º da Constituição, o seguinte:

## PARTE I

## DA CONTRA-ORDENAÇÃO E DA COIMA

### TÍTULO I

### DA CONTRA-ORDENAÇÃO AMBIENTAL

#### ARTIGO 1.º

#### Âmbito

1. A presente lei estabelece o regime aplicável às contra-ordenações ambientais.

2. Constitui contra-ordenação ambiental todo o facto ilícito e censurável que preencha um tipo legal correspondente à violação de disposições legais e regulamentares relativas ao ambiente que consagrem direitos ou imponham deveres, para o qual se comine uma coima.

3. Para efeitos do número anterior, considera-se como legislação e regulamentação ambiental toda a que diga respeito às componentes ambientais naturais e humanas tal como enumeradas na Lei de Bases do Ambiente.

## Artigo 2.º
### Regime

As contra-ordenações ambientais são reguladas pelo disposto na presente lei e, subsidiariamente, pelo regime geral das contra-ordenações.

## Artigo 3.º
### Princípio da legalidade

Só é punido como contra-ordenação ambiental o facto descrito e declarado passível de coima por lei anterior ao momento da sua prática.

## Artigo 4.º
### Aplicação no tempo

1. A punição da contra-ordenação ambiental é determinada pela lei vigente no momento da prática do facto ou do preenchimento dos pressupostos de que depende.

2. Se a lei vigente ao tempo da prática do facto for posteriormente modificada, aplica-se a lei mais favorável ao arguido, salvo se este já tiver sido condenado por decisão definitiva ou transitada em julgado.

3. Quando a lei valer para um determinado período de tempo, continua a ser punível como contra-ordenação ambiental o facto praticado durante esse período.

## Artigo 5.º
### Aplicação no espaço

Salvo tratado ou convenção internacional em contrário, a presente lei é aplicável aos factos praticados:

*a*) Em território português, independentemente da nacionalidade ou sede do agente;

*b*) A bordo de aeronaves, comboios e navios portugueses.

*Legislação Complementar* 137

## Artigo 6.º
### Momento da prática do facto

O facto considera-se praticado no momento em que o agente actuou ou, no caso de omissão, deveria ter actuado, independentemente do momento em que o resultado típico se tenha produzido.

## Artigo 7.º
### Lugar da prática do facto

O facto considera-se praticado no lugar em que, total ou parcialmente e sob qualquer forma de comparticipação, o agente actuou ou, no caso de omissão, devia ter actuado, bem como naquele em que o resultado típico se tenha produzido.

## Artigo 8.º
### Responsabilidade pelas contra-ordenações

1. As coimas podem ser aplicadas às pessoas colectivas, independentemente da regularidade da sua constituição, bem como às sociedades e associações sem personalidade jurídica.

2. As pessoas colectivas ou equiparadas, nos termos do número anterior, são responsáveis pelas contra-ordenações praticadas, em seu nome ou por sua conta, pelos titulares dos seus órgãos sociais, mandatários, representantes ou trabalhadores no exercício das suas funções.

3. Os titulares do órgão de administração das pessoas colectivas e entidades equiparadas, bem como os responsáveis pela direcção ou fiscalização de áreas de actividade em que seja praticada alguma contra-ordenação, incorrem na sanção prevista para o autor, especialmente atenuada, quando, conhecendo ou devendo conhecer a prática da infracção, não adoptem as medidas adequadas para lhe pôr termo imediatamente, a não ser que sanção mais grave lhes caiba por força de outra disposição legal.

4. Cessa o disposto no número anterior se a pessoa colectiva provar que cumpriu todos os deveres de que era destinatária, não logrando, apesar disso, impedir a prática da infracção por parte dos seus trabalhadores ou mandatários sem poderes de representação.

## Artigo 9.º

### Punibilidade por dolo e negligência

1. As contra-ordenações são puníveis a título de dolo ou de negligência.
2. Salvo disposição expressa em contrário, as contra-ordenações ambientais são sempre puníveis a título de negligência.
3. O erro sobre elementos do tipo, sobre a proibição ou sobre um estado de coisas que, a existir, afastaria a ilicitude do facto ou a culpa do agente exclui o dolo.

## Artigo 10.º

### Punibilidade da tentativa

A tentativa é punível nas contra-ordenações classificadas de graves e muito graves, sendo os limites mínimos e máximos da respectiva coima reduzidos a metade.

## Artigo 11.º

### Responsabilidade solidária

Se o agente for pessoa colectiva ou equiparada, respondem pelo pagamento da coima, solidariamente com esta, os respectivos sócios, administradores ou gerentes.

## Artigo 12.º

### Erro sobre a ilicitude

1. Age sem culpa quem actua sem consciência da ilicitude do facto, se o erro lhe não for censurável.
2. Se o erro lhe for censurável, a coima pode ser especialmente atenuada.

## Artigo 13.º

### Inimputabilidade em razão da idade

Para os efeitos da presente lei, consideram-se inimputáveis os menores de 16 anos.

## Artigo 14.º

### Inimputabilidade em razão de anomalia psíquica

1. É inimputável quem, por força de uma anomalia psíquica, é incapaz, no momento da prática do facto, de avaliar a ilicitude deste ou de se determinar de acordo com essa avaliação.

2. Pode ser declarado inimputável quem, por força de uma anomalia psíquica grave, não acidental e cujos efeitos não domina, sem que por isso possa ser censurado, tem, no momento da prática do facto, a capacidade para avaliar a ilicitude deste ou para se determinar de acordo com essa avaliação sensivelmente diminuída.

3. A imputabilidade não é excluída quando a anomalia psíquica tiver sido provocada pelo agente com intenção de praticar o facto.

## Artigo 15.º

### Autoria

É punível como autor quem executar o facto, por si mesmo ou por intermédio de outrem, ou tomar parte directa na sua execução, por acordo ou juntamente com outro ou outros, e ainda quem, dolosamente, determinar outra pessoa à prática do facto, desde que haja execução ou começo de execução.

## Artigo 16.º

### Cumplicidade

1. É punível como cúmplice quem, dolosamente e por qualquer forma, prestar auxílio material ou moral à prática por outrem de um facto doloso.

2. É aplicável ao cúmplice a sanção fixada para o autor, especialmente atenuada.

## Artigo 17.º

### Comparticipação

1. Se vários agentes comparticiparem no facto, qualquer deles incorre em responsabilidade por contra-ordenação ambiental mesmo que a ilicitude ou o grau de ilicitude do facto dependam de certas qualidades ou relações especiais do agente e estas só existam num dos comparticipantes.

2. Cada comparticipante é punido segundo a sua culpa, independentemente da punição ou do grau de culpa dos outros comparticipantes.

# TÍTULO II

## DO DIREITO DE ACESSO
## E DOS EMBARGOS ADMINISTRATIVOS

Artigo 18.º

### Direito de acesso

1. Às autoridades administrativas no exercício das funções inspectivas, de fiscalização ou vigilância é facultada a entrada livre nos estabelecimentos e locais onde se exerçam as actividades a inspeccionar.

2. Os responsáveis pelos espaços referidos no número anterior são obrigados a facultar a entrada e a permanência às autoridades referidas no número anterior e a apresentar-lhes a documentação, livros, registos e quaisquer outros elementos que lhes forem exigidos, bem como a prestar--lhes as informações que forem solicitadas.

3. Em caso de recusa de acesso ou obstrução à acção inspectiva, de fiscalização ou vigilância, pode ser solicitada a colaboração das forças policiais para remover tal obstrução e garantir a realização e segurança dos actos inspectivos.

4. O disposto neste artigo é aplicável a outros espaços afectos ao exercício das actividades inspeccionadas, nomeadamente aos veículos automóveis, aeronaves, comboios e navios.

Artigo 19.º

### Embargos administrativos

1. As autoridades administrativas no exercício dos seus poderes de vigilância, fiscalização ou inspecção podem determinar, dentro da sua área de actuação geográfica, o embargo de quaisquer construções em áreas de ocupação proibida ou condicionada em zonas de protecção estabelecidas por lei ou em contravenção à lei, aos regulamentos ou às condições de licenciamento ou autorização.

2. As autoridades administrativas podem, para efeitos do artigo anterior, consultar integralmente e sem reservas, junto das câmaras municipais, os processos respeitantes às construções em causa, bem como deles solicitar cópias, que devem, com carácter de urgência, ser disponibilizados por aquelas.

*Legislação Complementar* 141

# TÍTULO III
## DAS COIMAS E DAS SANÇÕES ACESSÓRIAS

### CAPÍTULO I
### Da sanção aplicável

ARTIGO 20.º
**Da sanção aplicável**

1. A determinação da medida da coima faz-se em função da gravidade da contra-ordenação, da culpa do agente, da sua situação económica e dos benefícios obtidos com a prática do facto.

2. Na determinação da sanção aplicável são ainda tomadas em conta a conduta anterior e posterior do agente e as exigências de prevenção.

3. São ainda atendíveis a coacção, a falsificação, as falsas declarações, simulação ou outro meio fraudulento utilizado pelo agente, bem como a existência de actos de ocultação ou dissimulação tendentes a dificultar a descoberta da infracção.

### CAPÍTULO II
### Coimas

ARTIGO 21.º
**Classificação das contra-ordenações**

Para determinação da coima aplicável e tendo em conta a relevância dos direitos e interesses violados, as contra-ordenações classificam-se em leves, graves e muito graves.

ARTIGO 22.º
**Montantes das coimas**

1. A cada escalão classificativo de gravidade das contra-ordenações ambientais corresponde uma coima variável consoante seja aplicada a uma pessoa singular ou colectiva e em função do grau de culpa, salvo o disposto no artigo seguinte.

2. Às contra-ordenações leves correspondem as seguintes coimas:

a) Se praticadas por pessoas singulares, de € 500 a € 2500 em caso de negligência e de € 1500 a € 5000 em caso de dolo;
b) Se praticadas por pessoas colectivas, de € 9000 a € 13 000 em caso de negligência e de € 16 000 a € 22 500 em caso de dolo.

3. Às contra-ordenações graves correspondem as seguintes coimas:

a) Se praticadas por pessoas singulares, de € 12 500 a € 16 000 em caso de negligência e de € 17 500 a € 22 500 em caso de dolo;
b) Se praticadas por pessoas colectivas, de € 25 000 a € 34 000 em caso de negligência e de € 42 000 a € 48 000 em caso de dolo.

4. Às contra-ordenações muito graves correspondem as seguintes coimas:

a) Se praticadas por pessoas singulares, de € 25 000 a € 30 000 em caso de negligência e de € 32 000 a € 37 500 em caso de dolo;
b) Se praticadas por pessoas colectivas, de € 60 000 a € 70 000 em caso de negligência e de € 500 000 a € 2 500 000 em caso de dolo.

## ARTIGO 23.º
### Critérios especiais de medida da coima

A moldura da coima nas contra-ordenações muito graves, previstas nas alíneas a) e b) do n.º 4 do artigo 22.º, é elevada para o dobro nos seus limites mínimo e máximo quando a presença ou emissão de uma ou mais substâncias perigosas afecte gravemente a saúde, a segurança das pessoas e bens e o ambiente.

## ARTIGO 24.º
### Cumprimento do dever omitido

Sempre que a contra-ordenação ambiental consista na omissão de um dever, o pagamento da coima não dispensa o infractor do seu cumprimento, se este ainda for possível.

*Legislação Complementar* 143

ARTIGO 25.º

**Ordens da autoridade administrativa**

1. Constitui contra-ordenação grave o incumprimento de ordens ou mandados legítimos da autoridade administrativa transmitidos por escrito aos seus destinatários.

2. Se, verificado o incumprimento a que se refere o número anterior, a autoridade administrativa notificar o destinatário para cumprir a ordem ou o mandado e aquele continuar a não o cumprir, é aplicável a coima correspondente às contra-ordenações muito graves, desde que a notificação da autoridade administrativa contenha a indicação expressa de que ao incumprimento se aplica esta sanção.

3. Os documentos, nomeadamente mapas, guias de transporte, relatórios e boletins que o agente ou o arguido esteja obrigado a enviar por força da lei ou a solicitação da autoridade administrativa, são tidos, para todos os efeitos legais, como não enviados quando omitam dados ou sejam remetidos incorrectamente.

ARTIGO 26.º

**Reincidência**

1. É punido como reincidente quem cometer uma infracção muito grave ou uma infracção grave praticada com dolo, depois de ter sido condenado por qualquer outra infracção.

2. É igualmente punido como reincidente quem cometer qualquer infracção depois de ter sido condenado por uma infracção muito grave ou por uma infracção grave praticada com dolo.

3. A infracção pela qual o agente tenha sido condenado não releva para efeitos de reincidência se entre as duas infracções tiver decorrido o prazo de prescrição da primeira.

4. Em caso de reincidência, os limites mínimo e máximo da coima são elevados em um terço do respectivo valor.

ARTIGO 27.º

**Concurso de contra-ordenações**

1. Quem tiver praticado várias contra-ordenações ambientais é punido com uma coima cujo limite máximo resulta da soma das coimas concretamente aplicadas às infracções em concurso.

2. A coima a aplicar não pode exceder o dobro do limite máximo mais elevado das contra-ordenações ambientais em concurso.

3. A coima a aplicar não pode ser inferior à mais elevada das coimas concretamente aplicadas às várias contra-ordenações ambientais.

### ARTIGO 28.º
#### Concurso de infracções

1. Se o mesmo facto constituir simultaneamente crime e contra-ordenação ambiental, o arguido é responsabilizado por ambas as infracções, instaurando-se, para o efeito, processos distintos a decidir pelas autoridades competentes, sem prejuízo do disposto nos números seguintes.

2. A decisão administrativa que aplique uma coima caduca quando o arguido venha a ser condenado em processo criminal pelo mesmo facto.

3. Sendo o arguido punido a título de crime, poderão ainda assim aplicar-se as sanções acessórias previstas para a respectiva contra-ordenação.

## CAPÍTULO III
### Sanções acessórias

### ARTIGO 29.º
#### Procedimento

A lei pode, simultaneamente com a coima, determinar, relativamente às infracções graves e muito graves, a aplicação de sanções acessórias, nos termos previstos nos artigos seguintes e no regime geral das contra-ordenações.

### ARTIGO 30.º
#### Sanções acessórias

1. Pela prática de contra-ordenações ambientais graves e muito graves podem ser aplicadas ao infractor as seguintes sanções acessórias:

*a*) Apreensão e perda a favor do Estado dos objectos pertencentes ao arguido, utilizados ou produzidos aquando da infracção;

*Legislação Complementar* 145

*b*) Interdição do exercício de profissões ou actividades cujo exercício dependa de título público ou de autorização ou homologação de autoridade pública;

*c*) Privação do direito a benefícios ou subsídios outorgados por entidades ou serviços públicos, nacionais ou comunitários;

*d*) Privação do direito de participar em conferências, feiras ou mercados nacionais ou internacionais com intuito de transaccionar ou dar publicidade aos seus produtos ou às suas actividades;

*e*) Privação do direito de participar em arrematações ou concursos públicos que tenham por objecto a empreitada ou concessão de obras públicas, a aquisição de bens e serviços, a concessão de serviços públicos e a atribuição de licenças ou alvarás;

*f*) Encerramento de estabelecimento cujo funcionamento esteja sujeito a autorização ou licença de autoridade administrativa;

*g*) Cessação ou suspensão de licenças, alvarás ou autorizações relacionados com o exercício da respectiva actividade;

*h*) Perda de benefícios fiscais, de benefícios de crédito e de linhas de financiamento de crédito de que haja usufruído;

*i*) Selagem de equipamentos destinados à laboração;

*j*) Imposição das medidas que se mostrem adequadas à prevenção de danos ambientais, à reposição da situação anterior à infracção e à minimização dos efeitos decorrentes da mesma;

*l*) Publicidade da condenação.

2. No caso de ser aplicada a sanção prevista nas alíneas *c*) e *h*) do número anterior, deve a autoridade administrativa comunicar de imediato à entidade que atribui o benefício ou subsídio com vista à suspensão das restantes parcelas dos mesmos.

3. No caso do recebimento pelo infractor da totalidade ou parte do benefício ou subsídio, pode o mesmo ser condenado a devolvê-lo.

4. As sanções referidas nas alíneas *b*) a *j*) do n.º 1 têm a duração máxima de três anos contados a partir da data da decisão condenatória definitiva.

5. Quando se verifique obstrução à execução das medidas previstas nas alíneas *f*), *i*) e *j*) do n.º 1 do presente artigo, pode igualmente ser solicitada às entidades competentes a notificação dos distribuidores de energia eléctrica para interromperem o fornecimento desta.

## Artigo 31.º

### Pressupostos da aplicação das sanções acessórias

1. A sanção referida na alínea *a*) do n.º 1 do artigo anterior só pode ser decretada quando os objectos serviram ou estavam destinados a servir para a prática de uma contra-ordenação ou por esta foram produzidos.

2. A sanção prevista na alínea *b*) do n.º 1 do artigo anterior só pode ser decretada se o arguido praticou a contra-ordenação em flagrante e grave abuso da função que exerce ou com manifesta e grave violação dos deveres que lhe são inerentes.

3. A sanção prevista na alínea *c*) do n.º 1 do artigo anterior só pode ser decretada quando a contra-ordenação tiver sido praticada no exercício ou por causa da actividade a favor da qual é atribuído o subsídio.

4. A sanção prevista na alínea *d*) do n.º 1 do artigo anterior só pode ser decretada quando a contra-ordenação tiver sido praticada durante ou por causa da participação em conferência, feira ou mercado.

5. A sanção prevista na alínea *e*) do n.º 1 do artigo anterior só pode ser decretada quando a contra-ordenação tiver sido praticada durante ou por causa dos actos públicos ou no exercício ou por causa das actividades mencionadas nessa alínea.

6. A sanção prevista nas alíneas *f*) e *g*) do n.º 1 do artigo anterior só pode ser decretada quando a contra-ordenação tenha sido praticada no exercício ou por causa da actividade a que se referem as autorizações, licenças ou alvarás ou por causa do funcionamento do estabelecimento.

7. A sanção prevista na alínea *h*) do n.º 1 do artigo anterior só pode ser decretada quando a contra-ordenação tiver sido praticada no exercício ou por causa da actividade a favor da qual é atribuído o benefício ou financiamento e estes tenham sido atribuídos directa ou indirectamente pelo Estado ou provenham da União Europeia.

8. A sanção prevista na alínea *i*) do n.º 1 do artigo anterior só pode ser decretada quando a contra-ordenação tiver sido praticada através do equipamento em causa ou com o concurso daquele.

## Artigo 32.º

### Interdição e inibição do exercício da actividade

1. Pode ser aplicada aos responsáveis por qualquer contra-ordenação a interdição temporária, até ao limite de três anos, do exercício da profissão ou da actividade a que a contra-ordenação respeita.

*Legislação Complementar* 147

2. A sanção prevista neste artigo só pode ser decretada se o arguido praticou a contra-ordenação em flagrante e grave abuso da função que exerce ou com manifesta e grave violação dos deveres que lhe são inerentes.

### ARTIGO 33.º
### Perda de objectos

1. Podem ser declarados perdidos os objectos que serviram ou estavam destinados a servir para a prática de uma contra-ordenação ambiental ou que em consequência desta foram produzidos, quando tais objectos representem, pela sua natureza ou pelas circunstâncias do caso, grave perigo para a saúde, a segurança de pessoas e bens e o ambiente ou exista sério risco da sua utilização para a prática de um crime ou de outra contra-ordenação em matéria ambiental.

2. Salvo se o contrário resultar da presente lei ou do regime geral das contra-ordenações, são aplicáveis à perda de objectos as regras relativas à sanção acessória de perda de objectos.

### ARTIGO 34.º
### Perda do valor

Quando, devido a actuação dolosa do agente, se tiver tornado total ou parcialmente inexequível a perda de objectos que, no momento da prática do facto, lhe pertenciam, pode ser declarada perdida uma quantia em dinheiro correspondente ao valor daqueles.

### ARTIGO 35.º
### Efeitos da perda

O carácter definitivo ou o trânsito em julgado da decisão de perda determina a transferência da propriedade para o Estado.

### ARTIGO 36.º
### Perda independente de coima

A perda de objectos ou do respectivo valor pode ter lugar ainda que não possa haver procedimento contra o agente ou a este não seja aplicada uma coima.

## Artigo 37.º
### Objectos pertencentes a terceiro

A perda de objectos pertencentes a terceiro só pode ter lugar:

*a*) Quando os seus titulares tiverem concorrido, com culpa, para a sua utilização ou produção ou do facto tiverem tirado vantagens; ou

*b*) Quando os objectos forem, por qualquer título, adquiridos após a prática do facto, conhecendo os adquirentes a proveniência.

## Artigo 38.º
### Publicidade da condenação

1. A lei determina os casos em que a prática de infracções graves e muito graves é objecto de publicidade.

2. A publicidade da condenação referida no número anterior pode consistir na publicação de um extracto com a caracterização da infracção e a norma violada, a identificação do infractor e a sanção aplicada:

*a*) Num jornal diário de âmbito nacional e numa publicação periódica local ou regional, da área da sede do infractor, a expensas deste;

*b*) Na 2.ª série do *Diário da República,* no último dia útil de cada trimestre, em relação aos infractores condenados no trimestre anterior, a expensas destes.

3. As publicações referidas no número anterior são promovidas pelo tribunal competente, em relação às infracções objecto de decisão judicial, e pela autoridade administrativa, nos restantes casos.

## Artigo 39.º
### Suspensão da sanção

1. A autoridade administrativa que procedeu à aplicação da sanção pode suspender, total ou parcialmente, a sua execução.

2. A suspensão pode ficar condicionada ao cumprimento de certas obrigações, designadamente as consideradas necessárias para a regularização de situações ilegais, à reparação de danos ou à prevenção de perigos para a saúde, segurança das pessoas e bens e ambiente.

*Legislação Complementar* 149

3. O tempo de suspensão da sanção é fixado entre um e três anos, contando-se o seu início a partir da data em que se esgotar o prazo da impugnação judicial da decisão condenatória.

4. Decorrido o tempo de suspensão sem que o arguido tenha praticado qualquer contra-ordenação ambiental, e sem que tenha violado as obrigações que lhe hajam sido impostas, fica a condenação sem efeito, procedendo-se, no caso contrário, à execução da sanção aplicada.

## TÍTULO IV
## DA PRESCRIÇÃO

### ARTIGO 40.º
### Prescrição

1. O procedimento pelas contra-ordenações graves e muito graves prescreve logo que sobre a prática da contra-ordenação haja decorrido o prazo de cinco anos, sem prejuízo das causas de interrupção e suspensão previstas no regime geral.

2. O procedimento pelas contra-ordenações leves prescreve logo que sobre a prática da contra-ordenação haja decorrido o prazo de três anos, sem prejuízo das causas de interrupção e suspensão previstas no regime geral.

3. O prazo de prescrição da coima e sanções acessórias é de:

*a)* Três anos, no caso das contra-ordenações graves e muito graves;

*b)* Dois anos, no caso de contra-ordenações leves.

4. O prazo referido no número anterior conta-se a partir do dia em que se torna definitiva ou transita em julgado a decisão que determinou a sua aplicação, sem prejuízo das causas de interrupção e suspensão previstas no regime geral.

# PARTE II

## DO PROCESSO DE CONTRA-ORDENAÇÃO

### TÍTULO I

## DAS MEDIDAS CAUTELARES

### Artigo 41.º
**Determinação das medidas cautelares**

1. Quando se revele necessário para a instrução do processo ou quando estejam em causa a saúde, a segurança das pessoas e bens e o ambiente, a autoridade administrativa pode determinar uma ou mais das seguintes medidas:

*a*) Suspensão da laboração ou o encerramento preventivo no todo ou em parte da unidade poluidora;

*b*) Notificação do arguido para cessar as actividades desenvolvidas em violação dos componentes ambientais;

*c*) Suspensão de alguma ou algumas actividades ou funções exercidas pelo arguido;

*d*) Sujeição da laboração a determinadas condições necessárias ao cumprimento da legislação ambiental;

*e*) Selagem de equipamento por determinado tempo;

*f*) Recomendações técnicas a implementar obrigatoriamente quando esteja em causa a melhoria das condições ambientais de laboração;

*g*) Imposição das medidas que se mostrem adequadas à prevenção de danos ambientais, à reposição da situação anterior à infracção e à minimização dos efeitos decorrentes da mesma.

2. A determinação referida no número anterior vigora, consoante os casos:

*a*) Até à sua revogação pela autoridade administrativa ou por decisão judicial;

*b*) Até ao início do cumprimento de sanção acessória de efeito equivalente à medida prevista no artigo 30.º da presente lei;

*Legislação Complementar* 151

*c*) Até à superveniência de decisão administrativa ou judicial que não condene o arguido à sanção acessória prevista no artigo 30.º, quando tenha sido decretada medida cautelar de efeito equivalente;
*d*) Até à ultrapassagem do prazo de instrução estabelecido pelo artigo 48.º

3. Quando se verifique obstrução à execução das medidas previstas no n.º 1 deste artigo, pode ser solicitada pela autoridade administrativa às entidades distribuidoras de energia eléctrica a interrupção do fornecimento desta aos arguidos por aquela indicados.

4. A determinação da suspensão e do encerramento preventivo previstos no n.º 1 podem ser objecto de publicação pela autoridade administrativa, sendo as custas da publicação suportadas pelo infractor.

5. Quando, nos termos da alínea *c*) do n.º 1, seja determinada a suspensão total das actividades ou das funções exercidas pelo arguido e este venha a ser condenado, no mesmo processo, em sanção acessória que consista em interdição ou inibição do exercício das mesmas actividades ou funções, é descontado por inteiro, no cumprimento da sanção acessória, o tempo de duração da suspensão preventiva.

ARTIGO 42.º

**Apreensão cautelar**

1. A lei pode determinar a apreensão provisória pela autoridade administrativa, nos termos desta lei e do regime geral das contra-ordenações, nomeadamente dos seguintes bens e documentos:

*a*) Equipamentos destinados à laboração;
*b*) Licenças, certificados, autorizações, aprovações, guias de substituição e ou outros documentos equiparados;
*c*) Animais ou plantas de espécies protegidas ilegalmente na posse de pessoas singulares ou colectivas.

2. No caso de apreensão nos termos da alínea *a*) do número anterior, pode o seu proprietário, ou quem o represente, ser designado fiel depositário, com a obrigação de não utilizar os bens cautelarmente apreendidos, sob pena de crime de desobediência qualificada.

# TÍTULO II

## DO PROCESSO

## CAPÍTULO I

## Das notificações

ARTIGO 43.º

**Notificações**

1. As notificações em processo de contra-ordenação são efectuadas por carta registada, com aviso de recepção, sempre que se impute ao arguido a prática de contra-ordenação da decisão que lhe aplique coima ou admoestação, sanção acessória ou alguma medida cautelar, bem como a convocação para este assistir ou participar em actos ou diligências.

2. As notificações são dirigidas para a sede ou para o domicílio dos destinatários.

3. Se, por qualquer motivo, a carta registada, com aviso de recepção, for devolvida à entidade competente, a notificação será reenviada ao notificando, para o seu domicílio ou sede, através de carta simples.

4. Na notificação por carta simples deverá expressamente constar no processo a data de expedição da carta e do domicílio para o qual foi enviada, considerando-se a notificação efectuada no 5.º dia posterior à data ali indicada, cominação esta que deve constar do acto de notificação.

5. Sempre que o notificando se recusar a receber ou assinar a notificação, o agente certifica a recusa, considerando-se efectuada a notificação.

6. As notificações referidas nos números anteriores poderão ser efectuadas por telefax ou via correio electrónico, sempre que haja conhecimento do telefax ou do endereço de correio electrónico do notificando.

7. Quando a notificação for efectuada por telefax ou via correio electrónico, presume-se que foi feita na data da emissão, servindo de prova, respectivamente, a cópia do aviso onde conste a menção de que a mensagem foi enviada com sucesso, bem como a data, hora e número de telefax do receptor ou o extracto da mensagem efectuada, o qual será junto aos autos.

8. O despacho que ordene a notificação pode ser impresso e assinado por chancela.

*Legislação Complementar* 153

9. Constitui notificação o recebimento pelo interessado de cópia de acta ou assento do acto a que assista.

10. As notificações efectuadas por simples carta registada presumem--se feitas no 3.o dia posterior ao do registo ou no 1.º dia útil seguinte a esse, quando esse dia não seja útil.

11. Havendo aviso de recepção, a notificação considera-se efectuada na data em que ele for assinado e tem-se por efectuada na própria pessoa do notificando, mesmo quando o aviso de recepção haja sido assinado por terceiro presente na sede ou domicílio do destinatário, presumindo-se, neste caso, que a carta foi oportunamente entregue àquele.

12. Os interessados que intervenham em quaisquer procedimentos contra-ordenacionais nas autoridades administrativas de fiscalização ou inspecção ambiental comunicarão, no prazo de 10 dias úteis, qualquer alteração da sua sede ou domicílio.

13. A falta de recebimento de qualquer aviso ou comunicação, devido ao não cumprimento do disposto no número anterior, não é oponível às autoridades administrativas, produzindo todos os efeitos legais, sem prejuízo do que se dispõe quanto à obrigatoriedade da notificação e dos termos por que deve ser efectuada.

ARTIGO 44.º

### Notificações aos mandatários

1. As notificações aos arguidos que tenham constituído mandatário serão, sempre que possível, feitas na pessoa deste e no seu domicílio profissional.

2. Quando a notificação tenha em vista a convocação de testemunhas ou peritos, além da notificação destes, será ainda notificado o mandatário, indicando-se a data, o local e o motivo da comparência.

3. Para os efeitos do artigo anterior, o arguido, sempre que arrolar testemunhas, deverá fornecer todos os elementos necessários à sua notificação, designadamente indicar correctamente a morada e o respectivo código postal relativo a cada uma delas.

4. As notificações referidas nos números anteriores são feitas por carta registada, com aviso de recepção, aplicando-se às mesmas o disposto nos n.ᵒˢ 3, 4 e 5 do artigo anterior.

# CAPÍTULO II
## Processamento

### ARTIGO 45.º
#### Auto de notícia ou participação

1. A autoridade administrativa levantará o respectivo auto de notícia quando, no exercício das suas funções, verificar ou comprovar pessoalmente, ainda que por forma não imediata, qualquer infracção às normas referidas no artigo 1.º, o qual servirá de meio de prova das ocorrências verificadas.

2. Relativamente às infracções de natureza contra-ordenacional cuja verificação a autoridade administrativa não tenha comprovado pessoalmente, a mesma deve elaborar uma participação instruída com os elementos de prova de que disponha.

### ARTIGO 46.º
#### Elementos do auto de notícia e da participação

1. O auto de notícia ou a participação referida no artigo anterior deve, sempre que possível, mencionar:

*a*) Os factos que constituem a infracção;

*b*) O dia, a hora, o local e as circunstâncias em que a infracção foi cometida ou detectada;

*c*) No caso de a infracção ser praticada por pessoa singular, os elementos de identificação do infractor e da sua residência;

*d*) No caso de a infracção ser praticada por pessoa colectiva ou equiparada, os seus elementos de identificação, nomeadamente a sua sede, identificação e residência dos respectivos gerentes, administradores e directores;

*e*) A identificação e residência das testemunhas;

*f*) Nome, categoria e assinatura do autuante ou participante.

2. As entidades que não tenham competência para proceder à instrução do processo de contra-ordenação devem remeter o auto de notícia ou participação no prazo de 10 dias úteis à autoridade administrativa competente.

## Artigo 47.º
### Identificação pelas autoridades administrativas

As autoridades administrativas competentes podem exigir ao agente de uma contra-ordenação a respectiva identificação, sob pena de crime de desobediência.

## Artigo 48.º
### Instrução

1. O autuante ou participante não pode exercer funções instrutórias no mesmo processo.
2. O prazo para a instrução é de 180 dias contados a partir da data de distribuição ao respectivo instrutor.
3. Se a instrução não puder ser concluída no prazo indicado no número anterior, a autoridade administrativa pode, sob proposta fundamentada do instrutor, prorrogar o prazo por um período até 120 dias.

## Artigo 49.º
### Direito de audiência e defesa do arguido

1. O auto de notícia, depois de confirmado pela autoridade administrativa e antes de ser tomada a decisão final, será notificado ao infractor conjuntamente com todos os elementos necessários para que este fique a conhecer a totalidade dos aspectos relevantes para a decisão, nas matérias de facto e de direito, bem como o sentido provável daquela, para, no prazo de 15 dias úteis, se pronunciar por escrito sobre o que se lhe oferecer por conveniente.
2. No mesmo prazo deve, querendo, apresentar resposta escrita, juntar os documentos probatórios de que disponha e arrolar testemunhas, até ao máximo de duas por cada facto, num total de sete.
3. Consideram-se não escritos os nomes das testemunhas que no rol ultrapassem o número legal, bem como daquelas relativamente às quais não sejam indicados os elementos necessários à sua notificação.

## Artigo 50.º
### Comparência de testemunhas e peritos

1. As testemunhas e os peritos devem ser ouvidos na sede da autoridade administrativa onde se realize a instrução do processo ou numa delegação daquela, caso esta a possua.

2. As testemunhas podem ser ouvidas pela autoridade policial, a seu requerimento ou a pedido da autoridade administrativa.

3. Se por qualquer motivo a autoridade de polícia não puder ouvir as testemunhas, estas serão obrigatoriamente ouvidas nas instalações da autoridade administrativa competente para a instrução do processo.

4. Às testemunhas e aos peritos que não comparecerem no dia, na hora e no local designados para a diligência do processo, nem justificarem a falta no próprio dia ou nos cinco dias úteis imediatos, é aplicada pela autoridade administrativa uma sanção pecuniária até 5 UC.

5. Considera-se justificada a falta motivada por facto não imputável ao faltoso que o impeça de comparecer no acto processual.

6. A diligência de inquirição de testemunhas ou peritos apenas pode ser adiada uma única vez, ainda que a falta à primeira marcação tenha sido considerada justificada.

7. No caso em que as testemunhas e os peritos não compareçam a uma segunda convocação, após terem faltado à primeira, a sanção pecuniária a aplicar pela autoridade administrativa pode variar entre 5 UC e 10 UC.

8. O pagamento é efectuado no prazo de 10 dias úteis a contar da notificação, sob pena de se proceder à execução, servindo de título executivo a notificação efectuada pela autoridade administrativa.

## Artigo 51.º
### Ausência do arguido, das testemunhas e peritos

A falta de comparência do arguido, das testemunhas e peritos, devidamente notificados, não obsta a que o processo de contra-ordenação siga os seus termos.

## ARTIGO 52.º

### Envio dos autos ao Ministério Público

1. Recebida a impugnação judicial, deve a autoridade administrativa enviar os autos ao Ministério Público no prazo de 20 dias úteis, que os torna presentes ao juiz, valendo este acto como acusação.

2. Aquando do envio dos autos, pode a autoridade administrativa juntar alegações.

3. Até ao envio dos autos, pode a autoridade administrativa revogar, total ou parcialmente, a decisão de aplicação da coima ou sanção acessória.

4. Sem prejuízo do disposto no artigo 70.º do Decreto-Lei n.º 433/82, de 27 de Outubro, a autoridade administrativa pode juntar outros elementos ou informações que considere relevantes para a decisão da causa, bem como oferecer meios de prova.

5 . A desistência da acusação pelo Ministério Público depende da concordância da autoridade administrativa.

## ARTIGO 53.º

### Juros

No final do processo judicial que conheça da impugnação ou da execução da decisão proferida em processo de contra-ordenação, e se esta tiver sido total ou parcialmente confirmada pelo tribunal, acresce ao valor da coima em dívida o pagamento de juros contados desde a data da notificação da decisão pela autoridade administrativa ao arguido, à taxa máxima estabelecida na lei fiscal.

## ARTIGO 54.º

### Pagamento voluntário da coima

1. Relativamente a contra-ordenações leves e graves, bem como a contra-ordenações muito graves praticadas com negligência, o arguido pode proceder ao pagamento voluntário da coima no prazo de 15 dias úteis, excepto nos casos em que não haja cessação da actividade ilícita.

2. Se a infracção consistir na falta de entrega de documentos ou na omissão de comunicações obrigatórias, o pagamento voluntário da coima só é possível se o arguido sanar a falta no mesmo prazo.

158 *Lei do Ruído*

3. Fora dos casos de reincidência, no pagamento voluntário, a coima é liquidada pelo valor mínimo que corresponda ao tipo de infracção praticada.

4. O pagamento voluntário da coima equivale a condenação, não excluindo a possibilidade de aplicação de sanções acessórias.

5. O pagamento voluntário da coima é admissível em qualquer altura do processo, mas sempre antes da decisão.

## Artigo 55.º
### Participação das autoridades administrativas

1. O tribunal comunica à autoridade administrativa a data da audiência para, querendo, esta poder participar na audiência.

2. O tribunal notifica as autoridades administrativas para estas trazerem à audiência os elementos que reputem convenientes para uma correcta decisão do caso.

3. O tribunal deve comunicar à autoridade administrativa que decidiu o processo os despachos, a sentença, bem como outras decisões finais.

## TÍTULO III
## PROCESSO SUMARÍSSIMO

## Artigo 56.º
### Processo sumaríssimo

1. Quando a reduzida gravidade da infracção e da culpa do agente o justifiquem, pode a autoridade administrativa nos casos de infracções classificadas de leves, e antes de acusar formalmente o arguido, comunicar-lhe a decisão de aplicar uma sanção.

2. Pode ainda ser determinado ao arguido que adopte o comportamento legalmente exigido dentro do prazo que a autoridade administrativa lhe fixe para o efeito.

3. A decisão prevista no n.º 1 é escrita e contém a identificação do arguido, a descrição sumária dos factos imputados e a menção das disposições legais violadas e termina com a admoestação ou a indicação da coima concretamente aplicada.

*Legislação Complementar* 159

4. O arguido é notificado da decisão e informado de que lhe assiste o direito de a recusar, no prazo de cinco dias úteis, e da consequência prevista no número seguinte.

5. A recusa ou o silêncio do arguido neste prazo, o requerimento de qualquer diligência complementar, o incumprimento do disposto no n.º 2 ou o não pagamento da coima no prazo de 10 dias úteis após a notificação referida no número anterior determinam o imediato prosseguimento do processo de contra-ordenação, ficando sem efeito a decisão referida nos n.ᵒˢ 1 a 3.

6. Tendo o arguido procedido ao cumprimento do disposto no n.º 2 e ao pagamento da coima que lhe tenha sido aplicada, a decisão torna-se definitiva, como decisão condenatória, não podendo o facto voltar a ser apreciado como contra-ordenação.

7. A decisão proferida em processo sumaríssimo, de acordo com o estabelecido nos números anteriores, implica a perda de legitimidade do arguido para recorrer daquela.

### TÍTULO IV
### CUSTAS

Artigo 57.º
**Princípios gerais**

1. As custas do processo revertem para a autoridade administrativa que aplicou a sanção.

2. Se o contrário não resultar desta lei, as custas em processo de contra-ordenação regulam-se pelos preceitos reguladores das custas em processo criminal.

3. As decisões das autoridades administrativas que decidam sobre a matéria do processo devem fixar o montante das custas e determinar quem as deve suportar.

4 . O processo de contra-ordenação que corra perante as autoridades administrativas não dá lugar ao pagamento da taxa de justiça nem a procuradoria.

5. A suspensão da sanção prevista no artigo 39.º desta lei não abrange as custas.

## Artigo 58.º
### Encargos

1. As custas compreendem, nomeadamente, os seguintes encargos:

*a*) As despesas de transporte e as ajudas de custo;
*b*) O reembolso por franquias postais, comunicações telefónicas, telegráficas, por telecópia e telemáticas;
*c*) Os emolumentos devidos aos peritos;
*d*) O transporte e o armazenamento de bens apreendidos;
*e*) O pagamento devido a qualquer entidade pelo custo de certidões ou outros elementos de informação e de prova;
*f*) O reembolso com a aquisição de suportes fotográficos, magnéticos e áudio necessários à obtenção da prova;
*g*) Os exames, análises, peritagens ou outras acções que a autoridade administrativa tenha realizado ou mandado efectuar na decorrência da inspecção que conduziu ao processo de contra-ordenação.

2. As custas são suportadas pelo arguido em caso de aplicação de uma coima, admoestação, sanção acessória ou medida cautelar e de desistência ou rejeição da impugnação.

3. Nos demais casos, as custas são suportadas pelo erário público.

## Artigo 59.º
### Impugnação das custas

1. O arguido pode, nos termos gerais, impugnar judicialmente a decisão da autoridade administrativa relativa às custas, devendo a impugnação ser apresentada no prazo de 10 dias úteis a partir do conhecimento da decisão a impugnar.

2. Da decisão do tribunal de 1.a instância só há recurso para o Tribunal da Relação quando o montante exceda a alçada daquele tribunal.

## Artigo 60.º
### Execução de custas

1. Decorrido o prazo de pagamento das custas sem a sua realização, a autoridade administrativa envia, nos 20 dias úteis seguintes, o processo ao Ministério Público para a instauração da competente acção executiva.

*Legislação Complementar* 161

2. Consideram-se títulos executivos as guias de custas passadas pela autoridade administrativa.

3. Ao valor das custas em dívida acrescem juros de mora à taxa máxima estabelecida na lei fiscal a contar da data da notificação pela autoridade administrativa.

### ARTIGO 61.º

**Prescrição do crédito de custas**

O crédito de custas prescreve no prazo de cinco anos.

## PARTE III

## CADASTRO NACIONAL

### ARTIGO 62.º

**Princípios**

1. O cadastro deve processar-se no estrito respeito pelos princípios da legalidade, veracidade e segurança das informações recolhidas.

2. A Comissão Nacional de Protecção de Dados (CNPD) acompanha e fiscaliza, nos termos da lei sobre protecção de dados pessoais, as operações referidas nos artigos seguintes.

### ARTIGO 63.º

**Objecto**

1. O cadastro nacional tem por objecto o registo e o tratamento das sanções principais e acessórias, bem como das medidas cautelares aplicadas em processo de contra-ordenação e das decisões judiciais, relacionadas com aqueles processos, após trânsito em julgado.

2. Estão ainda sujeitas a registo a suspensão, a prorrogação da suspensão e a revogação das decisões tomadas no processo de contra-ordenação.

3. O cadastro nacional é organizado em ficheiro central informatizado, dele devendo constar:

*a*) A identificação da entidade que proferiu a decisão;
*b*) A identificação do arguido;

162         *Lei do Ruído*

*c*) A data e a forma da decisão;
*d*) O conteúdo da decisão e dos preceitos aplicados;
*e*) O pagamento da coima e das custas do processo;
*f*) A eventual execução da coima e das custas do processo.

### ARTIGO 64.º
#### Entidade responsável pelo cadastro nacional

1. A Inspecção-Geral do Ambiente e do Ordenamento do Território é o organismo responsável pelo cadastro nacional.

2. Cabe à Inspecção-Geral do Ambiente e do Ordenamento do Território assegurar o direito de informação e de acesso aos dados pelos respectivos titulares, a correcção de dados, bem como velar pela legalidade da consulta ou da comunicação da informação.

3. Podem ainda aceder aos dados constantes do cadastro:

*a*) Os magistrados judiciais e do Ministério Público para fins de investigação criminal e de instrução de processos criminais;
*b*) As entidades que, nos termos da lei processual penal, recebam delegação para a prática de actos de inquérito ou instrução;
*c*) As entidades oficiais para a prossecução de fins públicos a seu cargo.

### ARTIGO 65.º
#### Registo individual

1. A autoridade administrativa deve organizar um registo individual dos sujeitos responsáveis pelas infracções ambientais, do qual devem constar as medidas cautelares e as sanções principais e acessórias aplicadas em processos de contra-ordenação.

2. Os registos efectuados pela autoridade administrativa podem ser integrados e tratados em aplicações informáticas, nos termos e com os limites da lei sobre protecção de dados pessoais.

3. Os dados constantes dos registos previstos no número anterior, bem como os dados constantes de suporte documental, podem ser publicamente divulgados nos casos de contra-ordenações muito graves e de reincidência envolvendo contra-ordenações graves.

*Legislação Complementar* 163

## Artigo 66.º
### Envio de dados

Todas as autoridades administrativas têm a obrigação de enviar à Inspecção-Geral do Ambiente e do Ordenamento do Território em relação aos processos de contra-ordenação por si decididos, no prazo de 30 dias úteis, informação onde constem os dados referidos no n.º 3 do artigo 63.º

## Artigo 67.º
### Certificado de cadastro ambiental

1. Todas as entidades que possam aceder aos dados constantes do cadastro devem efectuar o seu pedido junto da Inspecção-Geral do Ambiente e do Ordenamento do Território, que, para o efeito, emite o certificado de cadastro ambiental onde constem todas as informações de acordo com o artigo 63.º

2. Excepto para os sujeitos abrangidos pela alínea *a*) do n.º 3 do artigo 64.º, pela emissão do certificado de cadastro ambiental é devida uma taxa cujo montante é fixado e anualmente revisto por portaria do ministro que tutele a Inspecção-Geral do Ambiente e do Ordenamento do Território.

## Artigo 68.º
### Cancelamento definitivo

São cancelados automaticamente, e de forma irrevogável, no cadastro ambiental todos os dados:

*a*) Com existência superior a cinco anos relativos a infracções graves e muito graves;

*b*) Com existência superior a três anos relativos a infracções leves.

# PARTE IV
## FUNDO DE INTERVENÇÃO AMBIENTAL

### ARTIGO 69.º
#### Criação

1. É criado o Fundo de Intervenção Ambiental, adiante designado por Fundo.

2. O regulamento do Fundo deve ser instituído por decreto-lei, a aprovar no prazo de 120 dias.

### ARTIGO 70.º
#### Objectivos

O Fundo arrecada parte das receitas provenientes das coimas aplicadas, nos termos definidos no artigo 73.º, que se destina a prevenir e reparar danos resultantes de actividades lesivas para o ambiente, nomeadamente nos casos em que os responsáveis não os possam ressarcir em tempo útil.

# PARTE V
## DISPOSIÇÕES FINAIS

### ARTIGO 71.º
#### Competência genérica do inspector-geral do Ambiente e do Ordenamento do Território

1. Sem prejuízo da competência atribuída por lei a qualquer autoridade administrativa para a instauração e decisão dos processos de contra-ordenação, o inspector-geral do Ambiente e do Ordenamento do Território é sempre competente para os mesmos efeitos relativamente àqueles processos.

2. O inspector-geral do Ambiente e do Ordenamento do Território é ainda competente para a instauração e decisão de processos de contra-ordenação cujo ilícito, ainda que de âmbito mais amplo, enquadre componentes ambientais.

*Legislação Complementar* 165

3. O ministro responsável pela área do ambiente pode determinar, sempre que o interesse público o justifique, que a Inspecção-Geral do Ambiente e do Ordenamento do Território avoque os processos de contra--ordenação ambiental que se encontrem em curso em quaisquer serviços do ministério em causa.

4. A avocação prevista no número anterior implica a transferência do processo para a Inspecção-Geral do Ambiente e do Ordenamento do Território para efeitos de instrução e decisão, sem prejuízo do dever de cooperação que continua a incidir sobre o serviço inicialmente competente.

ARTIGO 72.º

**Actualização das coimas**

Os montantes mínimos e máximos das coimas estabelecidos na presente lei são actualizados anualmente por decreto-lei, não podendo o valor da actualização ultrapassar o valor da inflação verificado no ano anterior.

ARTIGO 73.º

**Destino das coimas**

1. Independentemente da fase em que se torne definitiva ou transite em julgado a decisão condenatória, o produto das coimas aplicadas ao abrigo da presente lei é repartido da seguinte forma:

*a*) 50 % para o Fundo de Intervenção Ambiental;

*b*) 25 % para a autoridade que a aplique;

*c*) 15 % para a entidade autuante;

*d*) 10 % para o Estado.

2. Enquanto não entrar em vigor o decreto-lei referido no n.º 2 do artigo 69.º, a parte das coimas atribuível ao Fundo continua a ser receita do Estado.

ARTIGO 74.º

**Autoridade administrativa**

Para os efeitos da presente lei, considera-se autoridade administrativa todo o organismo a quem compita legalmente a instauração, a instrução e ou a aplicação das sanções dos processos de contra-ordenação em matéria ambiental.

## Artigo 75.º
### Reformatio in pejus

Não é aplicável aos processos de contra-ordenação instaurados e decididos nos termos desta lei a proibição de *reformatio in pejus,* devendo essa informação constar de todas as decisões finais que admitam impugnação ou recurso.

## Artigo 76.º
### Salvaguarda do regime das contra-ordenações no âmbito do meio marinho

A presente lei não prejudica o disposto no regime das contra-ordenações no âmbito da poluição do meio marinho nos espaços marítimos sob jurisdição nacional, aprovado pelo Decreto-Lei n.º 235/2000, de 26 de Setembro.

## Artigo 77.º
### Disposição transitória

As disposições da presente lei referentes às coimas e respectivos valores só são aplicáveis a partir da publicação de diploma que, alterando a legislação vigente sobre matéria ambiental, proceda à classificação das contra-ordenações aí tipificadas.

Aprovada em 20 de Julho de 2006.

O Presidente da Assembleia da República, *Jaime Gama.*

Promulgada em 14 de Agosto de 2006.

Publique-se.

O Presidente da República, ANÍBAL CAVACO SILVA.

Referendada em 17 de Agosto de 2006.

Pelo Primeiro-Ministro, *António Luís Santos Costa,*

# Decreto-Lei n.º 221/2006,
## de 8 de Novembro

O presente decreto-lei estabelece as regras em matéria de emissões sonoras relativas à colocação no mercado e entrada em serviço de equipamento para utilização no exterior, transpondo para a ordem jurídica interna a Directiva n.º 2005/88/CE, do Parlamento Europeu e do Conselho, de 14 de Dezembro, que altera a Directiva n.º 2000/14/CE, do Parlamento Europeu e do Conselho, de 8 de Maio, transposta para o direito interno pelo Decreto-Lei n.º 76/2002, de 26 de Março.

Nestes termos, o presente decreto-lei estabelece as regras a aplicar em matéria de emissões sonoras de equipamento para utilização no exterior, de procedimentos de avaliação da conformidade, de regras sobre marcação do equipamento, de documentação técnica e de recolha de dados sobre as emissões sonoras para o ambiente, com vista a contribuir para a protecção da saúde e bem-estar das pessoas, bem como para o funcionamento harmonioso do mercado desse equipamento.

A experiência colhida com a aplicação do Decreto-Lei n.º 76/2002, de 26 de Março, aconselha à sua revogação, com fundamento na necessidade de correcção, clareza e simplificação do texto legal e por razões de unificação num só diploma da matéria constante das duas directivas, designadamente precisando os termos utilizados no domínio das directivas nova abordagem.

Com efeito considera-se desejável conter em diploma legal autónomo o conjunto das regras relativas às obrigações a respeitar pelos fabricantes dos equipamentos em matéria de ruído. No que respeita às obrigações dos utilizadores daqueles equipamentos, tal matéria é já de regulamentação própria.

Desta forma, em matéria de emissões sonoras para o ambiente dos equipamentos para utilização no exterior, o direito interno passa a dispor de um quadro legislativo com maior transparência e clareza jurídicas, com benefícios evidentes para uma correcta aplicação por todas as entidades envolvidas.

Foi promovida a audição à Assembleia Legislativa da Região Autónoma dos

Açores.

Foi ouvida a Assembleia Legislativa da Região Autónoma da Madeira.

Assim:

Nos termos da alínea a) do n.º 1 do artigo 198.º da Constituição, o Governo decreta o seguinte:

## CAPÍTULO I

### Disposições Gerais

#### ARTIGO 1.º

#### Objecto

1. O presente decreto-lei estabelece as regras em matéria de emissões sonoras de equipamento para utilização no exterior, transpondo para a ordem jurídica interna a Directiva n.º 2005/88/CE, do Parlamento Europeu e do Conselho, de 14 de Dezembro, que altera a Directiva n.º 2000/14/CE, relativa à aproximação das legislações em matéria de emissões sonoras para o ambiente dos equipamentos para utilização no exterior.

2. Procede-se ainda à consolidação na ordem jurídica interna da Directiva n.º 2000/14/CE referida no número anterior, cuja transposição foi efectuada pelo Decreto-Lei n.º 76/2002, de 26 de Março.

#### ARTIGO 2.º

#### Âmbito de aplicação

1. O presente decreto-lei aplica-se exclusivamente a equipamento para utilização no exterior, colocado no mercado ou em serviço como unidade integral adequada ao fim pretendido, enumerado nos artigos 11.º e 12.º e definido no anexo I ao presente decreto-lei, que dele faz parte integrante.

*Legislação Complementar* 169

2. Excluem-se do âmbito do presente decreto-lei:

a) Acessórios sem transmissão colocados no mercado ou em serviço separadamente, excepto martelos-demolidores, martelos-perfuradores manuais e martelos hidráulicos;

b) Todo o equipamento originalmente destinado ao transporte de mercadorias ou de pessoas por via rodoviária, ferroviária, aérea, fluvial ou marítima;

c) O equipamento especialmente projectado e construído para fins militares ou de polícia e para serviços de emergência.

ARTIGO 3.º

**Definições**

1. Para efeitos de aplicação do presente decreto-lei, entende-se por:

a) «Equipamento para utilização no exterior» ou «equipamento»:

i) Qualquer máquina, como tal definida na alínea a) do n.º 1 do artigo 2.º do Decreto-Lei n.º 320/2001, de 12 de Dezembro, automotriz, ou não, e que, independentemente do ou dos elementos motores, se destine a ser utilizada ao ar livre, de acordo com o respectivo tipo, e que contribua para a exposição ao ruído ambiente;

ii) Qualquer equipamento sem transmissão para aplicações industriais ou ambientais que se destine, em função do respectivo tipo, a uma utilização no exterior e contribua para a exposição ao ruído ambiente;

b) «Marcação» a aposição no equipamento, de modo visível, legível e indelével, da marcação CE, conforme com o modelo constante do anexo IV ao presente decreto-lei, que dele faz parte integrante, acompanhada da indicação do nível de potência sonora garantido;

c) «Nível de potência sonora $L_{WA}$» o nível de potência acústica ponderado A, medido em dB, em relação a 1 pW, definido nas normas NP EN ISO 3744:1999 e EN ISO 3746:1995;

d) «Nível de potência sonora medido» o nível de potência sonora determinado a partir de medições efectuadas nos termos do anexo III ao presente decreto-lei, que dele faz parte integrante. Os valores medidos podem ser determinados quer a partir de uma ún40;ica máquina representativa do tipo de equipamento quer a partir da média de um determinado número de máquinas;

e) «Nível sonoro garantido» o nível de potência sonora determinado segundo os requisitos constantes do anexo III ao presente decreto-lei, que inclui as incertezas devidas às variações de produção e aos processos de medição, e que o fabricante, ou o seu mandatário estabelecido na Comunidade confirma que, de acordo com os instrumentos técnicos aplicados e referidos na documentação técnica, não é excedido;

f) «Procedimento de avaliação da conformidade» qualquer dos procedimentos constantes dos anexos VI a IX ao presente decreto-lei, que dele fazem parte integrante.

2. Para efeitos da alínea a) do n.º 1, a utilização de equipamento em meios nos quais a transmissão do som não é afectada, ou é afectada de modo não significativo, designadamente no interior de tendas, debaixo de coberturas de protecção contra a chuva ou no interior de habitações não concluídas, é considerada uma utilização ao ar livre.

## CAPÍTULO II
### Requisitos da colocação no mercado do equipamento

#### Artigo 4.º
#### Colocação no mercado

1. O equipamento sujeito à aplicação das disposições do presente decreto-lei só pode ser colocado no mercado ou em serviço se cumprir as disposições nele estipuladas, exibir a marcação CE e a indicação do nível de potência sonora garantido e estiver acompanhado de uma declaração CE de conformidade.

2. Sem prejuízo do disposto no número anterior, o equipamento que não seja conforme com o presente decreto-lei pode ser apresentado em feiras, exposições, demonstrações ou eventos similares, desde que:

a) Se indique, mediante sinalização clara, a não conformidade do equipamento com as disposições do presente decreto-lei; e

b) O equipamento não seja colocado no mercado ou em serviço até estar em conformidade com as disposições do presente decreto-lei.

*Legislação Complementar* 171

3. Durante as demonstrações de equipamento devem ser tomadas medidas de segurança adequadas, a fim de garantir a protecção das pessoas.

## ARTIGO 5.º
### Responsabilidade do fabricante

1. Cabe ao fabricante do equipamento ou ao seu mandatário estabelecido na União Europeia garantir que:

a) O equipamento satisfaz os requisitos relativos à emissão sonora para o ambiente previstos no presente decreto-lei;
b) Foram completados os procedimentos de avaliação de conformidade a que se refere o artigo 13.º; e
c) O equipamento exibe a marcação CE e a indicação do nível de potência sonora garantido e vem acompanhado de uma declaração CE de conformidade.

2. As obrigações decorrentes do presente decreto-lei recaem sobre qualquer pessoa responsável pela colocação do equipamento no mercado ou em serviço, no caso de o fabricante ou o seu mandatário não se encontrarem estabelecidos na Comunidade.

## ARTIGO 6.º
### Presunção de conformidade

O equipamento que exiba a marcação CE e a indicação do nível de potência sonora garantido e que venha acompanhado por uma declaração CE de conformidade presume-se conforme com o disposto no presente decreto-lei.

## ARTIGO 7.º
### Declaração CE de conformidade

1. O fabricante ou o seu mandatário estabelecido na Comunidade que pretenda colocar o seu equipamento no mercado nacional deve emitir uma declaração CE de conformidade por cada tipo de equipamento fabricado para certificar a sua conformidade com o presente decreto-lei, a qual deve ser redigida ou traduzida para a língua portuguesa.

2. O conteúdo mínimo da declaração de conformidade a que se refere o número anterior consta do anexo II ao presente decreto-lei, que dele faz parte integrante.

3. O fabricante do equipamento ou o seu mandatário estabelecido na Comunidade deve enviar à Direcção-Geral da Empresa (DGE) e à Comissão Europeia uma cópia da declaração CE de conformidade por cada tipo de equipamento, em momento prévio ao da colocação no mercado ou em serviço no território nacional.

4. O fabricante de um equipamento ou o seu mandatário estabelecido na Comunidade deve conservar, durante 10 anos a contar da data de fabrico final do equipamento, um exemplar da declaração CE de conformidade, juntamente com a documentação técnica prevista no n.º 3 do anexo VI, no n.º 3 do anexo VII, no n.º 2 do anexo VIII e nos n.ºs 3.1 e 3.3 do anexo IX, todos anexos ao presente decreto-lei.

## ARTIGO 8.º
### Não conformidade

1. O fabricante ou o seu mandatário estabelecido na União Europeia deve adoptar as medidas necessárias para que o equipamento em causa passe a estar em conformidade com os requisitos nele estabelecidos sempre que as entidades fiscalizadoras verifiquem que o mesmo não cumpre os requisitos do presente decreto-lei.

2. Sempre que as entidades fiscalizadoras verifiquem que o equipamento excede os valores limite previstos no artigo 11.º ou que, apesar das medidas tomadas nos termos do número anterior, persiste o incumprimento do disposto no presente decreto-lei, deve ser assegurada a retirada do mercado do equipamento em questão, proibida a sua colocação no mercado ou em serviço, ou restringida a sua circulação, mediante despacho do Ministro da Economia e da Inovação, devidamente fundamentado.

## ARTIGO 9.º
### Garantia dos interessados

Qualquer decisão tomada em aplicação do presente decreto-lei que conduza à restrição da colocação no mercado ou da entrada em serviço de um equipamento deve ser de imediato notificada ao interessado, acompanhada da respectiva fundamentação, com indicação das vias legais de recurso e dos respectivos prazos.

*Legislação Complementar* 173

## ARTIGO 10.º

### Marcação

1. O equipamento colocado no mercado ou em serviço e que cumpra o disposto no presente decreto-lei deve exibir a marcação CE de conformidade, que consiste nas iniciais «CE», e cujo modelo consta do anexo IV ao presente decreto-lei.

2. A marcação CE é acompanhada pela indicação do nível de potência sonora garantido, conforme consta do modelo apresentado no anexo IV.

3. A marcação CE de conformidade e a indicação do nível de potência sonora garantido são apostas de modo visível, legível e indelével em cada unidade de equipamento.

4. É proibido apor no equipamento marcações ou inscrições susceptíveis de induzir em erro quanto ao significado ou ao grafismo da marcação CE ou à indicação do nível de potência sonora garantido, podendo ser afixados ao equipamento quaisquer outros rótulos ou marcas, desde que não reduzam a visibilidade e a legibilidade da marcação CE de conformidade.

5. Quando os equipamentos forem também objecto de outros diplomas que também prevejam a aposição da marcação CE, deve observar-se o seguinte:

*a*) A marcação deve indicar que o equipamento cumpre igualmente o disposto nos referidos diplomas;

*b*) No caso de um ou mais dos diplomas referidos na alínea anterior deixarem ao fabricante, durante um período transitório, a escolha do regime a aplicar, a marcação CE indica apenas a conformidade com as disposições dos diplomas aplicados pelo fabricante, devendo, neste caso, as referências desses diplomas ser inscritas nos documentos, manuais ou instruções que devam acompanhar esses equipamentos.

## ARTIGO 11.º

### Limites de emissão sonora

O nível de potência sonora garantido do equipamento a seguir enumerado não pode exceder o nível de potência sonora admissível fixado no quadro de valores limite constante do anexo V ao presente decreto-lei, que dele faz parte integrante:

*a*) Monta-cargas de estaleiro (com motor de combustão) – definição: anexo I, n.º 3; medição: anexo III.B.3;

174 *Lei do Ruído*

*b*) Compactadores (apenas cilindros vibrantes e não vibrantes, placas vibradoras e apiloadores vibrantes) – definição: anexo I, n.º 8; medição: anexo III.B.8;

*c*) Compressores (< 350 kW) – definição: anexo I, n.º 9; medição: anexo III.B.9;

*d*) Martelos-demolidores e martelos-perfuradores – definição: anexo I, n.º 10; medição: anexo III.B.10;

*e*) Guinchos de construção (com motor de combustão) – definição: anexo I, n.º 12; medição: anexo III.B.12;

*f*) *Dozers* (< 500 kW) – definição: anexo I, n.º 16; medição: anexo III.B.16;

*g*) *Dumpers* (< 500 kW) – definição: anexo I, n.º 18; medição: anexo III.B.18;

*h*) Escavadoras hidráulicas ou de cabos (< 500 kW) – definição: anexo I, n.º 20; medição: anexo III.B.20;

*i*) Escavadoras-carregadoras (< 500 kW) – definição: anexo I, n.º 21; medição: anexo III.B.21;

*j*) Niveladoras (< 500 kW) – definição: anexo I, n.º 23; medição: anexo III.B.23;

*l*) Fontes de pressão hidráulica – definição: anexo I, n.º 29; medição: anexo III.B.29;

*m*) Compactadores tipo carregadora, com balde (< 500 kW) – definição: anexo I, n.º 31; medição: anexo III.B.31;

*n*) Máquinas de cortar relva – definição: anexo I, n.º 32; medição: anexo III.B.32.
Exclui-se o equipamento agrícola e florestal e o equipamento polivalente cuja principal componente motorizada tenha potência instalada superior a 20 kW;

*o*) Máquinas de aparar relva/máquinas de aparar bermas e taludes – definição: anexo I, n.º 33; medição: anexo III.B.33;

*p*) Empilhadores com motor de combustão, em consola (excluindo os outros empilhadores em consola, na definição dada no n.º 36, segundo travessão, do anexo I, com capacidade nominal não superior a 10 t) – definição: anexo I, n.º 36; medição: anexo III.B.36;

*q*) Carregadoras (< 500 kW) – definição: anexo I, n.º 37; medição: anexo III.B.37;

*r*) Gruas móveis – definição: anexo I, n.º 38; medição: anexo III.B.38;

*Legislação Complementar* 175

*s*) Motoenxadas (< 3 kW) – definição: anexo I, n.º 40; medição: anexo III.B.40;

*t*) Espalhadoras-acabadoras (excluindo as espalhadoras-acabadoras equipadas com uma placa de alta compactação) – definição: anexo I, n.º 41; medição: anexo III.B.41;

*u*) Grupos electrogéneos de potência (< 400 kW) – definição: anexo I, n.º 45; medição: anexo III.B.45;

*v*) Gruas-torres – definição: anexo I, n.º 53; medição: anexo III.B.53;

*x*) Grupos electrogéneos de soldadura – definição: anexo I, n.º 57; medição: anexo III.B.57.

ARTIGO 12.º

**Equipamento sujeito a marcação de emissão sonora**

O equipamento a seguir enumerado fica sujeito apenas a marcação da emissão sonora em termos do respectivo nível de potência sonora garantido:

*a*) Plataformas de acesso elevado com motor de combustão – definição: anexo I, n.º 1; medição: anexo III.B.1;

*b*) Máquinas corta-mato – definição: anexo I, n.º 2; medição: anexo III.B.2;

*c*) Monta-cargas (com motor eléctrico) – definição: anexo I, n.º 3; medição: anexo III.B.3;

*d*) Serras mecânicas de fita para estaleiro – definição: anexo I, n.º 4; medição: anexo III.B.4;

*e*) Serras circulares para estaleiro – definição: anexo I, n.º 5; medição: anexo III.B.5;

*f*) Serras portáteis de corrente – definição: anexo I, n.º 6; medição: anexo III.B.6;

*g*) Veículos para lavagem e sucção a alta pressão em combinação – definição: anexo I, n.º 7; medição: anexo III.B.7;

*h*) Compactadores (apenas apiloadores de explosão) – definição: anexo I, n.º 8; medição: anexo III.B.8;

*i*) Máquinas de misturar betão ou argamassa – definição: anexo I, n.º 11; medição: anexo III.B.11;

*j*) Guinchos de construção (com motor eléctrico) – definição: anexo I, n.º 12; medição: anexo III.B.12;

*l*) Máquinas de transporte e espalhamento de betão e argamassa – definição: anexo I, n.º 13; medição: anexo III.B.13;

*m*) Correias transportadoras – definição: anexo I, n.º 14; medição: anexo III.B.14;

*n*) Sistemas de refrigeração em camiões – definição: anexo I, n.º 15; medição: anexo III.B.15;

*o*) Aparelhos de perfuração – definição: anexo I, n.º 17; medição: anexo III.B.17;

*p*) Equipamento para carga e descarga de tanques ou silos em camiões – definição: anexo I, n.º 19; medição: anexo III.B.19;

*q*) Contentores para reciclagem de vidro – definição: anexo I, n.º 22; medição: anexo III.B.22;

*r*) Máquinas de aparar erva/máquinas de aparar bermas e taludes – definição: anexo I, n.º 24; medição: anexo III.B.24;

*s*) Máquinas de cortar sebes – definição: anexo I, n.º 25; medição: anexo III.B.25;

*t*) Lavadores a alta pressão – definição: anexo I, n.º 26; medição: anexo III.B.26;

*u*) Máquinas de jacto de água a alta pressão – definição: anexo I, n.º 27; medição: anexo III.B.27;

*v*) Martelos hidráulicos – definição: anexo I, n.º 28; medição: anexo III.B.28;

*x*) Máquinas de serragem de juntas – definição: anexo I, n.º 30; medição: anexo III.B.30;

*z*) Máquinas de soprar folhagem – definição: anexo I, n.º 34; medição: anexo III.B.34;

*aa*) Máquinas de recolher folhagem – definição: anexo I, n.º 35; medição: anexo III.B.35;

*bb*) Empilhadores com motor de combustão, em consola (apenas outros empilhadores em consola, na definição dada no n.º 36, segundo travessão, do anexo I, com uma capacidade nominal não superior a 10 t) – definição: anexo I, n.º 36; medição: anexo III.B.36;

*cc*) Contentores de lixo móveis – definição: anexo I, n.º 39; medição: anexo III.B.39;

*dd*) Espalhadoras-acabadoras (equipadas com uma placa de alta compactação) – definição: anexo I, n.º 41; medição: anexo III.B.41;

*ee*) Equipamento bate-estacas – definição: anexo I, n.º 42; medição: anexo III.B.42;

*Legislação Complementar* 177

ff) Tractores para deposição de tubagem – definição: anexo I, n.º 43; medição: anexo III.B.43;

gg) Tractores para neve – definição: anexo I, n.º 44; medição: anexo III.B.44;

hh) Geradores de potência (≥ 400 kW) – definição: anexo I, n.º 45; medição: anexo III.B.45;

ii) Vassouras-aspiradoras – definição: anexo I, n.º 46; medição: anexo III.B.46;

jj) Veículos de recolha de lixo – definição: anexo I, n.º 47; medição: anexo III.B.47;

ll) Fresadoras para estrada – definição: anexo I, n.º 48; medição: anexo III.B.48;

mm) Escarificadores – definição: anexo I, n.º 49; medição: anexo III.B.49;

nn) Retalhadoras-estilhaçadoras – definição: anexo I, n.º 50; medição: anexo III.B.50;

oo) Máquinas de remoção de neve com instrumentos rotativos (automotrizes, excluindo acessórios) – definição: anexo I, n.º 51; medição: anexo III.B.51;

pp) Veículos de sucção – definição: anexo I, n.º 52; medição: anexo III.B.52;

qq) Escavadoras de valas – definição: anexo I, n.º 54; medição: anexo III.B.54;

rr) Camiões-betoneiras – definição: anexo I, n.º 55; medição: anexo III.B.55;

ss) Bombas de água (para utilização em imersão) – definição: anexo I, n.º 56; medição: anexo III.B.56.

## ARTIGO 13.º

### Avaliação de conformidade

1. O fabricante do equipamento enumerado no artigo 11.º, ou o seu mandatário estabelecido na União Europeia, que pretenda colocar esse equipamento no mercado, deve sujeitar cada tipo de equipamento a um dos seguintes procedimentos de avaliação de conformidade:

a) Controlo interno de fabrico, acompanhado da avaliação da documentação técnica e do procedimento de controlo periódico a que se refere o anexo VII ao presente decreto-lei;

*b*) Procedimento de verificação por unidade, a que se refere o anexo VIII ao presente decreto-lei;

*c*) Procedimento de garantia de qualidade total, a que se refere o anexo IX ao presente decreto-lei.

2. O fabricante do equipamento enumerado no artigo 12.º, ou o seu mandatário estabelecido na Comunidade, que pretenda colocar no mercado esse equipamento, deve sujeitar cada tipo de equipamento ao procedimento de controlo interno de fabrico a que se refere o anexo VI ao presente decreto-lei.

3. A Comissão Europeia e qualquer outro Estado membro, mediante pedido fundamentado, têm acesso a todas as informações utilizadas no procedimento de avaliação de conformidade relativo a um tipo de equipamento e, em especial, à documentação técnica prevista no n.º 3 do anexo VI, no n.º 3 do anexo VII, no n.º 2 do anexo VIII e nos n.ºs 3.1 e 3.3 do anexo IX, todos anexos ao presente decreto-lei.

4. Os certificados de exame CEE de tipo e as medições acústicas a que se refere o n.º 2 do artigo 21.º da Directiva n.º 2000/14/CE, do Parlamento Europeu e do Conselho, de 8 de Maio, podem ser utilizados na elaboração da documentação técnica prevista no n.º 3 do anexo VI, no n.º 3 do anexo VII, no n.º 2 do anexo VIII e nos n.ºs 3.1 e 3.3 do anexo IX, todos anexos ao presente decreto-lei.

ARTIGO 14.º

### Organismos notificados

1. Os organismos encarregados de efectuar ou supervisionar os procedimentos de avaliação de conformidade previstos no n.º 1 do artigo 13.º devem estar acreditados pelo organismo nacional de acreditação, com observância dos critérios mínimos previstos para o efeito no anexo X ao presente decreto-lei, que dele faz parte integrante.

2. Compete à DGE designar os organismos a que se refere o número anterior, indicando as respectivas funções e procedimentos de análise específicos.

3. Compete à DGE retirar a notificação dos organismos que deixarem de estar acreditados, por inobservância dos critérios mínimos previstos no anexo X ao presente decreto-lei.

## CAPÍTULO III
### Regime sancionatório

ARTIGO 15.º

**Fiscalização**

1. A fiscalização do cumprimento do disposto no presente decreto-lei compete à Autoridade de Segurança Alimentar e Económica (ASAE) e à Inspecção-Geral do Trabalho, sem prejuízo das competências atribuídas por lei a outras entidades.

2. É competente para a instrução do processo de contra-ordenação a entidade que tenha procedido ao levantamento do auto de notícia.

3. A ASAE é entidade competente para colaborar com as entidades homólogas dos restantes Estados membros no cumprimento das respectivas funções de fiscalização do mercado.

ARTIGO 16.º

**Contra-ordenações**

1. O incumprimento do disposto no artigo 4.º constitui contra-ordenação punível com coima cujo montante mínimo é de € 498 ou de € 2493 e máximo de € 3740 ou de € 44 890, consoante o agente seja pessoa singular ou colectiva, sem prejuízo da responsabilidade civil ou penal do mesmo decorrente.

2. A tentativa e a negligência são sempre puníveis, sendo os limites máximos e mínimos das coimas previstas nos números anteriores reduzidos a metade.

ARTIGO 17.º

**Aplicação das coimas**

1. A aplicação das coimas previstas no artigo anterior compete à Comissão de Aplicação de Coimas em Matéria Económica e de Publicidade.

2. O produto das coimas aplicadas reverte para as seguintes entidades:

*a*) 60% para o Estado;
*b*) 30% para a entidade autuante;
*c*) 10% para a DGE.

## CAPÍTULO IV
## Disposições finais

ARTIGO 18.º
### Entidade responsável pelo acompanhamento do presente decreto-lei

1. O acompanhamento da aplicação global do presente decreto-lei, bem como as propostas das medidas necessárias à prossecução dos seus objectivos e das que se destinam a assegurar a ligação com a Comissão Europeia e os outros Estados membros, será promovido pela DGE.

2. Para efeitos do disposto no número anterior, compete à DGE, designadamente:

*a)* Apresentar ao Ministro da Economia e da Inovação a proposta de medidas a tomar ao abrigo do n.º 2 do artigo 8.º;

*b)* Informar a Comissão Europeia e os outros Estados membros das medidas tomadas ao abrigo do n.º 2 do artigo 8.º, indicando os seus fundamentos;

*c)* Diligenciar no sentido de que o fabricante, ou o seu mandatário estabelecido na Comunidade, seja informado das medidas tomadas ao abrigo do n.º 2 do artigo 8.º, indicando os motivos precisos que as fundamentam, bem como as possibilidades de recurso e respectivos prazos;

*d)* Diligenciar no sentido do envio à Comissão Europeia e a qualquer outro Estado membro, face a um pedido fundamentado, das informações a que se refere o n.º 3 do artigo 13.º utilizadas no procedimento de avaliação de conformidade relativo a um tipo de equipamento e, em especial, à documentação técnica prevista no n.º 3 do anexo VI, no n.º 3 do anexo VII, no n.º 2 do anexo VIII e nos n.ᵒˢ 3.1 e 3.3 do anexo IX, todos anexos ao presente decreto-lei;

*e)* Manter a Comissão Europeia e os outros Estados membros permanentemente informados dos organismos designados, nos termos do n.º 2 do artigo 14.º, para intervir nos procedimentos de avaliação da conformidade previstos no n.º 1 do artigo 13.º e dos números de identificação que lhes tiverem sido atribuídos pela Comissão Europeia;

*Legislação Complementar* 181

*f)* Informar a Comissão Europeia e os outros Estados membros dos organismos designados, nos termos do n.º 2 do artigo 14.º, aos quais foi retirada a notificação, nos termos do n.º 3 do mesmo artigo.

ARTIGO 19.º

**Regiões Autónomas**

1. O presente decreto-lei aplica-se às Regiões Autónomas dos Açores e da Madeira, cabendo a sua execução administrativa aos serviços competentes das respectivas administrações regionais.

2. O produto das coimas aplicadas nas Regiões Autónomas constitui receita própria destas.

ARTIGO 20.º

**Norma revogatória**

É revogado o Decreto-Lei n.º 76/2002, de 26 de Março.

Visto e aprovado em Conselho de Ministros de 31 de Agosto de 2006. *– José Sócrates Carvalho Pinto de Sousa – Luís Filipe Marques Amado – Alberto Bernardes Costa – Francisco Carlos da Graça Nunes Correia – Manuel António Gomes de Almeida de Pinho – Pedro Manuel Dias de Jesus Marques.*

Promulgado em 13 de Outubro de 2006.

Publique-se.

O Presidente da República, ANÍBAL CAVACO SILVA.

Referendado em 19 de Outubro de 2006.

O Primeiro-Ministro, José Sócrates Carvalho Pinto de Sousa.

## ANEXO I

### Definições do equipamento

1. Plataformas de acesso elevado com motor de combustão – equipamento constituído, no mínimo, por uma plataforma de trabalho, uma estrutura extensível e um chassis. A plataforma de trabalho é uma plataforma com resguardo ou uma caixa susceptível de ser deslocada em carga para a posição de trabalho requerida. A estrutura extensível está ligada ao chassis e suporta a plataforma de trabalho, permitindo a deslocação desta última para a posição requerida.

2. Máquina corta-mato – aparelho manual, portátil, com motor de combustão, provido de uma lâmina rotativa de metal ou plástico, para cortar ervas, arbustos, pequenas árvores e vegetação similar. O dispositivo cortador funciona num plano sensivelmente paralelo ao chão.

3. Monta-cargas de estaleiro – aparelho elevatório mecânico de instalação temporária, utilizável por pessoas autorizadas a penetrar no estaleiro e servindo:

*i*) Patamares de chegada definidos, com plataforma:

 *a*) Para transporte exclusivo de cargas;
 *b*) Permitindo acesso de pessoas durante cargas e descargas;
 *c*) Permitindo acesso e transporte de pessoas autorizadas durante trabalhos de elevação, desmantelamento ou manutenção;
 *d*) Guiada;
 *e*) De deslocação vertical ou segundo um ângulo máximo de 15° com a vertical;
 *f*) Apoiada ou sustentada por cabo de aço, corrente, parafuso e porca, cremalheira e pinhão, macaco hidráulico (directo ou indirecto) ou mecanismo expansivo de transmissão por manivela;
 *g*) Com mastros sustentados ou não por estruturas separadas; ou

*ii*) Um patamar superior de chegada ou uma área de trabalho que se estende até ao fim da guia (por exemplo, uma cobertura) com dispositivo de transporte de cargas:

 *a*) Para transporte exclusivo de cargas;
 *b*) Projectado de modo a dispensar acesso directo para cargas, descargas, elevação, desmantelamento ou manutenção;
 *c*) Permanentemente inacessível a pessoas;
 *d*) Guiado;
 *e*) Projectado para se deslocar segundo um ângulo mínimo de 30° com a vertical mas podendo ser utilizado em qualquer inclinação;
 *f*) Sustentado por cabo de aço e sistema de transmissão positiva;
 *g*) Controlado por pressão constante;

*Legislação Complementar*  183

*h*) Não beneficiando de contrapesos;
*i*) Com carga máxima de regime de 300 kg;
*j*) Com velocidade máxima de 1 m/s; e
*l*) Com guias sustentadas por estruturas separadas.

4. Serra mecânica de fita para estaleiro – máquina alimentada manualmente, com menos de 200 kg de peso, provida de uma lâmina única de serra sob a forma de cinta contínua, montada sobre duas ou mais roldanas entre as quais se move.

5. Serra circular para estaleiro – máquina alimentada manualmente, com menos de 200 kg de peso, provida de uma lâmina única circular (distinta da serra de ranhuragem), com diâmetro entre 350 mm e 500 mm no máximo, fixa durante a operação normal de serração, e uma mesa horizontal inteira ou parcialmente fixa durante a operação. A serra é montada sobre um fuso horizontal não basculante que permanece estacionário durante a operação. Pode ocorrer qualquer das seguintes características:

Dispositivo para elevar e baixar a serra ao longo da mesa;
Estrutura mecânica aberta ou encerrada debaixo da mesa;
Mesa de deslocação acessória, operada manualmente (não adjacente à lâmina).

6. Serra portátil de corrente – instrumento de comando mecânico para cortar madeira com serra de corrente, constituído por uma unidade compacta integrada de comandos, fonte de alimentação e dispositivo de serração, para porte com as duas mãos.

7. Veículo combinado para sucção e lavagem a alta pressão veículo que pode funcionar ora como lavador a alta pressão ora como veículo de sucção. V. lavador a alta pressão e veículo de sucção.

8. Compactador – máquina para compactar materiais, como, por exemplo, enrocamentos, solos ou pavimentos de asfalto, por meio do rolamento, do apiloamento ou da vibração da peça eficaz. Pode ser automotriz, de reboque, de condutor apeado ou de fixação a uma transportadora. Os compactadores dividem-se nas seguintes categorias:

Rolos compressores automotrizes: compactadores com um ou mais pneumáticos ou tambores metálicos (cilindros), em que o posto do operador faz parte integrante da máquina;
Rolos de condutor apeado: compactadores automotrizes com um ou mais pneumáticos ou tambores metálicos (cilindros), em que os instrumentos de deslocação, pilotagem, travagem e vibração estão dispostos de tal modo que a máquina tem de ser manejada por um operador apeado ou por controlo remoto;

Rolos de reboque: compactadores com um ou mais pneumáticos ou tambores metálicos (cilindros), sem sistema de deslocação autónomo e com o posto do operador num tractor;

Placas e apiloadores vibrantes: compactadores essencialmente com chapas que vibram em posição baixa, manejados por um operador apeado ou associados a uma transportadora;

Apiloadores de explosão: compactadores cuja peça eficaz principal é uma placa que se move por explosão em direcção predominantemente vertical, manejados por um operador apeado.

9. Motocompressor – máquina, a utilizar com equipamento intermutável, que comprime ar, gases ou vapores a uma pressão superior à de alimentação. Compreende o compressor propriamente dito, o motor primário e qualquer componente ou dispositivo necessário para o funcionamento seguro do conjunto. Excluem-se as seguintes categorias de aparelhos:

Ventoinhas, ou seja, aparelhos produtores de circulação de ar a uma pressão positiva não superior a 110 000 Pa;

Bombas de vácuo, ou seja, aparelhos ou dispositivos para extrair o ar de recintos fechados, a uma pressão não superior à atmosférica;

Motor de turbina a gás.

10. Martelo-demolidor e martelo-perfurador manuais – martelos para demolir ou perfurar betão em obras de engenharia civil ou de construção (comandados por qualquer método).

11. Máquina de misturar betão ou argamassa – máquina para preparar betão (betoneira) ou argamassa, independentemente do processo de carga, de mistura e de escoamento. Pode ser de funcionamento intermitente ou constante. Os camiões com betoneiras montadas são designados camiões-betoneiras (v. entrada correspondente).

12. Guincho de construção – aparelho mecânico de instalação temporária, equipado com meios para elevar ou baixar cargas suspensas.

13. Máquina de transporte e espalhamento de betão e argamassa – dispositivo para bombagem e espalhamento de betão ou argamassa, com ou sem agitador, por meio do qual o material é transportado para a posição de colocação através de condutas, aparelhos de distribuição ou braços de distribuição. O transporte é efectuado do seguinte modo:

Betão: mecanicamente (por pistão ou bomba de disco);

Argamassa: mecanicamente (por pistão, parafuso sem fim, mangueira ou bomba de disco) ou pneumaticamente (por compressor com ou sem câmara-de-ar).

Estas máquinas podem ser montadas em camiões, reboques e veículos especiais.

14. Correia transportadora – máquina de instalação temporária para transportar material por meio de uma cinta de comando mecânico.

15. Sistema de refrigeração em veículos – unidades de refrigeração de um espaço de carga de categorias de veículos N2, N3, O3 e O4, definidas no Decreto-Lei n.º 72/2000, de 6 de Maio, com as alterações que lhe foram introduzidas.

A unidade de refrigeração pode ser alimentada através de uma parte integrante da unidade de refrigeração, de um acessório do veículo ou do seu motor ou de uma fonte de energia independente ou auxiliar.

16. *Dozer* – máquina automotriz com rodas ou de rasto, destinada a exercer força de tracção ou impulsão através de equipamento montado.

17. Aparelho de perfuração – máquina utilizada para a abertura de furos em estaleiros por:

Percussão;
Rotação;
Percussão-rotação.

Estes aparelhos são estacionários durante a perfuração mas podem deslocar-se autonomamente de um ponto de perfuração para outro. Nos automotrizes incluem-se os montados em camiões, em plataformas com rodas, em tractores, em tractores de lagartas ou em patins (movidos por guincho). Quando montados em camiões, tractores, reboques ou plataformas com rodas, os aparelhos de perfuração podem ser transportados mais rapidamente e em vias públicas.

18. *Dumper* – máquina automotriz de rodas ou de rasto, com corpo aberto, que transporta e deposita material ou o espalha. Os dumpers podem ser providos de equipamento autocarregador integral.

19. Equipamento para carga e descarga de tanques ou silos em camiões – dispositivo mecânico associado a um camião-silo ou a um camião-tanque para carregar e descarregar materiais líquidos por meio de bombas ou equipamento similar.

20. Escavadora hidráulica ou de cabos – máquina automotriz de rasto ou de rodas com uma estrutura superior capaz de rodar pelo menos 360º, destinada a escavar, agitar e depositar material por meio de um balde adaptado ao braço (telescópico ou não), sem mover a base ou o trem de apoio durante qualquer ciclo.

21. Escavadora-carregadora – máquina automotriz de rodas ou de rasto, com um apoio estrutural principal, destinada a suportar um mecanismo frontal de

balde carregador e uma pá traseira. Utilizada como retroescavadora, escava normalmente abaixo do nível do solo, com movimento da pá para a máquina (a pá traseira eleva, agita e descarrega material com a máquina estacionária). Utilizada como carregadora, escava, carrega, transporta e descarrega material, avançando de trás para diante.

22. Contentor para reciclagem de vidro – contentor, fabricado em qualquer material, para a recolha de vasilhame, com pelo menos uma abertura para a introdução dos resíduos e outra para a sua extracção.

23. Niveladora – máquina automotriz munida de uma lâmina ajustável, instalada entre eixos frontais e traseiros, que corta, move e espalha material, normalmente para fins de nivelamento.

24. Máquina de aparar erva/máquina de aparar bermas e taludes – aparelho manual, portátil, com motor de combustão, provido de linha(s) ou estria(s) flexível(eis) ou de similares elementos de corte não metálicos e flexíveis, como cutelos rotativos, destinado a cortar erva, relva ou outra vegetação tenra. O dispositivo cortador funciona num plano sensivelmente paralelo (máquina de cortar relva) ou perpendicular (máquina de aparar bermas e taludes) ao chão.

25. Máquina de cortar sebes – equipamento manual com transmissão integral, utilizável por um operador para limpeza de sebes e arbustos, por meio de uma ou mais lâminas alternativas lineares de corte.

26. Lavador a alta pressão – veículo equipado com um dispositivo para limpeza de esgotos e instalações similares, por meio de um jacto de água a alta pressão. O dispositivo pode ser instalado sobre chassis próprio ou sobre o chassis de qualquer veículo pesado disponível no mercado. O equipamento pode ser fixo ou desmontável, como no caso de um sistema de carroçaria permutável.

27. Máquina de jacto de água a alta pressão – máquina com bicos ou outras aberturas reguladoras da velocidade, para produzir jactos de água (com ou sem aditivos). Estas máquinas compõem-se em geral de um mecanismo de transmissão, um gerador de pressão, uma instalação de mangueiras, dispositivos pulverizadores, mecanismos de segurança, controlos e dispositivos de medição. Podem ser móveis ou estacionárias:

> As máquinas móveis de jacto de água a alta pressão são aparelhos facilmente transportáveis, para utilização em locais variados, pelo que ou possuem um mecanismo próprio de deslocação ou são montadas sobre veículos. Todos os dispositivos de abastecimento são flexíveis e facilmente desacopláveis;
>
> As máquinas estacionárias de jacto de água a alta pressão destinam-se a utilização no mesmo local durante períodos prolongados, mas podem ser removidas com equipamento adequado. Geralmente montadas sobre

*Legislação Complementar* 187

patim ou outra estrutura, com dispositivo de abastecimento desacoplável.

28. Martelo hidráulico – equipamento que utiliza uma fonte de energia hidráulica da máquina de suporte para acelerar um êmbolo (com eventual apoio de um gás), o qual percute uma peça de ferramenta. A onda de tensão gerada pela acção cinética propaga-se pela peça até ao material, fracturando-o. O accionamento dos martelos hidráulicos exige a presença de óleo pressurizado. O conjunto suporte/martelo é controlado por um operador, habitualmente sentado na cabina da máquina transportadora.

29. Fonte de pressão hidráulica – máquina, a utilizar com equipamento intermutável, que comprime líquidos a uma pressão superior à de alimentação. Conjunto que compreende um motor primário, uma bomba, com ou sem reservatório e acessórios (por exemplo, controlos e válvula de redução de pressão).

30. Máquina de serragem de juntas – máquina móvel destinada à produção de juntas em betão, asfalto e superfícies de rodagem similares. O instrumento cortador é um disco rotativo de alta velocidade. O movimento da máquina pode ser:

Manual;
Manual com assistência mecânica;
Comandado mecanicamente.

31. Compactador tipo carregadora, com balde – máquina de compactação sobre rodas, automotriz, com balde à frente e com tambores de aço, destinada essencialmente a compactar, mover, nivelar e carregar solos, materiais de terraplanagem ou lixos.

32. Máquina de cortar relva – máquina para cortar relva com operador apeado ou sentado ou máquina portátil com acessório(s) para cortar relva, em que o dispositivo de corte funciona num plano sensivelmente paralelo ao solo, servindo este de referência para determinar a altura de corte por meio de rodas, almofada de ar, patins, etc. A energia é fornecida por um motor eléctrico ou mecânico. Como dispositivo cortador pode haver:

Elementos rígidos; ou
Filamento(s) não metálico(s) ou cortador(es) de rotação livre igualmente não metálico(s), cada um com energia cinética superior a 10 J (determinada segundo a norma EN 786:1997, anexo B).
O dispositivo cortador pode também rodar em torno de um eixo horizontal, gerando a acção de corte por meio de uma barra ou lâmina estacionária (segadeira cilíndrica).

33. Máquina de aparar relva/máquina de aparar bermas e taludes – máquina para cortar relva ou outra vegetação tenra, movida a electricidade, manual ou com operador apeado, e com dispositivo de corte constituído por filamento(s)

188     *Lei do Ruído*

não metálico(s) ou cortadores de rotação livre igualmente não metálicos, cada um com energia cinética não superior a 10 J (determinada segundo a norma EN 786:1997, anexo B). O(s) elemento(s) de corte actua(m) num plano sensivelmente paralelo (máquina de aparar relva) ou perpendicular (máquina de aparar bermas e taludes) ao chão.

34. Máquina de soprar folhagem – máquina para remover resíduos vegetais leves em relvados, caminhos, arruamentos, etc., por meio de um fluxo de ar a alta velocidade.

Pode ser portátil (manual) ou não portátil, mas móvel.

35. Máquina de recolher folhagem – máquina para recolher resíduos vegetais leves, mediante um dispositivo de sucção composto por uma fonte de energia que produz vácuo no interior da máquina, um bico de aspiração e um contentor para o material recolhido. Pode ser portátil (manual) ou não portátil, mas móvel.

36. Empilhador em consola com motor de combustão – veículo de rodas, com motor de combustão interna, provido de contrapeso e equipamento empilhador (mastro, braço telescópico ou braço articulado) de tipo:

Todo-o-terreno (veículo em consola e com rodas, para trabalhar sobretudo em terreno natural ou alterado, por exemplo, estaleiros);
Outros empilhadores em consola. Excluem-se os empilhadores em consola destinados especialmente ao manuseio de contentores.

37. Carregadora – máquina automotriz de rodas ou de rasto, com estrutura dianteira para sustentação de um balde ou pá, que carrega ou escava em movimento de trás para diante e também ergue, transporta e descarrega material.

38. Grua automóvel – guindaste automotriz capaz de se deslocar (carregado ou descarregado) sobre pneumáticos, lagartas ou outros dispositivos, sem necessidade de trilhos fixos. Estabilização por gravidade. Em posições fixas, pode apoiar-se em escoras ou outros acessórios, para aumentar a estabilidade. A superstrutura de uma grua móvel pode ser giratória (total ou parcialmente) ou não giratória. É normalmente provida de um ou mais cabrestantes e ou cilindros hidráulicos para erguer ou baixar o braço e a carga. O braço (telescópico, articulado, em rede ou uma combinação destes tipos) é concebido de modo a baixar facilmente. A suspensão da carga processa-se por conjuntos de ganchos ou outros dispositivos de elevação para funções especiais.

39. Contentor de lixo móvel – contentor equipado com rodas, especialmente concebido para armazenar resíduos temporariamente, provido de cobertura.

40. Motoenxada – máquina automotriz com condutor apeado:

Com ou sem roda(s) de suporte, de modo que os elementos eficazes funcionam como instrumentos de sacha, assegurando a propulsão (motoenxada);

*Legislação Complementar* 189

Movida por uma ou várias rodas accionadas directamente pelo motor e equipadas com dispositivos de sacha [motoenxada com roda(s) propulsora(s)].

41. Espalhadora-acabadora – máquina móvel para aplicar camadas de material de construção (como misturas betuminosas, betão e inerte) em pavimentos de estradas.

As espalhadoras-acabadoras podem estar equipadas com uma placa de alta compactação.

42. Equipamento bate-estacas – um equipamento de colocação e extracção de estacas, por exemplo, macacos, extractores, vibradores ou dispositivos fixos de cravação/arranque de estacas, conjunto de aparelhos e componentes destinados à instalação e extracção de estacas, o que também inclui:

A estrutura do bate-estacas, constituída pelo aparelho de suporte (montado em lagartas, em rodas, em carris ou flutuante), pelo dispositivo de fixação da guia, pela guia ou por outro sistema de guiamento;

Os acessórios, por exemplo, cabeçotes de cravação, capacetes, placas, cabeças de fincar, dispositivos de aperto, dispositivos de movimentação das estacas, guia-estacas, protecções acústicas e amortecedores de choques/vibrações, grupos de alimentação eléctrica/geradores e elevadores ou plataformas para o pessoal.

43. Tractor para deposição de tubagem – máquina automotriz de rodas ou de rasto, destinada especificamente a manusear e colocar tubagens e a transportar equipamento correlato. A sua concepção baseia-se no tractor e tem componentes especialmente concebidos como a base, a estrutura principal, o contrapeso, o mecanismo de braço e guindaste e a flecha lateral com rotação vertical.

44. Tractor para neve – máquina automotriz sobre lagartas (rasto contínuo), destinada a exercer tracção ou impulsão na neve e no gelo através de equipamento instalado.

45. Grupo electrogéneo de potência – dispositivo composto por um motor de combustão interna que acciona um gerador eléctrico rotativo, para produzir um fornecimento contínuo de corrente eléctrica.

46. Vassoura-aspiradora – máquina provida de equipamento para varrer detritos para uma boca de aspiração que, por sua vez, os conduz a um depósito por meio de um fluxo de ar a alta velocidade ou de um sistema mecânico. Os dispositivos de varrimento e recolha podem ser instalados sobre chassis próprio ou de camião. O equipamento é fixo ou desmontável, como no caso de um sistema de carroçaria permutável.

47. Veículo de recolha de lixo – veículo concebido para recolha e transporte de resíduos domésticos e outros, com carregamento manual ou por meio de contentores.

Pode ser equipado com mecanismo de compactação. Compreende um chassis com cabina, sobre o qual é instalada a carroçaria. Esta pode ser equipada com dispositivo de elevação de contentores.

48. Fresadora para estrada – máquina móvel para retirar material de superfícies pavimentadas por meio de um corpo cilíndrico de comando mecânico, sobre cuja superfície são instalados os instrumentos de fresagem. Os tambores cortantes rodam durante a operação.

49. Escarificador – aparelho mecânico com operador apeado ou sentado provido de um dispositivo para fissurar ou raspar superfícies de jardins, parques e áreas similares, orientando-se pela superfície do solo para determinar a profundidade do corte. Utiliza o chão para determinar a profundidade de corte.

50. Retalhadora-estilhaçadora – máquina utilizável em posição estacionária, com um ou mais dispositivos de corte, para reduzir material orgânico grosseiro a dimensões menores. Consiste geralmente numa tremonha de alimentação na qual é introduzido o material (manipulado ou não por um aparelho), um dispositivo que o desfaz (por divisão, trituração, esmagamento ou qualquer outro método) e um tubo de descarga para os produtos resultantes. Pode ter associado um dispositivo de recolha.

51. Máquina de remoção de neve com instrumentos rotativos – máquina para limpar a neve nas vias de circulação automóvel por meios rotatórios, com aceleração e ejecção por sopro.

52. Veículo de sucção – veículo equipado com um dispositivo para recolha de água, lamas, sedimentos, desperdícios e outro material em esgotos e instalações similares, por vácuo. O dispositivo pode ser montado sobre chassis próprio ou de camião. O equipamento pode ser fixo ou desmontável, como no caso de um sistema de carroçaria permutável.

53. Grua-torre – guindaste com movimento giratório, cuja lança se encontra no topo de uma torre sensivelmente vertical em posição de trabalho. Está equipada com meios para elevar e baixar cargas suspensas, as quais são manipuladas por modificação do raio de acção, por movimentos giratórios ou por deslocação de todo o sistema. Nem todas executam necessariamente a totalidade destas funções. A grua pode ser instalada em posição fixa ou equipada com meios para deslocação horizontal ou em declive.

54. Escavadora de valas – máquina automotriz, com condutor sentado ou apeado, de rodas ou lagartas, provida de um dispositivo dianteiro ou traseiro de escavação, especialmente para abrir trincheiras em operação contínua, mediante um movimento da máquina.

55. Camião-betoneira – veículo equipado com um tambor para o transporte de betão pronto da fábrica para o estaleiro; o tambor pode rodar com o veículo em movimento ou estacionado e é esvaziado no estaleiro por rotação. O tambor é accionado pelo motor do veículo ou por um motor acoplado suplementar.

*Legislação Complementar* 191

56. Bomba de água – máquina que compreende, além da bomba de água propriamente dita, o sistema de guia. Serve para elevar água de um nível energético para outro superior.

57. Grupo electrogéneo de soldadura – dispositivo rotativo que produz uma corrente de soldadura.

## ANEXO II

### Declaração CE de conformidade

A declaração de conformidade CE deve conter os seguintes elementos:

a) Nome e endereço do fabricante ou do seu mandatário estabelecido na Comunidade;

b) Nome e endereço do responsável pela documentação técnica;

c) Descrição do equipamento;

d) Procedimento de avaliação de conformidade, eventualmente seguido do nome e endereço do organismo notificado envolvido;

e) Nível de potência sonora medido num exemplar representativo do tipo de equipamento;

f) Nível de potência sonora garantido para este equipamento;

g) Uma remissão para o presente decreto-lei;

h) Uma remissão para a Directiva n.º 2000/14/CE;

i) Declaração de que o equipamento satisfaz os requisitos do presente decreto-lei;

j) Se aplicável, a ou as declarações de conformidade e as referências da restante legislação aplicada;

l) Local e data da declaração;

m) Elementos de identificação do signatário com poderes para legalmente assinar a declaração em nome do fabricante ou do seu mandatário estabelecido na Comunidade.

## ANEXO III

### Método de medição de ruído transmitido pelo ar, com origem em equipamentos para utilização no exterior

#### Âmbito

Enunciam-se no presente anexo os métodos de medição de ruído transmitido pelo ar que devem ser utilizados para determinar os níveis de potência sonora do equipamento abrangido pelo presente decreto-lei, com vista aos procedimentos de avaliação da conformidade dele constantes.

Na parte A apresentam-se, para cada tipo de equipamento abrangido pelo n.º 1 do artigo 2.º:

As normas básicas de ruído;

Os complementos gerais a essas normas de base de emissão acústica, para quantificar o nível de pressão sonora numa superfície de medição que envolve a fonte e para calcular o nível de potência sonora produzido pela fonte.

Na parte B apresentam-se, para cada tipo de equipamento abrangido pelo n.º 1 do artigo 2.º:

Uma norma básica de ruído recomendada, incluindo:

   i) Referência à norma básica de ruído escolhida na parte A;
   ii) Área de ensaio;
   iii) Valor da constante $K_{2A}$;
   iv) Forma da superfície de medição;
   v) Número e posição dos microfones a utilizar;

Condições de funcionamento, incluindo:

   i) Referência a uma norma eventualmente existente;
   ii) Prescrições relativas à instalação do equipamento;
   iii) Método para calcular os níveis de potência sonora resultantes, na eventualidade de deverem ser utilizados diversos ensaios, em distintas condições de funcionamento;

Outras informações.

Aquando do ensaio de tipos específicos de equipamento, o fabricante ou o seu mandatário na Comunidade podem, em geral, escolher uma das normas básicas de ruído enunciadas na parte A e aplicar as condições de funcionamento enunciadas na parte B, para o tipo específico de equipamento em causa. Todavia, na eventualidade de litígio, a norma básica de ruído recomendada, que a parte B enuncia, tem de ser utilizada em conjunto com as condições de funcionamento, nela igualmente enunciadas.

### Parte A – Normas básicas de ruído

Para determinar o nível de potência sonora do equipamento para utilização no exterior, definido no n.º 1 do artigo 2.º, podem, em geral, ser utilizadas as normas básicas de ruído:

EN ISO 3744:1995;

EN ISO 3746:1995;

mediante as seguintes condições gerais adicionais:

1. Incerteza de medição – as incertezas de medição não são tidas em conta no quadro dos procedimentos de avaliação da conformidade durante a fase de projecto.

## Legislação Complementar

2. Funcionamento da fonte durante o ensaio:

2.1. Velocidade da ventoinha – se o motor do equipamento ou o seu sistema hidráulico estiverem equipados com uma ou mais ventoinhas, estas devem ser postas a funcionar durante o ensaio. A velocidade da ventoinha, a utilizar em posteriores medições, é declarada e definida pelo fabricante do equipamento em conformidade com uma das condições que se seguem, devendo constar do relatório de ensaio:

*a*) Mecanismo da ventoinha directamente ligado ao motor – se estiver directamente ligado ao motor e ou ao equipamento hidráulico (por correia de transmissão, por exemplo), o mecanismo da ventoinha deve ser accionado durante o ensaio;

*b*) Mecanismo da ventoinha com várias velocidades – se a ventoinha puder trabalhar a velocidades diferentes, o ensaio será realizado:

Ou à velocidade máxima da ventoinha; ou,

Num primeiro ensaio, a velocidade nula e, num segundo ensaio, à velocidade máxima. O nível de pressão sonora LpA será então calculado combinando os resultados dos dois testes, segundo a equação:

$$\text{LpA} = 10 \lg \{0{,}3 \times 10^{0,1\ \text{L}pA,\ 0\%} + 0{,}7 \times 100{,}1\ \text{L}pA,\ 100\%\}$$

em que:

$L_{pA}$, 0% é o nível de pressão sonora determinado com a ventoinha a velocidade nula;

$L_{pA}$, 100% é o nível de pressão sonora determinado com a ventoinha à velocidade máxima;

c) Mecanismo da ventoinha com velocidade variável contínua – se a ventoinha puder trabalhar a velocidade variável contínua, o ensaio será realizado ou nos termos do n.º 2.1, alínea b), ou com a ventoinha à velocidade fixada pelo fabricante a pelo menos 70% da velocidade máxima.

2.2. Ensaio do equipamento com motor em vazio – para estas medições, o motor e o sistema hidráulico do equipamento devem ser aquecidos em conformidade com as instruções e observando as normas de segurança. O ensaio é realizado com o equipamento em posição estacionária, sem accionar o mecanismo de trabalho nem o mecanismo de deslocação. Para efeitos do ensaio, o motor é posto a trabalhar em vazio a uma velocidade não inferior à que corresponda à potência líquida ou potência efectiva.

Por potência líquida entende-se a potência em kilowatts CE obtida no banco de ensaios na extremidade da cambota ou seu equivalente, medida de acordo com o método CE de medição da potência dos motores de combustão interna destinados aos veículos rodoviários, sendo no entanto excluída a potência da ventoinha de arrefecimento.

Se a máquina receber energia de um gerador ou da rede, a frequência da corrente de alimentação, especificada pelo fabricante em relação ao motor, será estabilizada a ± 1 Hz se a máquina estiver equipada com um motor de indução, e a tensão de alimentação a ± 1% da tensão atribuída se a máquina dispuser de um motor com colector. A tensão de alimentação é medida na ficha do cabo ou fio (se este não for destacável) ou na ficha da máquina (se o cabo ou fio for destacável). A sinusóide da corrente fornecida pelo gerador deve ter forma semelhante à da fornecida pela rede.

Se a máquina receber energia de uma bateria, esta deverá estar totalmente carregada. A velocidade utilizada e a correspondente potência efectiva (ou potência líquida) são indicadas pelo fabricante do equipamento e devem constar do relatório do ensaio.

Se o equipamento estiver provido de vários motores, estes devem ser postos a trabalhar simultaneamente durante os ensaios. Não sendo tal possível, devem ser ensaiadas todas as combinações possíveis dos motores.

2.3. Ensaio do equipamento com motor em carga – para estas medições, o motor e o sistema hidráulico do equipamento devem ser aquecidos em conformidade com as instruções e observando as normas de segurança. Durante o ensaio, não devem ser accionados dispositivos de sinalização, como buzinas ou alarmes.

A velocidade do equipamento durante o ensaio deve ser registada e constar do relatório.

Se o equipamento estiver provido de vários motores e ou agregados, estes devem ser postos a trabalhar simultaneamente durante os ensaios. Não sendo tal possível, devem ser ensaiadas todas as combinações possíveis dos motores e ou agregados.

Para cada tipo de equipamento a ensaiar em carga devem ser definidas condições de funcionamento específicas que, em princípio, produzam efeitos e tensões idênticos aos verificados nas condições reais.

2.4. Ensaio de equipamento comandado manualmente – para cada tipo de equipamento comandado manualmente, devem ser convencionadas condições de funcionamento que produzam efeitos e tensões idênticos aos verificados nas condições reais de funcionamento.

3. Cálculo do nível de pressão sonora à superfície – o nível de pressão sonora à superfície será determinado pelo menos três vezes. Se pelo menos dois dos valores determinados não diferirem mais de 1 dB, são dispensáveis outras

*Legislação Complementar* 195

medições; caso contrário, as medições prosseguirão até serem obtidos dois valores que não difiram mais de 1 dB. O nível de pressão sonora à superfície ponderado A, a utilizar no cálculo do nível de pressão sonora, é a média aritmética dos dois valores mais altos que não difiram mais de 1 dB.

4. Informações a notificar – o nível de pressão sonora com ponderação A da fonte ensaiada será arredondado ao inteiro mais próximo (por excesso ou por defeito, conforme, respectivamente, a parte decimal do nível for maior ou igual a 0,5 ou menor que 0,5).

O relatório deve conter os dados técnicos necessários para identificar a fonte ensaiada, bem como a norma de ensaio de ruído e os dados acústicos.

5. Posições adicionais de microfones na superfície hemisférica de medição (EN ISSO 3744:1995) – em aditamento às cláusulas 7.2.1 e 7.2.2 da norma EN ISSO 3744:1995, pode ser utilizado um conjunto de 12 microfones na superfície hemisférica de medição. No quadro que se segue indicam-se as coordenadas cartesianas dos 12 microfones distribuídos na superfície de um hemisfério de raio *r*. O raio *r* do hemisfério deve ser igual ou superior ao duplo da maior dimensão do paralelepípedo de referência. O paralelepípedo de referência é definido como o menor paralelepípedo rectangular que pode conter o equipamento (sem ligações) apoiando-se no plano de reflexão. O raio do hemisfério deve ser arredondado para o valor superior mais próximo de entre os seguintes: 4 m, 10 m e 16 m.

O número de microfones (12) pode ser reduzido a 6, mas usando-se sempre as posições 2, 4, 6, 8, 10 e 12, nos termos da cláusula 7.4.2 da norma EN ISO 3744:1995.

De um modo geral, deverá utilizar-se uma disposição com seis posições de microfone numa superfície de medição hemisférica. Quando num código de ensaio acústico do presente decreto-lei se estabelecerem outras especificações, deverão utilizar-se essas especificações.

| Número do microfone | QUADRO | $x/r$ | $y/r$ | $Z$ |
|---|---|---|---|---|
| 1 | | 1 | 0 | 1,5m |
| 2 | | 0,7 | 0,7 | 1,5m |
| 3 | | 0 | 1 | 1,5m |
| 4 | | – 0,7 | 0,7 | 1,5m |
| 5 | | – 1 | 0 | 1,5m |
| 6 | | – 0,7 | – 0,7 | 1,5m |
| 7 | | 0 | – 1 | 1,5m |
| 8 | | 0,7 | – 0,7 | 1,5m |
| 9 | | 0,65 | 0,27 | 0,71 $r$ |
| 10 | | – 0,27 | 0,65 | 0,71 $r$ |
| 11 | | – 0,65 | – 0,27 | 0,71 $r$ |
| 12 | | 0,27 | – 0,65 | 0,71 $r$ |

## Coordenadas das 12 posições de microfone

6. Factor de correcção ambiental $K_{2A}$ – o material é medido sobre uma superfície reflectora de betão ou asfalto não poroso, sendo o factor de correcção ambiental $K_{2A}$ levado seguidamente a $K_{2A} = 0$. Se no código de ensaio acústico do presente decreto-lei estiverem previstas outras especificações para um material específico, deverão utilizar-se essas especificações.

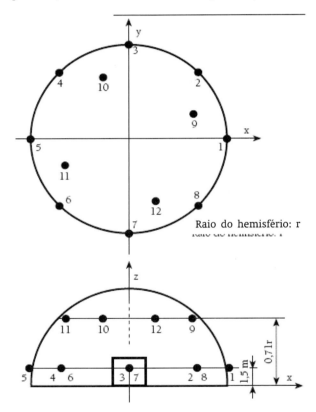

Raio do hemisfério: r

## Parte B – Normas de ensaio acústico para equipamentos específicos

### 0 – *Equipamento ensaiado em vazio*

Norma básica de ruído – EN ISO 3744:1995.
Área de ensaio – superfície reflectora plana, de betão ou asfalto não poroso.
Factor de correcção ambiental $K_{2A} - K_{2A} = 0$.
Superfície de medição/número de posições de microfone/distância de medição:

*i*) Se a maior dimensão do paralelepípedo de referência não exceder 8 m – hemisfério/ seis posições de microfone conforme ponto 5 da parte A/conforme ponto 5 da parte A;

*ii*) Se a maior dimensão do paralelepípedo de referência exceder 8 m – paralelepípedo de acordo com a EN ISO 3744:1995, com distância de medição d = 1 m.

Condições de funcionamento durante o ensaio:

Ensaio com o equipamento em vazio – os ensaios de emissão sonora serão realizados em conformidade com a parte A, cláusula 2.2.

Período(s) de observação/determinação do nível de emissão sonora resultante caso se observe mais de uma condição de funcionamento – o período mínimo de observação será de 15 s.

### 1 – *Plataformas de acesso elevado com motor de combustão*

V. ponto 0.

### 2 – *Máquinas corta-mato*

Norma básica de ruído – EN ISO 3744:1995.
Área de ensaio – ISO 10 884:1995.
Superfície de medição/número de posições de microfone/distância de medição – ISSO 10 884:1995.
Condições de funcionamento durante o ensaio:
Ensaio em carga ISO 10 884:1995, cláusula 5.3.
Período(s) de observação – ISO 10 884:1995.

### 3 – *Monta-cargas*

V. ponto 0.
O centro geométrico do motor deve ser colocado acima do centro do hemisfério. O elevador desloca-se sem carga, deixando o hemisfério, se necessário, em direcção ao ponto 1.

## 4 – Serras mecânicas de fita para estaleiro

Norma básica de ruído – EN ISO 3744:1995.
Superfície de medição/número de posições de microfone/distância de medição – ISSO 7960:1995, anexo J, com d = 1 m.
Condições de funcionamento durante o ensaio:

Ensaio em carga – as correspondentes a ISO 7960:1995, anexo J (cláusula J, 2b, somente).
Período de observação correspondente a ISO 7960:1995, anexo J.

## 5 – Serras circulares para estaleiro

Norma básica de ruído – EN ISO 3744:1995.
Superfície de medição/número de posições de microfone/distância de medição – ISSO 7960:1995, anexo A, distância de medição d = 1 m.
Condições de funcionamento durante o ensaio:

Ensaio em carga – ISO 7960:1995, anexo A (cláusula A, 2b, somente).
Período de observação – ISO 7960:1995, anexo A.

## 6 – Serras portáteis de corrente

Norma básica de ruído – EN ISO 3744:1995.
Área de ensaio – ISO 9207:1995.
Superfície de medição/número de posições de microfone/distância de medição – ISSO 9207:1995.
Condições de funcionamento durante o ensaio:

Ensaio em carga/ensaio com o equipamento em vazio – corte de madeira em carga plena/motor à rotação máxima em vazio:

a) Serras com motor de combustão: ISO 9207:1995, cláusulas 6.3 e 6.4;
b) Serras com motor eléctrico: um ensaio correspondente à cláusula 6.3 da norma ISSO 9207:1995 e um ensaio com o motor à rotação máxima em vazio.

Período(s) de observação/determinação do nível de emissão sonora resultante caso se observe mais de uma condição de funcionamento – ISO 9207:1995, cláusulas 6.3 e 6.4.
O nível de emissão sonora LWA resultante é calculado pela fórmula:

$$L_{WA} = 10\lg \tfrac{1}{2} \left[ 10^{0,1L_{W1}} + 10^{0,1L_{W2}} \right]$$

em que $L_{W1}$ e $L_{W2}$ são os níveis médios de potência sonora dos dois diferentes modos de funcionamento atrás definidos.

### 7 – Veículos combinados para sucção e lavagem a alta pressão

Se for possível pôr a funcionar simultaneamente ambos os elementos do equipamento, fazê-lo em conformidade com os pontos 26 e 52. Caso contrário, medi-los separadamente, registando os valores mais altos.

### 8 – Compactadores

*i*) Cilindros não vibradores – v. ponto 0.
*ii*) Cilindros vibradores com operador sentado:

Norma básica de ruído – EN ISO 3744:1995.

Condições de funcionamento durante o ensaio:

Montagem do equipamento – o cilindro vibrador é instalado sobre uma ou várias camadas elásticas adequadas, como, por exemplo, almofadas de ar, feitas de material flexível (elastómero ou similar) e infladas a uma pressão que garanta a elevação da máquina a pelo menos 5 cm. Devem evitar-se efeitos de ressonância. As dimensões das almofadas serão de molde a assegurar a estabilidade da máquina sujeita ao ensaio.

Ensaio em carga – o ensaio deve ser efectuado com a máquina em posição estacionária, com o motor a uma velocidade nominal (declarada pelo fabricante) e com o(s) mecanismo(s) de deslocação desligado(s). O mecanismo de compactação deve ser accionado utilizando a potência máxima de compactação correspondente à combinação da maior frequência e da máxima amplitude possível para essa frequência, segundo a declaração do fabricante.

Período de observação – o período mínimo de observação será de 15 s.

iii) Placas vibradoras, apiloadores vibrantes, apiloadores de explosão e rolos (cilindros) vibradores com operador apeado:

Norma básica de ruído – EN ISO 3744:1995.
Área de ensaio – EN 500-4 rev. 1:1998, anexo C.

Condições de funcionamento durante o ensaio:

Ensaio em carga – EN 500-4 rev. 1:1998, anexo C.
Período de observação – EN 500-4 rev. 1:1998, anexo C.

## 9 – *Motocompressores*

Norma básica de ruído – EN ISO 3744:1995.

Superfície de medição/número de posições de microfone/distância de medição – hemisfério/seis posições de microfone conforme ponto 5 da parte A/ conforme ponto 5 da parte A ou paralelepípedo de acordo com ISO 3744:1995, com distância de medição d = 1 m.

Condições de funcionamento durante o ensaio:

Montagem do equipamento – os motocompressores são instalados sobre o plano reflector. Os montados em patins devem ser colocados sobre um suporte de 0,40 m de altura, salvo outra indicação do fabricante nas condições de instalação.

Ensaio em carga – o compressor ensaiado deve ser sujeito a adequado aquecimento e estar a funcionar em condições estáveis para funcionamento contínuo. Deve ser objecto de adequada manutenção e lubrificação pelo fabricante.

A determinação do nível de potência sonora deve ser efectuada a plena carga ou em condições de funcionamento reprodutíveis e representativas do funcionamento mais ruidoso da máquina ensaiada numa utilização habitual, consoante a hipótese que corresponda ao mais elevado nível sonoro.

Se a disposição da instalação do seu todo for de tal ordem que certos componentes, como, por exemplo, os sistemas de refrigeração, estiverem montados fora do compressor, deve procurar-se isolar o ruído gerado por tais peças ao executar o ensaio de ruído. A separação das várias fontes de ruído pode exigir um equipamento especial destinado a atenuar o ruído proveniente dessas fontes durante a medição. As características acústicas e a descrição das condições de funcionamento dessas peças devem vir dadas separadamente no relatório de ensaio.

Durante o ensaio, os gases de exaustão do compressor devem ser aspirados da área de ensaio. Deve velar-se por garantir que o ruído gerado pelos gases de exaustão esteja pelo menos 10 dB abaixo do nível a observar em todos os pontos de medição (por exemplo, pela instalação de um silenciador).

Deve velar-se por que a descarga de ar não introduza qualquer ruído suplementar devido a turbulências na válvula de descarga do compressor.

Período de observação – o período mínimo de observação será de 15 s.

## 10 – *Martelos-demolidores e martelos-perfuradores manuais*

Norma básica de ruído – EN ISO 3744:1995.

Superfície de medição/número de posições de microfone/distância de medição – hemisfério/seis posições de microfone conforme ponto 5 da parte A/ conforme massa do equipamento, como indicado na tabela seguinte:

| Massa do equipamento (m) em quilogramas | Raio do hemisfério (metros) | Coordenada $z$ para posições dos microfones 2, 4, 6 e 8 |
|---|---|---|
| m < 10 .................................... | 2 | 0,75 m |
| m ≥ 10 .................................... | 4 | 1,50 m |

Condições de funcionamento durante o ensaio:

Montagem do equipamento – todos os aparelhos serão ensaiados em posição vertical.

Se o aparelho tiver exaustor de ar, o eixo deste ficará equidistante de duas posições de microfone. O ruído da alimentação energética não deve influenciar a medição do ruído emitido pelo aparelho em ensaio.

Suporte do aparelho – durante o ensaio o aparelho deve ser acoplado a um instrumento incorporado num bloco cúbico de betão que se introduz numa cavidade do solo revestida igualmente a betão. Pode ser introduzida uma peça intermédia de aço entre o aparelho e o instrumento de suporte. Esta peça intermédia deve formar uma estrutura estável entre o aparelho e o instrumento de suporte. Apresentam-se essas prescrições na figura n.º 10.1.

Características do bloco – o bloco terá a forma de um cubo, tão regular quanto possível, de 0,60 m ± 2 mm de aresta e será construído em betão armado (vibrado em camadas de 0,20 m no máximo, para evitar excesso de sedimentação).

Qualidade do betão – a qualidade do betão corresponderá a C 50/60 da norma ENV 206.

A armadura será de varões de aço de 8 mm de diâmetro sem ligação, independentes uns dos outros. A disposição vem indicada na figura n.º 10.2.

Instrumento de suporte – o instrumento de suporte, selado no bloco, consistirá num pilão com diâmetro mínimo de 178 mm e máximo de 220 mm e numa bucha idêntica à normalmente utilizada com o aparelho ensaiado e conforme à norma ISO R1180:1983, mas com comprimento suficiente para permitir a execução do ensaio.

Serão efectuadas as operações necessárias para integrar as duas componentes. O dispositivo será fixo ao bloco de modo que o fundo do pilão fique a 0,30 m da face superior do bloco (figura n.º 10.2).

O bloco deve manter-se mecanicamente firme, sobretudo no contacto entre o instrumento de suporte e o betão. Antes e depois de cada ensaio, deve verificar-se se o instrumento continua solidário do bloco a que está selado.

Posicionamento do cubo – o cubo será colocado numa cavidade do solo inteiramente cimentada e será coberto por uma laje de pelo menos 100 kg/m2, conforme indica a figura n.º 10.3, de modo que a superfície superior desta fique nivelada com o solo. Para evitar ruídos parasitas, o bloco será isolado do fundo e dos lados da cavidade por peças (juntas) elásticas, cuja frequência de corte não deve exceder metade da frequência dos golpes produzidos pelo aparelho em ensaio, expressa em percussões por segundo.

A abertura na laje de cobertura pela qual passa a bucha deve ser a mínima possível selada por uma junta flexível à prova de som.

Ensaio em carga – o aparelho em ensaio é ligado ao instrumento de suporte.

Deve ser posto a trabalhar em condições estáveis, com estabilidade acústica idêntica à do seu funcionamento normal.

Deve ainda ser accionada à potência máxima especificada nas instruções de utilização.

Período de observação o período mínimo de observação será de 15 s.

Figura n.º 10.1 – Diagrama esquemático da peça intermédia

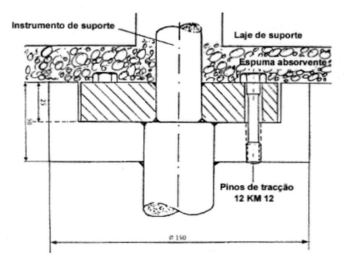

Figura n.º 10.2 – Bloco de ensaio

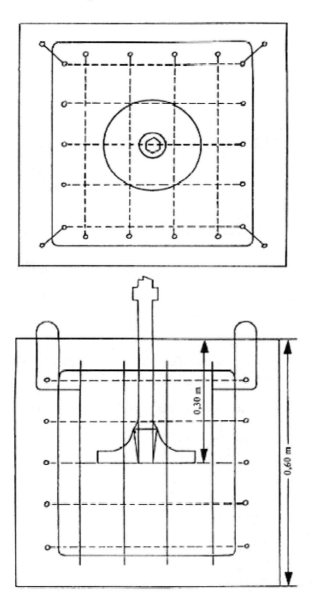

*Figura n.º 10.3 – Dispositivo de ensaio*

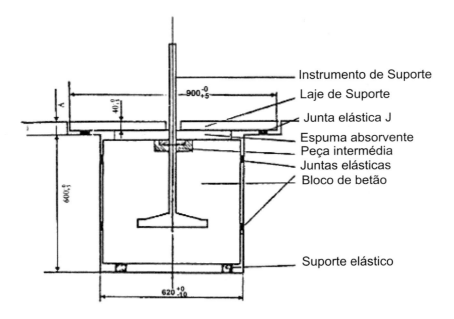

O valor de A deve ser tal que a laje de cobertura apoiada na junta elástica J fique nivelada com o solo.

**11 – *Máquinas de misturar betão (betoneiras) ou argamassa***

Norma básica de ruído – EN ISO 3744:1995.

Condições de funcionamento durante o ensaio:

Ensaio em carga – o dispositivo misturador (tambor) deve ser cheio até à capacidade nominal, com inerte de granulometria 0 mm-3 mm e teor de humidade de 4%-10%.
O dispositivo misturador deve estar a trabalhar, pelo menos, à velocidade nominal.
Período de observação – o período mínimo de observação será de 15 s.

*Legislação Complementar* 205

## 12 – *Guinchos de construção*

V. ponto 0.

O centro geométrico do motor deve ser colocado acima do centro do hemisfério. O guincho deve ser ligado, mas nenhuma carga será suspensa.

## 13 – *Máquinas de transporte e espalhamento de betão e argamassa*

Norma básica de ruído – EN ISO 3744:1995.

Condições de funcionamento durante o ensaio – se a máquina estiver equipada com um braço, este deve ser colocado verticalmente, com o tubo voltado para o depósito de material. Caso contrário, a máquina será equipada com um tubo horizontal de pelo menos 30 m voltado para o depósito.

Ensaio em carga:

i) Máquinas de transporte e espalhamento de betão – enchem-se o sistema de transporte e o tubo com um produto semelhante a betão, em que o cimento é substituído por um aditivo (por exemplo, cinzas extrafinas). A máquina deve trabalhar à capacidade máxima, com um período de ciclo não superior a 5 s (se este for excedido, acrescentar água ao betão até obter 5 s);

ii) Máquinas de transporte e espalhamento de argamassa – o sistema de transporte e o tubo são enchidos com um produto semelhante a argamassa, em que o cimento é substituído por um aditivo (por exemplo, metil-celulose). A máquina deve trabalhar à capacidade máxima, com um período de ciclo não superior a 5 s (se este for excedido, acrescentar água à argamassa até obter 5 s).

Período de observação – o período mínimo de observação será de 15 s.

## 14 – *Correias transportadoras*

V. ponto 0.

O centro geométrico do motor deve ser colocado acima do centro do hemisfério. A correia desloca-se sem carga, deixando o hemisfério, se necessário, em direcção ao ponto 1.

## 15 – *Sistemas de refrigeração em veículos*

Norma básica de ruído – EN ISO 3744:1995.

Condições de funcionamento durante o ensaio:

Ensaio em carga – o equipamento de refrigeração deve ser instalado num espaço de carga real ou simulado e ser ensaiado em posição estacionária,

206       *Lei do Ruído*

devendo a altura do equipamento de refrigeração ser representativa dos requisitos de instalação pretendidos, de acordo com as instruções fornecidas pelo fabricante aos compradores. A fonte de energia do equipamento de refrigeração deve operar à potência que corresponde à velocidade máxima do compressor de refrigeração e da ventoinha declarada pelo fabricante nas instruções. Se o equipamento de refrigeração se destina a ser alimentado pelo motor do veículo, este não deve ser utilizado durante o ensaio, devendo o equipamento de refrigeração estar ligado a uma fonte de energia eléctrica adequada.

As unidades de tracção removíveis devem ser retiradas durante o ensaio.

Os equipamentos de refrigeração instalados em unidades de refrigeração que podem utilizar mais de uma fonte de energia deverão ser ensaiados separadamente para cada fonte de energia. O resultado dos ensaios registado deve, pelo menos, reflectir o modo de funcionamento que produz o máximo ruído.

Período de observação – o período mínimo de observação será de 15 s.

### 16 – *Dozers*

Norma básica de ruído – EN ISO 3744:1995.
Área de ensaio – ISO 6395:1988.
Superfície de medição/número de posições de microfone/distância de medição – ISSO 6395:1988.
Condições de funcionamento durante o ensaio:
Montagem do equipamento – os *dozers* de lagartas devem ser ensaiados nos termos da cláusula 6.3.3 da norma ISO 6395:1988.
Ensaio em carga – ISO 6395:1988, anexo B.
Período(s) de observação e consideração das diferentes condições de funcionamento eventualmente verificadas – ISO 6395:1988, anexo B.

### 17 – Aparelhos de perfuração

Norma básica de ruído – EN ISO 3744:1995.
Condições de funcionamento durante o ensaio:
Ensaio em carga – EN 791:1995, anexo A.
Período de observação – o período mínimo de observação será de 15 s.

### 18 – *Dumpers*

Norma básica de ruído – EN ISO 3744:1995.
Área de ensaio – ISO 6395:1988.
Superfície de medição/número de posições de microfone/distância de medição – ISSO 6395:1988.

Condições de funcionamento durante o ensaio:

Ensaio em carga condições equivalentes à norma ISO 6395:1988, alterando-se o anexo C do seguinte modo:

Em C 4.3, o segundo parágrafo é substituído pelo seguinte:

«Pôr o motor a trabalhar à sua velocidade constante máxima (alta velocidade em vazio). Colocar o comando de transmissão em posição neutra. Levar a pá (balde) até cerca de 75% do seu movimento máximo de basculamento (descarga de material) e repô-la em seguida na posição adequada à deslocação do *dumper*. Executar esta operação três vezes. Esta sequência é considerada um ciclo único para o modo hidráulico estacionário.

Se não se utilizar a potência do motor para bascular a pá, pô-lo a trabalhar em vazio, com a transmissão em posição neutra. Efectuar a medição sem bascular a pá. O período de observação será de 15 s.»

Período(s) de observação/determinação do nível de emissão sonora resultante caso se observe mais de uma condição de funcionamento – ISO 6395:1988, anexo C.

### 19 – Equipamento para carga e descarga de tanques ou silos em camiões

Norma básica de ruído – EN ISO 3744:1995.

Condições de funcionamento durante o ensaio:

Ensaio em carga – o equipamento deve ser ensaiado com o camião em posição estacionária.

O motor deve trabalhar à velocidade que gera o rendimento máximo do equipamento, especificada nas instruções de utilização fornecidas ao comprador.

Período de observação – o período mínimo de observação será de 15 s.

### 20 – Escavadoras

Norma básica de ruído – EN ISO 3744:1995.

Área de ensaio – ISO 6395:1988.

Superfície de medição/número de posições de microfone/distância de medição – ISSO 6395:1988.

Condições de funcionamento durante o ensaio:

Ensaio em carga – ISO 6395:1988, anexo A.

Período(s) de observação/determinação do nível de emissão sonora resultante caso se observe mais de uma condição de funcionamento – ISO 6395:1988, anexo A.

## 21 – Escavadoras-carregadoras

Norma básica de ruído – EN ISO 3744:1995.
Área de ensaio – ISO 6395:1988.
Superfície de medição/número de posições de microfone/distância de medição – ISSO 6395:1988.
Condições de funcionamento durante o ensaio:
Ensaio em carga ISO 6395:1988; anexo D.
Período(s) de observação/determinação do nível de emissão sonora resultante caso se observe mais de uma condição de funcionamento – ISO 6395:1988, anexo D.

## 22 – Contentores para reciclagem de vidro

Norma básica de ruído – EN ISO 3744:1995.
Para efeitos deste código de ensaio acústico e para medir o nível de pressão acústica nas posições de microfone, utiliza-se o nível de pressão acústica de ocorrência singular, $L_{pls}$ na definição dada na cláusula 3.2.2 da norma EN ISO 3744:1995.

Factor de correcção ambiental $K_{2A}$:
Medição ao ar livre – $K_{2A} = 0$.
Medição em recinto fechado – o valor da constante $K_{2A}$, determinado em conformidade com o anexo A da norma EN ISO 3744:1995, será de ??2,0 dB, caso em que a constante $K_{2A}$ será desprezada.
Condições de funcionamento durante o ensaio – a medição de ruído deve ser efectuada durante um ciclo completo iniciado com o contentor vazio e completado quando tiverem sido lançadas dentro dele 120 garrafas.
As garrafas de vidro são definidas do seguinte modo:

Capacidade – 75 cl;
Massa – 370 ± 30 g.

O operador do ensaio segura cada garrafa pelo gargalo e, com o fundo dela virado para a boca do contentor, impele-a cuidadosamente na direcção do centro do contentor, evitando se possível que embarre contra as paredes do mesmo. Para introduzir as garrafas só se utilizará uma boca, que será a que estiver mais próxima da posição de microfone 12.
Período(s) de observação/determinação do nível de emissão sonora resultante caso se observe mais de uma condição de funcionamento – de preferência, o nível de emissão sonora ponderado A das ocorrências singulares será medido simultaneamente nas seis posições de microfone para cada garrafa lançada no contentor.

Para calcular a média em toda a superfície de medição do nível de emissão sonora ponderado A de cada ensaio, utiliza-se a cláusula 8.1 da norma EN ISO 3744:1995.

Para calcular a média das medições da emissão sonora, com ponderação A, das ocorrências singulares para todos os 120 lançamentos de garrafas, recorre-se à média logarítmica das médias, na superfície de medição, dos níveis de pressão acústica, com ponderação A, para cada lançamento.

### 23 – *Niveladoras*

Norma básica de ruído – EN ISO 3744:1995.
Área de ensaio – ISO 6395:1988.
Superfície de medição/número de posições de microfone/distância de medição – ISSO 6395:1988.
Condições de funcionamento durante o ensaio:
Ensaio em carga – as correspondentes a ISO 6395:1988.
Período(s) de observação/determinação do nível de emissão sonora resultante caso se observe mais de uma condição de funcionamento – ISO 6395:1988, anexo B.

### 24 – *Máquinas de aparar erva/máquinas de aparar bermas e taludes*

V. ponto 2.
Instalar a máquina num dispositivo adequado, de modo que o seu dispositivo de corte fique por cima do centro do hemisfério. Para as máquinas de aparar relva, o centro do dispositivo de corte deve ser mantido a cerca de 50 mm acima da superfície. A fim de acomodar as lâminas de corte, as máquinas de aparar bermas devem ser colocadas o mais junto possível à superfície de ensaio.

### 25 – *Máquinas de cortar sebes*

Norma básica de ruído – EN ISO 3744:1995.
Área de ensaio – ISO 11094:1991.
Na eventualidade de contestação, as medições devem ser efectuadas ao ar livre, na superfície artificial (cláusula 4.1.2 da norma ISO 11094:1991).
Factor de correcção ambiental K2A:

Medição ao ar livre $K_{2A} = 0$.
Medição em recinto fechado – o valor da constante $K_{2A}$, determinado sem a superfície artificial e em conformidade com o anexo A da norma EN ISO 3744:1995, será de $\leq 2,0$ dB, caso em que a constante $K_{2A}$ será desprezada.

210      *Lei do Ruído*

Superfície de medição/número de posições de microfone/distância de medição – ISSO 11094:1991.

Condições de funcionamento durante o ensaio:

Montagem do equipamento – a máquina deve ser mantida na posição normal de utilização, por meio quer de um operador quer de um dispositivo adequado, de modo que o seu dispositivo de corte fique acima do centro do hemisfério.

Ensaio em carga – a máquina será posta a trabalhar à sua velocidade nominal, com o dispositivo de corte a funcionar.

Período de observação – o período mínimo de observação será de 15 s.

### 26 – *Lavadores a alta pressão*

Norma básica de ruído – EN ISO 3744:1995.

Condições de funcionamento durante o ensaio:

Ensaio em carga – o lavador deve ser ensaiado em posição estacionária. O motor e os instrumentos auxiliares trabalharão à velocidade especificada pelo fabricante para o funcionamento do equipamento. A ou as bombas de alta pressão trabalharão à velocidade e à pressão máximas especificadas pelo fabricante. Utilizar um bico adaptado para fazer com que a válvula de redução da pressão fique imediatamente abaixo do respectivo limiar de reacção. O ruído de fluxo do bico não deve interferir nos resultados da medição.

Período de observação – o período mínimo de observação será de 30 s.

### 27 – *Máquinas de jacto de água a alta pressão*

Norma básica de ruído – EN ISO 3744:1995.

Superfície de medição/número de posições de microfone/distância de medição – paralelepípedo/de acordo com EN ISO 3744:1995, com distância de medição d = 1 m.

Condições de funcionamento durante o ensaio:

Montagem do equipamento – instalar a máquina de jacto de água a alta pressão na superfície reflectora plana. As máquinas montadas sobre patins devem ser colocadas num suporte de 0,40 m de altura, salvo outra indicação do fabricante no manual de instruções.

Ensaio em carga – colocar a máquina em regime permanente, na gama especificada pelo fabricante. Durante o ensaio, ligar o bico à máquina que provoca o jacto de água à mais alta pressão, em conformidade com as instruções do fabricante.

Período de observação – o período mínimo de observação será de 15 s.

*Legislação Complementar* 211

## 28 – *Martelos hidráulicos*

Norma básica de ruído – EN ISO 3744:1995.

Superfície de medição/número de posições de microfone/distância de medição – hemisfério/seis posições de microfone conforme ponto 5 da parte A/r = 10 m.

Condições de funcionamento durante o ensaio:

Montagem do equipamento – para realizar o ensaio, o martelo é acoplado a um suporte, devendo utilizar-se um bloco de ensaio especial. Apresentam-se na figura n.º 28.1 as características desta estrutura e, na figura n.º 28.2, a posição do suporte.

Suporte – o suporte do martelo de ensaio deve satisfazer as especificações do ensaio, especialmente as referentes à massa, à potência hidráulica de saída, ao débito de alimentação do óleo e à contrapressão na linha de retorno.

Montagem – a montagem técnica bem como as ligações (tubos flexíveis ou rígidos) têm de corresponder às especificações dos dados técnicos do martelo. Devem ser eliminados os ruídos significativos provocados pelas tubagens e os vários componentes mecânicos necessários à instalação. Todas as conexões de componentes devem estar bem ajustadas.

Estabilidade do martelo e força estática de retenção – o martelo deve estar solidário com o suporte, de forma a conferir-lhe uma estabilidade idêntica à que se observa em condições normais de funcionamento. O martelo deve ser accionado numa posição vertical.

Ferramenta – nas medições deve utilizar-se uma ferramenta romba. O comprimento da ferramenta deve satisfazer os requisitos indicados na figura n.º 28.1 (bloco de ensaio).

Ensaio em carga:

Potência hidráulica de alimentação e débito de óleo – as condições de funcionamento do martelo hidráulico devem ser adequadamente ajustadas, medidas e registadas, juntamente com os correspondentes valores das especificações técnicas. O martelo ensaiado deve ser utilizado de forma que se possa atingir pelo menos 90% da potência máxima de entrada e de débito de óleo.

Deve procurar-se que a incerteza total das séries de medições de ps e Q não exceda ± 5%, o que garante uma precisão de ± 10% na determinação da potência de alimentação.

Pressupondo que há uma correlação linear entre a potência hidráulica de alimentação e a potência sonora emitida, tal corresponderia a uma variação média inferior a ± 0,4 dB na determinação do nível de potência sonora.

Componentes ajustáveis com efeitos na potência do martelo – o pré ajustamento de todos os acumuladores, das válvulas centrais de pressão e de outros componentes eventualmente ajustáveis tem de satisfazer os valores apresentados nos dados técnicos.

Se houver mais de uma velocidade fixa de impacto facultativa, é necessário fazer medições para todos os conjuntos de valores. Apresentam-se os valores máximos e mínimos.

Quantidades a medir:

$P_s$ – o valor médio da pressão hidráulica fina de alimentação durante o funcionamento do martelo, num ciclo de pelo menos 10 percussões;

Q – o valor médio do débito de entrada de óleo no martelo medido simultaneamente com ps;

T – a temperatura do óleo durante as medições deve situar-se entre +40ºC e +60ºC.

A temperatura do corpo do martelo hidráulico tem de ser estabilizada à temperatura normal de funcionamento antes de se iniciarem as medições;

$P_a$ – as pressões dos gases de todos os acumuladores antes do enchimento devem ser medidas numa situação estática (com o martelo não activo) a uma temperatura ambiente estável de + 15 ºC a + 25 ºC. A temperatura ambiente medida deve ser registada com a pressão do gás no acumulador antes do enchimento.

Parâmetros a serem avaliados a partir dos parâmetros de funcionamento medidos:

$P_{IN}$ – potência hidráulica de alimentação do martelo $P_{IN} = p_s \cdot Q$.

Medição da pressão na linha de alimentação hidráulica, ps:

$p_s$ – deve ser medida o mais perto possível da alimentação do martelo;

$p_s$ – deve ser medida com um manómetro (diâmetro mínimo: 100 mm; classe de precisão ± 1,0% FSO).

Débito de alimentação de óleo, Q:

Q – deve ser medido a partir da linha de pressão de alimentação o mais perto possível da alimentação do martelo;

Q – deve ser medido com um fluxímetro eléctrico (precisão: ¿ 2,5% do valor de leitura do caudal).

Ponto de medição da temperatura do óleo, T:

T – deve ser medida no reservatório de óleo do suporte ou na linha hidráulica de conexão com o martelo. O ponto de medição deve vir especificado no relatório;

A precisão da medição da temperatura deve situar-se no intervalo ¿ 2°C do valor real.

Período de observação/determinação do nível de emissão sonora resultante – o período mínimo de observação será de 15 s.

As medições serão repetidas três vezes, ou mais, se necessário. Para obter o resultado final, calcula-se a média aritmética dos dois maiores valores, que não diferem mais de 1 dB.

*Figura n.º 28.1*

*Figura n.º 28.2*

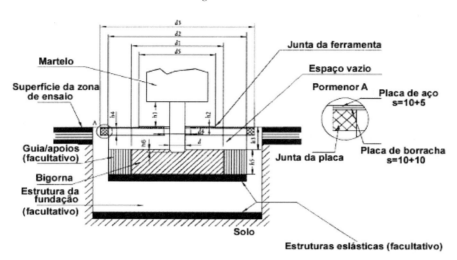

Definições:

d – diâmetro da ferramenta em milímetros (mm);
$d_1$ – diâmetro da bigorna: 1200 mm ± 100 mm;
$d_2$ – diâmetro interno da estrutura de suporte da bigorna: ≤ 1800 mm;
$d_3$ – diâmetro da placa do bloco de ensaio: ≤ 2200 mm;
$d_4$ – diâmetro da abertura para a ferramenta no bloco de ensaio: ≤ 350 mm;
$d_5$ – diâmetro da junta de fixação da ferramenta: ≤ 1000 mm;
$h_1$ – comprimento visível da ferramenta entre a parte inferior do alojamento e a superfície superior da fixação (mm) h1 = d ± d/2;
$h_2$ – espessura da fixação da ferramenta acima da placa: ≤ 20 mm (se a fixação da ferramenta se situar abaixo da placa, a sua espessura não tem limite; pode ser constituída por espuma de látex);
$h_3$ – distância entre a face superior da placa e a face superior da bigorna: 250 mm ± 50 mm;
$h_4$ – espessura da junta da placa em espuma de látex: ≤ 30 mm;
$h_5$ – espessura da bigorna: 350 mm ± 50 mm;
$h_6$ – penetração da ferramenta: ≤ 50 mm.

Se se utilizar a forma quadrangular da estrutura do bloco de ensaio, a máxima dimensão linear será igual a 0,89 x o diâmetro correspondente.

O espaço vazio entre a placa e a bigorna pode ser enchido com espuma de látex elástica ou material de absorção, de densidade < 220 kg/m³.

## 29 – Fontes de pressão hidráulica

Norma básica de ruído – EN ISO 3744:1995.

Condições de funcionamento durante o ensaio:

Montagem do equipamento – a fonte de pressão hidráulica será instalada na superfície reflectora plana. As máquinas montadas sobre patins devem ser colocadas num suporte de 0,40 m de altura, salvo outra indicação do fabricante no manual de instruções.

Ensaio em carga – durante o ensaio, nenhum acessório deve estar ligado à fonte de pressão hidráulica. A fonte de pressão hidráulica será colocada em regime permanente, na gama especificada pelo fabricante. Deverá estar a funcionar à velocidade e pressão nominais. As velocidades nominais e de pressão são as constantes das instruções fornecidas ao comprador.

Período de observação – o período mínimo de observação será de 15 s.

## 30 – Máquinas de serragem de juntas

Norma básica de ruído – EN ISO 3744:1995.

Condições de funcionamento durante o ensaio:

Ensaio em carga – a máquina de serragem de juntas será equipada com a maior das lâminas previstas pelo fabricante no manual de instruções. Levar o motor à velocidade máxima, com a lâmina em inércia.

Período de observação – o período mínimo de observação será de 15 s.

## 31 – Compactadores

V. ponto 37.

## 32 – Máquinas de cortar relva

Norma básica de ruído – EN ISO 3744:1995.

Área de ensaio – ISO 11094:1991.

Na eventualidade de contestação, as medições devem ser efectuadas ao ar livre, na superfície artificial (cláusula 4.1.2 da norma ISO 11094:1991).

Factor de correcção ambiental $K_{2A}$:

Medição ao ar livre – $K_{2A} = 0$.

Medição em recinto fechado – o valor da constante $K_{2A}$, determinado em conformidade com o anexo A da norma EN ISO 3744:1995, será de 0,5 dB a 2,0 dB, caso em que a constante $K_{2A}$ será desprezada.

Superfície de medição/número de posições de microfone/distância de medição – ISSO 11094:1991.

216        *Lei do Ruído*

Condições de funcionamento durante o ensaio:

Montagem do equipamento – se as rodas da máquina puderem causar uma compressão superior a 1 cm na superfície artificial, devem ser colocadas sobre suportes, de modo a ficarem niveladas com a referida superfície antes da compressão. Se o dispositivo de corte não puder ser separado das rodas, ensaiar a máquina sobre suportes, com o dispositivo de corte à velocidade máxima indicada pelo fabricante. Os suportes serão de molde a não influenciarem os resultados da medição.

Ensaio em vazio – ISO 11094:1991.

Período de observação – ISO 11094:1991.

### 33 – *Máquinas de aparar relva/máquinas de aparar bermas e taludes*

V. ponto 32.

Instalar a máquina num dispositivo adequado, de modo que o seu dispositivo de corte fique por cima do centro do hemisfério. Para as máquinas de aparar relva, o centro do dispositivo de corte deve ser mantido a cerca de 50 mm acima da superfície. A fim de acomodar as lâminas de corte, as máquinas de aparar bermas devem ser colocadas o mais junto possível à superfície de corte.

### 34 – *Máquinas de soprar folhagem*

Norma básica de ruído – EN ISO 3744:1995.

Área de ensaio – ISO 11094:1991.

Na eventualidade de contestação, as medições devem ser efectuadas ao ar livre, na superfície artificial (cláusula 4.1.2 da norma ISO 11094:1991).

Factor de correcção ambiental $K_{2A}$:

Medição ao ar livre – $K_{2A} = 0$.

Medição em recinto fechado – o valor da constante $K_{2A}$, determinado sem a superfície artificial e em conformidade com o anexo A da norma EN ISO 3744:1995, será de 0,5 dB a 2,0 dB, caso em que a constante $K_{2A}$ será desprezada.

Superfície de medição/número de posições de microfone/distância de medição – ISSO 11094:1991.

Condições de funcionamento durante o ensaio:

Montagem do equipamento – a máquina de soprar folhagem deve ser colocada na sua posição de utilização normal, de modo que a saída do dispositivo de sopro fique 50 mm ± 25 mm acima do centro do hemisfério. As máquinas manuais devem ser manipuladas por uma pessoa ou por um dispositivo adequado.

Ensaio em carga – a máquina deve ser posta a funcionar à velocidade nominal e ao débito nominal de ar especificados pelo fabricante.

*Legislação Complementar* 217

Período de observação – o período mínimo de observação será de 15 s.

Nota – Se a máquina de soprar folhagem puder ser utilizada igualmente para recolher folhagem, deverá ser ensaiada nas duas configurações, caso em que se deverá utilizar o valor mais elevado.

### 35 – *Máquinas de recolher folhagem*

Norma básica de ruído – EN ISO 3744:1995.
Área de ensaio – ISO 11094:1991.
Na eventualidade de contestação, as medições devem ser efectuadas ao ar livre, na superfície artificial (cláusula 4.1.2 da norma ISO 11094:1991).
Factor de correcção ambiental $K_{2A}$:
Medição ao ar livre – $K_{2A} = 0$.

Medição em recinto fechado – o valor da constante $K_{2A}$, determinado sem a superfície artificial e em conformidade com o anexo A da norma EN ISO 3744:1995, será de 0,5 dB a 2,0 dB, caso em que a constante $K_{2A}$ será desprezada.

Superfície de medição/número de posições de microfone/distância de medição – ISSO 11094:1991.

Condições de funcionamento durante o ensaio:

Montagem do equipamento – a máquina de recolher folhagem deve ser colocada na sua posição de utilização normal, de modo que a entrada do dispositivo colector fique 50 mm ± 25 mm acima do centro do hemisfério. As máquinas manuais devem ser manipuladas por uma pessoa ou por um dispositivo adequado.

Ensaio em carga – a máquina deve ser posta a funcionar à velocidade nominal e ao débito nominal de ar especificados pelo fabricante.

Período de observação – o período mínimo de observação será de 15 s.

Nota – Se a máquina de recolher folhagem puder ser utilizada igualmente para soprar folhagem, deverá ser ensaiada nas duas configurações, caso em que se utilizará o valor mais elevado.

### 36 – *Empilhadores*

Norma básica de ruído – EN ISO 3744:1995.
Condições de funcionamento durante o ensaio – devem ser respeitadas as normas de segurança e as informações do fabricante.
Modo ascensor – com o empilhador estacionário, eleva-se a carga (material não absorvente do som, por exemplo, aço ou betão; 70%, pelo menos, da capacidade total declarada nas instruções do fabricante), a partir da posição mais

218          *Lei do Ruído*

baixa e à velocidade máxima, para a altura normalizada aplicável a esse tipo de veículo, de acordo com a pertinente norma europeia constante da série «Segurança dos veículos industriais». Se a altura máxima real for inferior, pode ser utilizada em medições individuais. A altura de elevação deve ser descrita no relatório de ensaio.

Modo motor – levar o veículo, sem carga, à aceleração máxima, desde a posição de estacionamento até um ponto que diste daquela um comprimento triplo do comprimento do veículo, ponto esse situado na linha A-A (linha que liga as posições de microfone 4 e 6) e depois até à linha B-B (que liga as posições de microfone 2 e 8).

Quando a traseira do veículo cruzar a linha B-B, pode largar-se o acelerador.

Se o veículo tiver uma transmissão de várias velocidades, seleccionar a que assegura a maior velocidade no percurso de medição.

Período(s) de observação/determinação do nível de emissão sonora resultante caso se observe mais de uma condição de funcionamento – os períodos de observação serão:

Para o modo ascensor: o ciclo completo de elevação;

Para o modo motor: o período que principia no momento em que o centro do veículo cruza a linha A-A e termina quando o seu centro atinge a linha B-B.

Porém, o nível de potência sonora resultante para todos os tipos de empilhadores calcula-se da seguinte forma:

$$L_{WA} = 10 \log (0,7 \times 10^{0,1 \ LWAc} + 0,3 \times 10^{0,1 \ LWAa})$$

em que o índice a representa o modo ascensor e o índice c indica o modo motor.

### 37 – *Carregadoras*

Norma básica de ruído – EN ISO 3744:1995.

Área de ensaio – ISO 6395:1988.

Superfície de medição/número de posições de microfone/distância de medição – ISSO 6395:1988.

Condições de funcionamento durante o ensaio:

Montagem do equipamento – as carregadoras de rasto contínuo devem ser ensaiadas num local correspondente à cláusula 6.3.3 da norma ISO 6395:1988.

Ensaio em carga – ISO 6395:1988, anexo C.

Período(s) de observação/determinação do nível de emissão sonora resultante caso se observe mais de uma condição de funcionamento – ISO 6395:1988, anexo C.

*Legislação Complementar* 219

## 38 – Gruas automóveis

Norma básica de ruído – EN ISO 3744:1995.

Condições de funcionamento durante o ensaio:

Montagem do equipamento (texto retirado de prEN 17031) – se a grua estiver equipada com apoios laterais, estes deverão estar completamente estendidos e a grua nivelada sobre as placas na altura média dos seus suportes.

Ensaio em carga – a grua automóvel a ensaiar deve apresentar-se na versão padrão descrita pelo fabricante. A potência de motor a considerar para determinar o limite de ruído é a potência nominal do motor utilizado para mover a grua. A grua deve estar equipada com o contrapeso máximo admissível montado na estrutura de rotação.

Antes de se proceder a qualquer medição, o motor e o sistema hidráulico da grua automóvel devem ser levados à temperatura normal de trabalho seguindo as instruções do fabricante, devendo pôr-se em prática todos os procedimentos de segurança pertinentes apresentados no manual.

Se a grua automóvel estiver equipada com vários motores, o motor utilizado para a função de elevação deve estar a trabalhar. O motor de transporte deve estar desligado.

Se o motor da grua automóvel estiver equipado com um ventilador, este deve estar a trabalhar durante o ensaio. Se o ventilador puder ser accionado a várias velocidades, o ensaio será efectuado à sua maior velocidade.

A grua automóvel deve ser medida de acordo com as condições 3 [a)-c)] ou 4 [a)-d)] que se seguem:

Para todas as condições de funcionamento, aplicam-se as seguintes regras:

Velocidade do motor a da velocidade máxima especificada para o modo de funcionamento da grua, com uma tolerância de ± 2%;

Aceleração e desaceleração ao valor máximo que não dê origem a movimentos perigosos da carga ou do bloco do gancho;

Movimentos à velocidade máxima indicada no manual de instruções nas condições dadas.

a) Elevação – a grua automóvel deve ser carregada com uma carga que origine uma tensão no cabo igual a 50% da tensão máxima. O ensaio consiste na elevação da carga, seguida imediatamente pelo seu abaixamento à posição de partida. O comprimento da lança deve ser escolhido de forma que o ensaio leve 15 s a 20 s a completar-se.

b) Rotação – com a lança ajustada a um ângulo de 40°-50° relativamente à horizontal e sem carga, girar-se-á a carruagem superior para a esquerda até um ângulo de 90°, voltando imediatamente para a posição inicial. O braço deve estar no comprimento máximo. O período de observação será o tempo necessário para completar o ciclo de trabalho.

c) Movimento do braço – o ensaio inicia-se pela elevação do braço curto a partir da posição de trabalho mais baixa, seguida imediatamente pelo abaixamento do braço à sua posição inicial. O movimento deve ser efectuado sem carga. A duração do teste será de 20 s, no mínimo.

d) Telescopagem (se aplicável) – com o braço a um ângulo de 40°-50° com a horizontal, sem carga e totalmente retraído, estender-se-á apenas o cilindro de telescopagem para a primeira secção, juntamente com esta primeira secção, até ao comprimento máximo, fazendo-os regressar imediatamente à posição inicial.

Período(s) de observação/determinação do nível de emissão sonora resultante caso se observe mais de uma condição de funcionamento – o nível de potência sonora resultante é calculado da seguinte forma:

i) Se for aplicável a telescopagem:

$$L_{WA} = 10 \log (0,4 \times 10^{0,1 \; LWAa} + 0,25 \times 10^{0,1 \; LWAb} +$$
$$+ 0,25 \times 10^{0,1 \; LWAc} + 0,1 \times 10^{0,1 \; LWAd})$$

ii) Se não for aplicável a telescopagem:

$$L_{WA} = 10 \log (0,4 \times 10^{0,1 \; LWAa} + 0,3 \times 100,1 \; L^{WAb} + 0,3 \times 10^{0,1 \; LWAc})$$

em que:

$L_{WAa}$ – nível de potência sonora para o ciclo de elevação;
$L_{WAb}$ – nível de potência sonora para o ciclo de rotação;
$L_{WAc}$ – nível de potência sonora para o ciclo do movimento do braço;
$L_{WAd}$ – nível de potência sonora para o ciclo de telescopagem (se aplicável).

### 39 – *Contentores de lixo móveis*

Norma básica de ruído – EN ISO 3744:1995.
Área de ensaio:
Superfície reflectora plana, de betão ou asfalto não poroso;
Compartimento de laboratório com um espaço livre sobre um plano reflector.
Factor de correcção ambiental $K_{2A}$:
Medições ao ar livre – $K_{2A} = 0$.
Medições em recinto fechado – o valor da constante $K_{2A}$, determinado em conformidade com o anexo A da norma EN ISO 3744:1995, será $\leq 2,0$ dB, caso em que a constante $K_{2A}$ será desprezada.

*Legislação Complementar* 221

Superfície de medição/número de posições de microfone/distância de medição – hemisfério/seis posições de microfone conforme o ponto 5 da parte A/$r$ = 3 m.

Condições de funcionamento durante o ensaio – todas as medições serão efectuadas com um contentor vazio.

Ensaio n.º 1 – fecho da tampa em queda livre sobre o corpo do contentor – para reduzir a sua influência sobre as medições, o operador deverá estar situado na face posterior do contentor (face da charneira). A tampa deve ser largada a partir do ponto médio para evitar que empene ao cair.

A medição é efectuada durante o seguinte ciclo, repetido 20 vezes:

Inicialmente, a tampa é elevada à vertical;

A tampa é largada, se possível sem dar impulso, estando o operador na parte posterior do contentor, mantendo-se imóvel até que a tampa se feche;

Fechada a tampa completamente, é novamente levantada até à posição inicial.

Nota – Se necessário, o operador pode mover-se temporariamente para levantar a tampa.

Ensaio n.º 2 – abertura completa da tampa – para minimizar a sua influência nas medições, o operador estará situado na face posterior do contentor (face da charneira), no caso dos contentores de quatro rodas e junto à face lateral direita (entre as coordenadas dos microfones 10 e 12), no caso dos contentores de duas rodas.

A tampa deve ser largada a partir do ponto médio ou o mais perto possível desse ponto.

Para evitar qualquer movimento do contentor, as rodas devem estar bloqueadas durante o ensaio. No caso dos contentores de duas rodas, e para evitar um ressalto do contentor, o operador pode segurar este último, colocando a mão na borda superior.

A medição é efectuada durante o seguinte ciclo:

Inicialmente, a tampa é aberta até à horizontal;

A tampa é largada sem dar impulso;

Após a abertura completa, e antes de um eventual ressalto, a tampa é levantada até à posição inicial.

Ensaio n.º 3 – deslocação do contentor sobre uma superfície irregular artificial – para este ensaio, utiliza-se uma pista de ensaio artificial, que simulará um solo irregular.

Esta pista de ensaio é constituída por duas faixas paralelas de malha de aço (6 m de comprido por 400 mm de largura), fixadas ao plano reflector de 20 cm em 20 cm, aproximadamente. A distância entre as duas faixas será adaptada em função do tipo de contentor, de forma a permitir às rodas deslizarem sobre o comprimento da pista.

222           *Lei do Ruído*

As condições de montagem devem garantir uma superfície plana. Se necessário, a pista é fixada ao solo com material resistente para evitar a emissão de ruídos parasitas.

Nota – As faixas podem ser constituídas por vários elementos de 400 mm de largura fixados uns aos outros.

Nas figuras n.$^{os}$ 39.1 e 39.2 dá-se um exemplo de uma pista adequada.
O operador está situado na face da charneira da tampa.
A medição é efectuada durante a deslocação do contentor sobre a pista artificial por parte do operador, a uma velocidade constante de 1 m/s, entre o ponto A e o ponto B (4,24 m de distância – v. figura n.º 39.3) quando o eixo das rodas, no caso de contentores de duas rodas, ou o primeiro eixo das rodas, no caso dos contentores de quatro rodas, atingir o ponto A ou o ponto B. Este procedimento é repetido três vezes em cada direcção.
Durante o ensaio, para um contentor de duas rodas, o ângulo entre o contentor e a pista deve ser de 45º. No caso de um contentor de quatro rodas, o operador deverá assegurar que haja um adequado contacto de todas as rodas com a pista.
Período(s) de observação/determinação do nível de emissão sonora resultante caso se observe mais de uma condição de funcionamento.

Ensaios n.$^{os}$ 1 e 2 – fecho da tampa em queda livre sobre o corpo do contentor e abertura completa da tampa – se possível, efectuar-se-ão as medições simultaneamente nas seis coordenadas dos microfones. Caso contrário, os níveis sonoros medidos em cada posição de microfone serão classificados por ordem crescente e os níveis de potência acústica serão calculados associando os valores a cada posição de microfone de acordo com a sua ordem.
O nível de pressão acústica de cada ensaio, com ponderação A, é medido em relação a cada um dos 20 fechos e das 20 aberturas da tampa em cada ponto de medição. Os níveis de potência sonora $L_{WAfecho}$ e $L_{WAabertura}$ são calculados com base nos valores médios quadráticos dos cinco valores mais elevados obtidos.

Ensaio n.º 3 – deslocação do contentor sobre uma superfície irregular artificial – o período de observação T será igual à duração necessária para cobrir a distância entre o ponto A e o ponto B na pista.
O nível de potência sonora $L_{WAdeslocação}$ é igual à média de 6 valores que difiram menos de 2 dB(A). Se este critério não for preenchido com seis medições, o ciclo é repetido as vezes necessárias.
O nível de potência sonora resultante é calculado da seguinte forma:

$$L_{WA} = 10 \log \left(10^{0,1\ L_{WAfecho}} + 10^{0,1\ L_{WAabertura}} + 10^{0,1\ L_{WAdeslocação}}\right)$$

*Figura n.º 39.1 – Esquema de pista de deslocação*

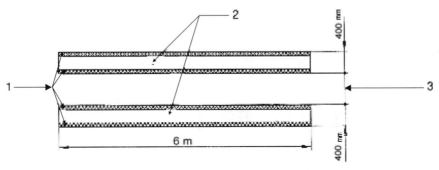

1 – Cunho de amarração de madeira.
2 – Zonas de deslocação.
3 – Adaptado em função do contentor.

*Figura n.º 39.2 – Esquema de construção e de montagem da pista de deslocação*

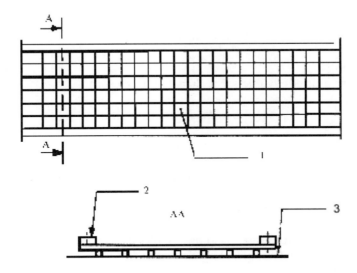

1 – Fio de aço rígido (4 mm).
   Malhagem da rede (50 mm×50 mm).
2 – Cunho de amarração de madeira (20 mm×25 mm).
3 – Superfície reflectora.

## Figura n.º 39.3 – Distância de mediação

1 – Charneira.

## 40 – *Motoenxadas*

V. ponto 32.
Desligar o dispositivo de sacha durante a medição.

## 41 – *Espalhadoras-acabadoras*

Norma básica de ruído – EN ISO 3744:1995.
Condições de funcionamento durante o ensaio:
Ensaio em carga – o motor deve trabalhar à velocidade nominal indicada pelo fabricante.
Activar todas as unidades eficazes, às seguintes velocidades:
Sistema de transporte – pelo menos 10% da máxima;
Sistema de espalhamento – pelo menos 40% da máxima;
Apiloador (velocidade, golpe) – pelo menos 50% da máxima;
Vibradores (velocidade, momento de desequilíbrio) – pelo menos 50% da máxima;
Barras de pressão (frequência, pressão) – pelo menos 50% da máxima.
Período de observação – o período mínimo de observação será de 15 s.

*Legislação Complementar* 225

## 42 – Equipamento bate-estacas

Norma básica de ruído – EN ISO 3744:1995.
Área de ensaio – ISO 6395:1988.
Condições de funcionamento durante o ensaio:
Ensaio em carga – o equipamento bate-estacas é instalado no topo de uma estaca colocada num solo suficientemente resistente para que o equipamento funcione a uma velocidade estável.
No caso dos martelos de impacto, o cabeçote deve ter um enchimento novo de madeira.
A cabeça da estaca deve estar 0,50 m acima da área de ensaio.
Período de observação – o período mínimo de observação será de 15 s.

## 43 – Tractores para deposição de tubagem

V. ponto 0.

## 44 – Tractores para neve

V. ponto 0.

## 45 – Grupos electrogéneos de potência

Norma básica de ruído – EN ISO 3744:1995.
Factor de correcção ambiental $K_{2A}$:
Medições ao ar livre – $K_{2A} = 0$.
Medições em recinto fechado – o valor da constante $K_{2A}$, determinado de acordo com o anexo A da norma EN ISO 3744:1995, deve ser $\leq 0,2$ dB, caso em que $K_{2A}$ será desprezado.
Superfície de medição/número de posições de microfone/distância de medição – hemisfério/seis posições de microfone conforme o ponto 5 da parte A/ conforme o ponto 5da parte A.
Se $l > 2$ m, pode ser utilizado um paralelepípedo de acordo com EN ISO 3744:1995, com distância de medição d = 1 m.
Condições de funcionamento durante o ensaio:
Montagem do equipamento – o equipamento é instalado sobre o plano reflector. O equipamento montado em patins deve ser colocado sobre um suporte de 0,40 m de altura, salvo outra indicação do fabricante nas condições de instalação.
Ensaio em carga – ISO 8528-10:1998, cláusula 9.
Período de observação – o período mínimo de observação será de 15 s.

## 46 – *Vassouras-aspiradoras*

Norma básica de ruído – EN ISO 3744:1995.

Condições de funcionamento durante o ensaio:

Ensaio em carga – o motor e as unidades auxiliares trabalharão à velocidade de funcionamento normal indicada pelo fabricante. A escova trabalhará à velocidade máxima, sem contacto com o chão. O sistema aspirador trabalhará à potência máxima, com uma distância não superior a 25 mm entre a boca de aspiração e o chão.

Período de observação – o período mínimo de observação será de 15 s.

## 47 – *Veículos de recolha de lixo*

Norma básica de ruído – EN ISO 3744:1995.

Condições de funcionamento durante o ensaio:

Ensaio em carga – o veículo de recolha de lixo deve ser ensaiado em posição estacionária nas condições de funcionamento que se seguem:

1. Motor a trabalhar à velocidade máxima indicada pelo fabricante. O equipamento não estará a trabalhar. Este ensaio não será efectuado para veículos que só disponham de alimentação eléctrica.

2. Sistema de compactação a trabalhar. O veículo de recolha de lixo e o depósito de recolha estarão vazios. Se a velocidade do motor é automaticamente acelerada quando o sistema de compactação está a trabalhar, medir-se-á esse valor. Se o valor medido for inferior em mais de 5% ao valor fornecido pelo fabricante, efectua-se o ensaio com o motor acelerado pelo acelerador da cabina, para garantir a velocidade fornecida pelo fabricante.

Se o fabricante não fornecer a velocidade do motor para o sistema de compactação ou se o veículo não vier equipado com um acelerador automático, a velocidade do motor, comandada pelo acelerador da cabina, deverá ser de 1200 rpm.

3. Dispositivo de elevação a subir e descer sem carga e sem contentor. A velocidade do motor é obtida e controlada tal como para o caso do sistema de compactação em funcionamento (v. cláusula 2 acima).

4. Material a cair dentro do veículo de recolha de lixo – os materiais são lançados em massa, por meio do dispositivo de elevação, para dentro do depósito (inicialmente vazio). Para esta operação utilizar-se-á um contentor de duas rodas com 240 l de capacidade, conforme com a norma EN 840-1:1997. Se o dispositivo de elevação não conseguir elevar um contentor destes, utilizar-se-á um contentor com capacidade próxima de 240 l. O material consistirá em 30 tubos de PVC, cada um dos quais com uma massa aproximada de 0,4 kg e as seguintes dimensões:

Comprimento – 150 mm ± 0,5 mm;
Diâmetro nominal externo – 90 mm + 0,3/– 0 mm;
Profundidade nominal – 6,7 mm + 0,9/– 0 mm.

Período(s) de observação/determinação do nível de emissão sonora resultante caso se observe mais de uma condição de funcionamento – o período de observação será:

1. Pelo menos 15 s. O nível de potência sonora será de $L_{WA1}$.

2. Pelo menos três ciclos completos, se o sistema de compactação estiver em funcionamento automático. Se o sistema de compactação não estiver em funcionamento automático, as medições serão efectuadas pelo menos durante três ciclos. O nível de potência sonora resultante ($L_{WA2}$) será o valor médio quadrático das três (ou mais) medições.

3. Pelo menos três ciclos de trabalho contínuos completos, incluindo todo o ciclo que inclui a elevação e abaixamento do sistema de elevação. O nível de potência sonora resultante ($L_{WA3}$) será o valor médio quadrático das três (ou mais) medições.

4. Pelo menos três ciclos de trabalho completos, cada um dos quais incluirá o lançamento de 30 tubos no depósito. Cada ciclo não excederá 5 s. Para estas medições, o valor LpAeq,T é substituído por LpA,1s. O nível de potência sonora resultante (LWA4) será o valor médio quadrático das três (ou mais) medições. O nível de potência sonora resultante é calculado da seguinte forma:

$$L_{WA} = 10 \log (0,06 \times 10^{0,1 \ LWA1} + 0,53 \times 10^{0,1 \ LWA2} +$$
$$+ 0,4 \times 10^{0,1 \ LWA3} + 0,01 \times 10^{0,1 \ LWA4})$$

Nota – No caso de um veículo de recolha de lixo com alimentação exclusivamente eléctrica, considera-se nulo o coeficiente associado a LWA1.

### 48 – Fresadoras para estrada

Norma básica de ruído – EN ISO 3744:1995.

Condições de funcionamento durante o ensaio:

Montagem do equipamento – o eixo longitudinal da fresadora deve ficar paralelo ao eixo das abcissas.

Ensaio em carga – colocar a máquina em regime permanente, na gama especificada nas instruções fornecidas ao comprador pelo fabricante. O motor e todos os acessórios devem trabalhar às respectivas velocidades nominais em vazio.

Período de observação – o período mínimo de observação será de 15 s.

## 49 – *Escarificadores*

Norma básica de ruído – EN ISO 3744:1995.

Área de ensaio – ISO 11094:1991.

Na eventualidade de contestação, as medições devem ser efectuadas ao ar livre, na superfície artificial (cláusula 4.1.2 da norma ISO 11094:1991).

Factor de correcção ambiental $K_{2A}$:

Medição ao ar livre – $K_{2A} = 0$.

Medição em recinto fechado – o valor da constante $K_{2A}$, determinado sem a superfície artificial e em conformidade com o anexo A da norma EN ISO 3744:1995, será $\leq 2,0$ dB, caso em que a constante $K_{2A}$ será desprezada.

Superfície de medição/número de posições de microfone/distância de medição – ISSO 11094:1991.

Condições de funcionamento durante o ensaio:

Ensaio em carga – o escarificador é ensaiado com o motor à velocidade nominal e o dispositivo eficaz em vazio (a trabalhar mas sem escarificar).

Período de observação – o período mínimo de observação será de 15 s.

## 50 – *Retalhadoras-estilhaçadoras*

Norma básica de ruído – EN ISO 3744:1995.

Área de ensaio – ISO 11094:1991.

Factor de correcção ambiental $K_{2A}$:

Medição ao ar livre – $K_{2A} = 0$.

Medição em recinto fechado – o valor da constante $K_{2A}$, determinado sem a superfície artificial e em conformidade com o anexo A da norma EN ISO 3744:1995, será $\leq 2,0$ dB, caso em que a constante $K_{2A}$ será desprezada.

Superfície de medição/número de posições de microfone/distância de medição – ISSO 11094:1991.

Condições de funcionamento durante o ensaio:

Ensaio em carga – a retalhadora-estilhaçadora deve ser ensaiada a desfazer uma ou várias peças de madeira.

O ciclo de trabalho consiste em estilhaçar uma peça redonda de madeira (pinho ou contraplacado secos) com comprimento mínimo de 1,5 m, aguçada numa das extremidades e com diâmetro aproximadamente igual ao máximo que, pela sua concepção, a retalhadora-estilhaçadora pode aceitar, segundo as especificações fornecidas ao comprador.

Período de observação/determinação do nível de emissão sonora resultante – o período de observação termina quando não houver mais material na zona de estilhaçamento, mas não deve ultrapassar 20 s. Se forem possíveis ambas as condições de funcionamento, deve indicar-se o nível mais elevado de potência sonora.

### 51 – *Máquinas de remoção de neve com instrumentos rotativos*

Norma básica de ruído – EN ISO 3744:1995.
Condições de funcionamento durante o ensaio:
Ensaio em carga – o ensaio é realizado com o removedor de neve em posição estacionária.
Deve estar a operar com o equipamento de trabalho à velocidade máxima e o motor à velocidade correspondente (em conformidade com as recomendações do fabricante).
Período de observação – o período mínimo de observação será de 15 s.

### 52 – *Veículos de sucção*

Norma básica de ruído – EN ISO 3744:1995.
Condições de funcionamento durante o ensaio:
Ensaio em carga – o veículo de sucção deve ser ensaiado em posição estacionária. O motor e as unidades auxiliares trabalharão à velocidade de funcionamento normal e a(s) bomba(s) de vácuo à velocidade máxima, conforme as indicações do fabricante. O equipamento de sucção é posto a funcionar de modo que a pressão interna seja igual à atmosférica (vácuo a 0%). O ruído do bico de sucção não pode ter influência nos resultados das medições.
Período de observação – o período mínimo de observação será de 15 s.

### 53 – *Gruas-torres*

Norma básica de ruído – EN ISO 3744:1995.
Superfície de medição/número de posições de microfone/distância de medição:
Medição ao nível do solo – hemisfério/seis posições de microfone conforme o ponto 5 da parte A/conforme o ponto 5 da parte A.
Medição à altura da lança – se o mecanismo de elevação estiver situado à altura da lança, a superfície de medição será uma esfera de 4 m de raio, cujo centro coincide com o centro geométrico do guincho.
Se a medição for realizada com o mecanismo de elevação na contralança da grua, a superfície de medição será uma esfera em que $S = 200$ m$^2$.

# 230       *Lei do Ruído*

Posições de microfone (figura n.º 53.1) – quatro posições num plano horizontal, que passa pelo centro geométrico do mecanismo (H = h/2), com L = 2,80 m e $d$ = 2,80 m – l/2, sendo:

$L$ = meia distância entre duas posições de microfone consecutivas;
$l$ = comprimento do mecanismo (ao longo do eixo da lança);
$b$ = largura do mecanismo;
$h$ = altura do mecanismo;
$d$ = distância entre o suporte dos microfones e o mecanismo, na direcção da lança.

As outras duas posições de microfone ficarão situadas nos pontos de intersecção da esfera com a vertical que passa pelo centro geométrico do mecanismo.

Condições de funcionamento durante o ensaio:

Montagem do equipamento:

Medição do mecanismo de elevação – durante o ensaio, o mecanismo de elevação deve ser montado de uma das seguintes maneiras. A posição deve ser descrita no relatório de ensaio:

a) Mecanismo de elevação ao nível do solo – a grua montada deve ser colocada numa superfície reflectora plana, de betão ou asfalto não poroso;

b) Mecanismo de elevação na contralança – o mecanismo de elevação deve estar pelo menos 12 m acima do solo;

c) Mecanismo de elevação fixo ao solo – o mecanismo de elevação deve ser fixo a uma superfície reflectora plana, de betão ou asfalto não poroso.

Medição do gerador de energia – se o gerador de energia estiver associado à grua (ligado ou não ao mecanismo de elevação), a grua deve ser montada numa superfície reflectora plana, de betão ou asfalto não poroso.

Se o mecanismo de elevação estiver situado na contralança, a emissão sonora pode ser medida com o mecanismo montado na contralança ou fixo ao solo.

Se a fonte de energia que impulsiona a grua for independente dela (gerador de energia eléctrica, rede ou fonte hidráulica ou pneumática), mede-se somente o nível sonoro do mecanismo.

Se o gerador estiver associado à grua mas não combinado com o mecanismo de elevação, deve medir-se separadamente deste. Se ambos os dispositivos estiverem combinados, a medição incidirá no conjunto.

Durante o ensaio, o mecanismo de elevação e o gerador de energia devem ser instalados e accionados em conformidade com as instruções do fabricante.

*Legislação Complementar* 231

Ensaio com o equipamento em vazio – o gerador de energia incorporado na grua deve trabalhar à máxima potência nominal indicada pelo fabricante.

O mecanismo de elevação deve trabalhar sem carga, com o tambor a rodar à velocidade correspondente à máxima velocidade de deslocação do gancho, em modo tanto de elevação como de abaixamento. Esta velocidade deve ser especificada pelo fabricante. Será adoptado como resultado do ensaio o maior dos dois níveis de potência sonora (elevação ou abaixamento).

Ensaio em carga – o gerador de energia incorporado na grua deve trabalhar à máxima potência nominal indicada pelo fabricante. O mecanismo de elevação deve trabalhar com uma tensão de cabo no tambor correspondente à carga máxima (para o raio mínimo) com o gancho a mover-se à velocidade máxima. Os valores da carga e da velocidade são especificados pelo fabricante. A velocidade deve ser verificada durante o ensaio.

Período(s) de observação/determinação do nível de emissão sonora resultante caso se observe mais de uma condição de funcionamento – para o nível de pressão sonora do mecanismo de elevação, o período de medição será de $(t_r + t_f)$ segundos, sendo:

$t_r$ o período em segundos que precede a activação do travão, com o mecanismo de elevação a trabalhar do modo atrás especificado; para efeitos do ensaio, $t_r = 3$ s;

$t_f$ o período em segundos entre o momento em que o travão é activado e o momento em que o gancho pára completamente.

Se for utilizado um integrador, o período de integração será igual a $(tr + tf)$ segundos.

O valor quadrático médio numa posição i de microfone é dado por:

$$L_{pi} = 10 \lg [(t_r \ 10^{0,1 \ Lri} + t^f \ 100,1 \ Lfi)/(t_r + t_f)]$$

em que:

$L_{ri}$ – nível de pressão sonora na posição i de microfone durante o período $t_r$;

$L_{fi}$ – nível de pressão sonora na posição i de microfone durante o período de travagem $t_f$.

*Figura n.º 53.1 – Disposição dos microfones quando o mecanismo de elevação está situado na contralança*

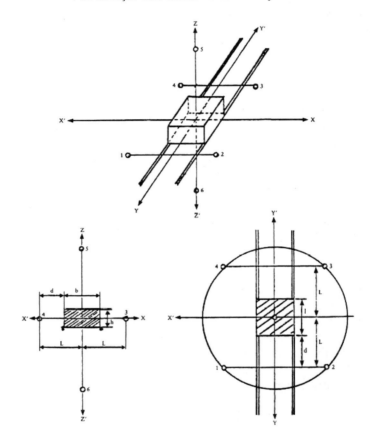

## 54 – *Escavadoras de valas*

V. ponto 0.

## 55 – *Camiões-betoneiras*

Norma básica de ruído – EN ISO 3744:1995.
Condições de funcionamento durante o ensaio:
Ensaio em carga – o ensaio é realizado com a betoneira em posição esta-

cionária. O tambor é cheio até à capacidade nominal com betão de consistência média (medida de propagação 42 cm – 47 cm). O motor deve trabalhar à velocidade que gera a velocidade máxima do tambor, especificada nas instruções fornecidas ao comprador.

Período de observação – o período mínimo de observação será de 15 s.

## 56 – *Bombas de água*

Norma básica de ruído – EN ISO 3744:1995.

Superfície de medição/número de posições de microfone/distância de medição – paralelepípedo/de acordo com EN ISO 3744:1995, com distância de medição $d = 1$ m.

Condições de funcionamento durante o ensaio:

Montagem do equipamento – instalar a bomba de água na superfície reflectora plana.

As bombas montadas sobre patins devem ser colocadas num suporte de 0,40 m de altura, salvo outra indicação do fabricante no manual de instruções.

Ensaio em carga – o motor deve trabalhar no ponto de eficiência máxima indicado pelo fabricante nas instruções.

Período de observação – o período mínimo de observação será de 15 s.

## 57 – *Grupos electrogéneos de soldadura*

Norma básica de ruído – EN ISO 3744:1995.

Factor de correcção ambiental $K_{2A}$:

Medições ao ar livre – $K_{2A} = 0$.

Medições em recinto fechado – o valor da constante K2A, determinado em conformidade com o anexo A da norma EN ISO 3744:1995, será $\leq 2,0$ dB, caso em que a constante $K_{2A}$ será desprezada.

Superfície de medição/número de posições de microfone/distância de medição – hemisfério/seis posições de microfone conforme o ponto 5 da parte A/ conforme o ponto 5 da parte A:

Se $l > 2$ m, pode ser utilizado um paralelepípedo de acordo com EN ISO 3744:1995, com distância de medição $d = 1$ m.

Condições de funcionamento durante o ensaio:

Montagem do equipamento – instalar os grupos electrogéneos de soldadura na superfície reflectora plana. Os grupos montados sobre patins devem ser colocados num suporte de 0,40 m de altura, salvo outra indicação do fabricante no manual de instruções.

Ensaio em carga – ISO 8528-10:1998, cláusula 9.

Período de observação – o período mínimo de observação será de 15 s.

## ANEXO IV

## Modelo da marcação CE de conformidade e da indicação do nível LWA de potência sonora garantida

A marca CE de conformidade consistirá nas iniciais «CE», com a seguinte forma:

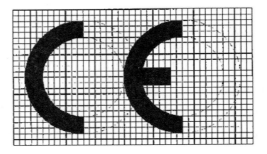

Caso a marcação CE seja reduzida ou aumentada, em função da dimensão do equipamento, devem respeitar-se as proporções apresentadas no desenho acima. As várias componentes devem ter substancialmente a mesma dimensão vertical, que não pode ser inferior a 5 mm.

A indicação do nível de potência sonora garantida deve consistir no valor único do nível de potência sonora garantida, no sinal $L_{WA}$ e num pictograma da seguinte forma:

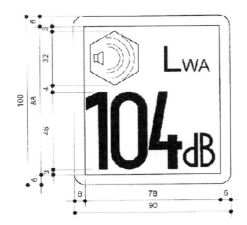

Caso a indicação seja reduzida ou ampliada, em função da dimensão do equipamento, devem respeitar-se as proporções apresentadas no desenho supra. Contudo, a dimensão vertical da marcação não deverá, se possível, ser inferior a 40 mm.

## ANEXO V

### Quadro de valores limite do nível de potência sonora garantido do equipamento a que se refere o artigo 12.º

O nível sonoro garantido do equipamento referido no artigo 12.º do decreto--lei não pode exceder o nível admissível de potência sonora constante do seguinte quadro de valores limite:

| Tipo de equipamento | $P$: potência instalada efectiva (kW)<br>$P_{el}(^1)$: potência eléctrica (kW)<br>$m$: massa do aparelho (kg)<br>$L$: espessura transversal de corte (cm) | Nível admissível de potência sonora em dB/1 pW | |
|---|---|---|---|
| | | Fase I (a partir de 3 de Janeiro de 2002) | Fase II (a partir de 3 de Janeiro de 2006) |
| Compactadores (cilindros vibrantes, placas vibradoras e apiloadores vibrantes) ........................... | $P \le 8$<br>$8 < P \le 70$<br>$P > 70$ | 108<br>109<br>$89 + 11 \lg P$ | $(^2)$ 105<br>$(^2)$ 106<br>$(^2)$ 86 + 11 lg $P$ |
| *Dozers*, carregadoras e escavadoras-carregadoras, com rasto contínuo ........................... | $P \le 55$<br>$P > 55$ | 106<br>$87 + 11 \lg P$ | $(^2)$ 103<br>$(^2)$ 84 + 11 lg $P$ |
| *Dozers*, carregadoras e escavadoras-carregadoras, com rodas; *dumpers*, niveladoras, compactadores tipo carregadora, empilhadores em consola com motor de combustão, gruas móveis, compactadores (cilindros não vibrantes), espalhadoras-acabadoras, fontes de pressão hidráulica ........................... | $P \le 55$<br>$P > 55$ | 104<br>$85 + 11 \lg P$ | $(^2) (^3)$ 101<br>$(^2) (^3)$ 82 + 11 lg $P$ |
| Escavadoras, monta-cargas, guinchos de construção, motoenxadas | $P \le 15$<br>$P > 15$ | 96<br>$83 + 11 \lg P$ | 93<br>$80 + 11 \lg P$ |
| Martelos manuais demolidores e perfuradores ........................... | $m \le 15$<br>$15 < m < 30$<br>$m \ge 30$ | 107<br>$94 + 11 \lg m$<br>$96 + 11 \lg m$ | 105<br>$(^2)$ 92 + 11 lg $m$<br>$94 + 11 \lg m$ |
| Gruas-torres ........................... | – | $98 + \lg P$ | $96 + \lg P$ |

| Tipo de equipamento | P: potência instalada efectiva (kW) $P_{el}(^1)$: potência eléctrica (kW) m: massa do aparelho (kg) L: espessura transversal de corte (cm) | Nível admissível de potência sonora em dB/1 pW | |
|---|---|---|---|
| | | Fase I (a partir de 3 de Janeiro de 2002) | Fase II (a partir de 3 de Janeiro de 2006) |
| Grupos electrogéneos de soldadura e potência ............... | $P_{el} \leq 2$ $2 < P_d \leq 10$ $P_{el} > 10$ | $97 + \lg P_d$ $98 + \lg P_d$ $97 + \lg P_d$ | $95 + \lg P_{el}$ $96 + \lg P_{el}$ $95 + \lg P_{el}$ |
| Compressores............... | $P \leq 15$ $P > 15$ | 99 $97 + 2 \lg P$ | 97 $95 + 2 \lg P$ |
| Corta-relva, corta-erva, corta-bordaduras............... | $L \leq 50$ $50 < L \leq 70$ $70 < L \leq 120$ $L > 120$ | 96 100 100 105 | $(^2)$ 94 98 $(^2)$ 98 $(^2)$ 103 |

$(^1)$ $P_{el}$ para grupos electrogéneos de soldadura: a intensidade de corrente convencional de soldadura multiplicada pela tensão convencional de carga para o valor mais baixo da taxa de laboração do fabricante.

$P_{el}$ para grupos electrogéneos de potência: potência primária, de acordo com a ISO 8528-1:1993, cláusula 13.3.2.

$(^2)$ Os valores da fase II são meramente indicativos para os seguintes tipos de equipamento:

Cilindros vibrantes com operador apeado;
Placas vibradoras (> 3 kW);
Piloadores vibrantes;
Dozers (com lagartas de aço);
Escavadoras-carregadoras (com lagartas de aço > 55 kW);
Empilhadores em consola com motor de combustão;
Espalhadoras-acabadoras com placa de compactação;
Martelos manuais demolidores e perfuradores com motor de combustão interna (15 < m < 30);
Corta-relva, corta-erva, corta-bordaduras.

Os valores definitivos serão função da alteração da Directiva n.° 2000/14/CE, alterada pela Directiva n.° 2005/88/CE, na sequência da publicação do relatório previsto no n.° 1 do artigo 20.° e da alteração correspondente do presente decreto-lei.

No caso da sua não alteração, os valores previstos para a fase I continuam a ser aplicáveis na fase II.

$(^3)$ No caso das gruas móveis equipadas com um só motor, os valores da fase I continuam em vigor até 3 de Janeiro de 2008. Depois desta data, aplicam-se os valores relativos à fase II.

O nível de potência sonora admissível será arredondado ao inteiro mais próximo (por excesso ou por defeito, conforme, respectivamente, a parte decimal do nível for maior ou igual a 0,5 ou menor do que 0,5).

## ANEXO VI
### Controlo interno de fabrico

1. No presente anexo descreve-se o procedimento pelo qual o fabricante ou o seu mandatário estabelecido na Comunidade que cumpra as obrigações estipuladas no n.º 2 garante e declara que os aparelhos em causa satisfazem os requisitos do presente decreto-lei. O fabricante ou o seu mandatário estabelecido na Comunidade aporá a cada aparelho a marca CE de conformidade e a indicação do nível de potência sonora garantido, como exigido no artigo 11.º, e passará uma declaração CE de conformidade, como exigido no artigo 8.º.

2. O fabricante ou o seu mandatário estabelecido na Comunidade elaborará a documentação técnica descrita no n.º 3, devendo mantê-la ao dispor das autoridades nacionais competentes durante um período mínimo de 10 anos após o último aparelho ter sido fabricado, para efeitos de inspecção. O fabricante ou o seu mandatário estabelecido na Comunidade pode confiar a um terceiro a tarefa de manter a documentação técnica. Nesse caso, terá de incluir o nome e endereço dessa pessoa na declaração CE de conformidade.

3. A documentação técnica deve possibilitar a avaliação da conformidade do aparelho com as exigências correspondentes do presente decreto-lei e abranger, pelo menos, as seguintes informações:

a) O nome e endereço do fabricante ou do seu mandatário estabelecido na Comunidade;

b) A descrição dos aparelhos;

c) A marca;

d) O nome comercial;

e) O tipo, séries e números;

f) Os dados técnicos pertinentes para a identificação do equipamento e a avaliação das suas emissões sonoras, incluindo, quando adequado, os esquemas e descrições e explicações necessários para a respectiva compreensão;

g) A remissão para o presente decreto-lei;

h) O relatório técnico das medições acústicas efectuadas em conformidade com o disposto no presente decreto-lei;

i) Os instrumentos técnicos aplicados e os resultados da avaliação das incertezas devidas à variação da produção, bem como a sua relação com o nível de potência sonora garantido.

4. O fabricante deve tomar as medidas necessárias para que o processo de fabrico garanta a conformidade constante dos aparelhos produzidos com a documentação técnica referida nos n.ºs 2 e 3 e com as exigências do presente decreto-lei.

# ANEXO VII

## Controlo interno de fabrico com avaliação da documentação técnica e do controlo periódico

1. Descreve-se no presente anexo o procedimento pelo qual o fabricante ou o seu mandatário estabelecido na Comunidade que cumpra as obrigações estipuladas no n.ºs 2, 5 e 6 garante e declara que os aparelhos em causa satisfazem os requisitos do presente decreto-lei. O fabricante ou o seu mandatário estabelecido na Comunidade aporá a cada aparelho a marca CE de conformidade e a indicação do nível de potência sonora garantido, como exigido no artigo 11.º, e passará uma declaração CE de conformidade, como exigido no artigo 8.º.

2. O fabricante ou o seu mandatário estabelecido na Comunidade elaborará a documentação técnica descrita no n.º 3, devendo mantê-la ao dispor das autoridades nacionais competentes durante um período mínimo de 10 anos após o último aparelho ter sido fabricado, para efeitos de inspecção. O fabricante ou o seu mandatário estabelecido na Comunidade pode confiar a um terceiro a tarefa de manter a documentação técnica. Nesse caso, terá de incluir o nome e endereço dessa pessoa na declaração CE de conformidade.

3. A documentação técnica deve possibilitar a avaliação da conformidade do aparelho com as exigências correspondentes do presente decreto-lei e abranger, pelo menos, as seguintes informações:

i) O nome e endereço do fabricante ou do seu mandatário estabelecido na Comunidade;

ii) A descrição do equipamento;

iii) A marca;

iv) O nome comercial;

v) O tipo, série e números;

vi) Os dados técnicos pertinentes para a identificação do equipamento e a avaliação das suas emissões sonoras, incluindo, quando adequado, os esquemas e descrições e explicações necessários para a respectiva compreensão;

vii) A remissão para o presente decreto-lei;

viii) O relatório técnico das medições acústicas efectuadas em conformidade com o disposto no presente decreto-lei;

ix) Os instrumentos técnicos aplicados e os resultados da avaliação das incertezas devidas à variação da produção, bem como a sua relação com o nível de potência sonora garantido.

4. O fabricante deve tomar as medidas necessárias para que o processo de fabrico garanta a conformidade dos aparelhos produzidos com a documentação técnica referida nos n.ºs 2 e 3 e com as exigências do presente decreto-lei.

*Legislação Complementar* 239

5. Avaliação efectuada pelo organismo notificado previamente à colocação no mercado:

a) O fabricante ou o seu mandatário estabelecido na Comunidade deve apresentar uma cópia da sua documentação técnica a um organismo notificado de sua escolha antes de a primeira unidade de equipamento ser colocada no mercado ou em serviço.

b) Se houver dúvidas quanto à plausibilidade da documentação técnica, o organismo notificado informará nessa conformidade o fabricante ou o seu mandatário estabelecido na Comunidade e, se necessário, efectuará ou mandará efectuar alterações à documentação técnica, bem como, eventualmente, os ensaios considerados necessários.

c) Após o organismo notificado ter emitido um relatório em que confirme que a documentação técnica cumpre o disposto no presente decreto-lei, o fabricante ou o seu mandatário estabelecido na Comunidade pode apor a marcação CE ao equipamento e emitir uma declaração CE de conformidade, nos termos dos artigos 11.º e 8.º, pela qual serão plenamente responsáveis.

6. Avaliação pelo organismo notificado durante a produção:

O fabricante ou o seu mandatário estabelecido na Comunidade fará ainda participar o organismo notificado na fase da produção, de acordo com um dos seguintes procedimentos, à escolha do fabricante ou do seu mandatário estabelecido na Comunidade:

6.1. O organismo notificado efectuará verificações periódicas a fim de se certificar de que o equipamento fabricado continua a estar conforme com a documentação técnica e com os requisitos do presente decreto-lei; em especial, o organismo notificado deverá centrar a atenção nos seguintes aspectos:

a) A correcta e completa marcação do equipamento nos termos do artigo 11.º;

b) A emissão da declaração CE de conformidade nos termos do artigo 8.º;

c) Os instrumentos técnicos aplicados e os resultados da avaliação das incertezas devidas à variação da produção, bem como a sua relação com o nível de potência sonora garantido.

O fabricante ou o seu representante autorizado estabelecido na Comunidade dará ao organismo notificado acesso livre a toda a documentação interna de apoio a estes procedimentos, aos resultados efectivos das auditorias internas e às acções correctivas adoptadas, se for caso disso.

Apenas no caso de os controlos supra darem resultados insatisfatórios deverá o organismo notificado efectuar ensaios de ruído, os quais, de acordo com a sua própria apreciação e experiência, poderão ser simplificados ou efectuados completamente nos termos do disposto no anexo III para o correspondente tipo de equipamento.

240      *Lei do Ruído*

6.2. O organismo notificado efectuará ou mandará efectuar controlos de produtos a intervalos aleatórios. O organismo notificado deve analisar uma amostra adequada do equipamento final por ele escolhida e efectuar ensaios de ruído nos termos do anexo III, ou ensaios equivalentes, para controlar a conformidade do produto com os pertinentes requisitos do presente decreto-lei. O controlo dos produtos deverá abranger os seguintes aspectos:

a) A correcta e completa marcação do equipamento nos termos do artigo 11.º;

b) A emissão da declaração CE de conformidade nos termos do artigo 8.º.

Em ambos os procedimentos a frequência dos controlos pode ser definida pelo organismo notificado de acordo com os resultados das anteriores avaliações, com a necessidade de monitorizar as acções correctivas e outras orientações relativas à frequência dos controlos que podem ser dadas em função da produção anual e da fiabilidade geral do fabricante no que toca à preservação dos valores garantidos; no entanto, deverá sempre ser efectuado um controlo de três em três anos, pelo menos.

Se houver dúvidas quanto à plausibilidade da documentação técnica ou ao seu cumprimento no processo de fabrico, o organismo notificado informará nessa conformidade o fabricante ou o seu mandatário estabelecido na Comunidade.

Nos casos em que o equipamento controlado não esteja conforme com o disposto no presente decreto-lei, o organismo notificado deve informar a Direcção-Geral da Empresa.

# ANEXO VIII
## Verificação por unidade

1. Descreve-se no presente anexo o procedimento pelo qual o fabricante ou o seu mandatário estabelecido na Comunidade garante e declara que o equipamento para que foi emitido o certificado a que se refere o n.º 4 satisfaz os requisitos do presente decreto-lei. O fabricante ou o seu mandatário estabelecido na Comunidade aporá ao equipamento a marca CE de conformidade acompanhada da informação exigida pelo artigo 11.º e passará uma declaração CE de conformidade, como exigido no artigo 8.º.

2. O pedido de verificação de uma unidade deve ser apresentado pelo fabricante, ou pelo seu mandatário estabelecido na Comunidade, junto de um organismo notificado por ele escolhido.

O pedido deve incluir:

a) O nome e endereço do fabricante e ainda, se o pedido for apresentado pelo mandatário, o nome e endereço deste último;

*Legislação Complementar* 241

b) Declaração escrita de que o mesmo pedido não foi apresentado a outro organismo notificado;

c) Documentação técnica confirmando os requisitos que se seguem:

i) A descrição dos aparelhos;

ii) A marca;

iii) O nome comercial;

iv) O tipo, série e números;

v) Os dados técnicos pertinentes para a identificação do equipamento e a avaliação das suas emissões sonoras, incluindo, quando adequado, os esquemas e descrições e explicações necessários para a respectiva compreensão;

vi) A remissão para o presente decreto-lei.

3. O organismo notificado deve:

a) Examinar se o equipamento foi fabricado em conformidade com a documentação técnica;

b) Acordar com o fabricante o local onde, em conformidade com o presente decreto-lei, os ensaios acústicos serão realizados;

c) Em conformidade com o presente decreto-lei, realizar ou ter realizado os necessários ensaios acústicos.

4. Se o equipamento cumprir o disposto no presente decreto-lei, o organismo notificado deve passar ao requerente um certificado de exame CE de tipo, em conformidade com o modelo contemplado no anexo XI.

Se recusar a emissão de um certificado de conformidade, o organismo notificado deve indicar circunstanciadamente as razões da recusa.

5. O fabricante ou o seu mandatário estabelecido na Comunidade deve conservar, juntamente com a documentação técnica, cópias do certificado de conformidade durante um período de 10 anos a contar da data de colocação do equipamento no mercado.


## ANEXO IX

### Garantia de qualidade total

1. No presente anexo descreve-se o procedimento pelo qual o fabricante que cumpra as obrigações enunciadas no n.º 2 garante e declara que o equipamento em questão satisfaz o disposto no presente decreto-lei. O fabricante ou o seu mandatário estabelecido na Comunidade aporá ao equipamento a marca CE de conformidade acompanhada da informação exigida pelo artigo 11.º e lavrará por escrito uma declaração CE de conformidade, como exigido no artigo 8.º.

2. O fabricante deve utilizar um sistema aprovado de garantia de qualidade no projecto, no fabrico, na inspecção final e nos ensaios finais do produto, em

242 Lei do Ruído

conformidade com o n.º 3, e está sujeito a um controlo, em conformidade com o n.º 4.

3. Sistema de garantia de qualidade:

3.1. O fabricante deve apresentar a um organismo notificado da sua escolha um pedido de avaliação do seu sistema de garantia de qualidade.

Do pedido devem constar:

a) Todas as informações pertinentes para a categoria do produto em causa, incluindo as documentações técnicas de todos os equipamentos já em fase de projecto ou de produção, que devem abranger, pelo menos, as seguintes informações:

i) O nome e endereço do fabricante ou do seu mandatário estabelecido na Comunidade;

ii) A descrição geral dos aparelhos;

iii) A marca;

iv) O nome comercial;

v) O tipo, série e números;

vi) Os dados técnicos pertinentes para a identificação do equipamento e a avaliação das suas emissões sonoras, incluindo, quando adequado, os esquemas e descrições e explicações necessários para a respectiva compreensão;

vii) A remissão para o presente decreto-lei;

viii) O relatório técnico das medições acústicas efectuadas em conformidade com o disposto no presente decreto-lei;

ix) Os instrumentos técnicos aplicados e os resultados da avaliação das incertezas devidas à variação da produção, bem como a sua relação com o nível de potência sonora garantido;

x) A cópia da declaração CE de conformidade;

b) A documentação relativa ao sistema de garantia de qualidade.

3.2. O sistema de garantia de qualidade deve assegurar a conformidade do produto com o disposto na legislação que lhe é aplicável.

Todos os elementos, prescrições e disposições adoptados pelo fabricante serão documentados por escrito, de modo sistemático e ordenado, sob a forma de normas, procedimentos e instruções. A documentação relativa ao sistema de garantia de qualidade deve permitir uma interpretação comum das políticas e procedimentos de qualidade, como programas, planos, manuais e registos de qualidade.

3.3. A documentação relativa ao sistema de garantia de qualidade deve, designadamente, conter uma adequada descrição:

a) Dos objectivos de qualidade, bem como da estrutura orgânica, das responsabilidades e dos poderes da administração relativamente à qualidade do equipamento;

*Legislação Complementar* 243

b) Da documentação técnica a estabelecer para cada produto, contendo pelo menos as informações indicadas no n.º 3.1 para as documentações técnicas aí referidas;

c) Das técnicas, processos e acções sistemáticas de controlo e verificação a utilizar na concepção dos produtos relacionados com a categoria de equipamento abrangida;

d) Das técnicas, processos e acções sistemáticas a utilizar correspondentemente no fabrico, no controlo da qualidade e na garantia da qualidade;

e) Dos exames e ensaios a realizar antes, durante e depois do fabrico, e respectiva frequência;

f) Dos registos de qualidade, como relatórios de inspecção e dados de ensaios, dados de calibração, relatórios de qualificação do pessoal envolvido, etc.;

g) Dos meios para monitorizar a consecução da qualidade requerida em relação ao projecto e ao produto e o funcionamento efectivo do sistema de garantia de qualidade.

O organismo notificado deve avaliar o sistema de garantia de qualidade para determinar se o mesmo satisfaz as disposições do n.º 3.2. Presumirá conformes às referidas disposições os sistemas de garantia de qualidade que cumpram a norma EN ISO 9001.

A equipa de auditoria deve incluir pelo menos um membro com experiência de avaliação da tecnologia em causa. O procedimento de avaliação deve incluir uma visita de inspecção às instalações do fabricante.

A decisão deve ser comunicada ao fabricante. Da comunicação devem constar as conclusões do exame e a decisão devidamente fundamentada.

3.4. O fabricante deve comprometer-se a cumprir as obrigações decorrentes do sistema de garantia de qualidade aprovado e a mantê-lo de um modo adequado e eficaz.

O fabricante ou o seu mandatário estabelecido na Comunidade manterá informado o organismo notificado que aprovou o sistema de garantia de qualidade acerca de qualquer pretendida actualização deste sistema.

O organismo notificado deve apreciar as modificações propostas e decidir se o sistema alterado satisfará o disposto no n.º 3.2 ou se é necessária uma reavaliação.

O organismo notificado deve comunicar a sua decisão ao fabricante. Da comunicação devem constar as conclusões do exame e a decisão devidamente fundamentada.

4. Controlo sob a responsabilidade do organismo notificado:

4.1. O objectivo do controlo é garantir que o fabricante cumpra devidamente as obrigações decorrentes do sistema de garantia de qualidade aprovado.

4.2. O fabricante deve permitir ao organismo notificado o acesso, para efeitos de inspecção, às instalações de projecto, de fabrico, de inspecção e ensaio e de armazenamento e deve fornecer-lhe toda a informação necessária, designadamente:

a) A documentação relativa ao sistema de garantia de qualidade;

b) A documentação técnica prevista na secção de projecto do sistema de garantia de qualidade, como resultados de análises, cálculos, ensaios, etc.;

c) Os registos relativos à qualidade previstos na secção de fabrico do sistema de garantia de qualidade, como relatórios de inspecção e dados de ensaios, dados de calibração, relatórios de qualificação do pessoal envolvido, etc.

4.3. O organismo notificado efectuará auditorias periódicas para verificar se o fabricante mantém e aplica o sistema de garantia de qualidade, devendo fornecer ao fabricante relatórios dessas auditorias.

4.4. Além disso, o organismo notificado pode efectuar inspecções não anunciadas ao fabricante. Durante essas inspecções, se necessário, o organismo notificado pode efectuar, ou mandar efectuar, ensaios destinados a verificar se o sistema de garantia de qualidade está a funcionar correctamente. O organismo notificado deve fornecer ao fabricante um relatório da visita e o relatório de qualquer ensaio eventualmente realizado.

5. Durante um período mínimo de 10 anos após o fabrico do último equipamento, o fabricante deve manter à disposição das autoridades nacionais competentes:

a) A documentação referida na alínea b) do n.º 3.1 do presente anexo;

b) A actualização referida no segundo parágrafo do n.º 3.4;

c) As decisões e relatórios do organismo notificado referidos no último parágrafo do n.º 3.4 e nos n.ºˢ 4.3 e 4.4.

6. Cada organismo notificado comunicará aos outros organismos notificados a informação pertinente relativa às aprovações concedidas ou retiradas aos sistemas de garantia de qualidade.

*Legislação Complementar* 245

## ANEXO X
### Critérios mínimos que devem ser tomados em consideração para a notificação dos organismos

1. O organismo, o seu director e o pessoal responsável pelas operações de verificação não podem ser projectistas, construtores, fornecedores ou instaladores do equipamento nem mandatários de qualquer destas partes. Não podem participar, quer directamente quer como mandatários, no projecto, na construção, na comercialização ou na manutenção do equipamento nem representar as partes envolvidas nessas actividades. Não se exclui a possibilidade de intercâmbio de informação técnica entre o fabricante e o organismo.

2. O organismo e o respectivo pessoal devem efectuar as avaliações e verificações com o mais elevado grau de integridade profissional e competência técnica e ser isentos de quaisquer pressões e instigações, particularmente financeiras, que possam influenciar o seu julgamento ou os resultados do seu trabalho, especialmente por parte de pessoas ou grupos de pessoas com interesse nos resultados da verificação.

3. O organismo deve ter à sua disposição o pessoal e as instalações necessários para executar adequadamente os trabalhos técnicos e administrativos relativos a operações de inspecção e controlo; deve ter igualmente acesso ao equipamento necessário para qualquer verificação especial.

4. O pessoal responsável pela inspecção deve ter:

a) Uma sólida formação técnica e profissional;

b) Conhecimento satisfatório das exigências relativas à avaliação da documentação técnica;

c) Conhecimento satisfatório das exigências relativas aos ensaios que realiza e adequada experiência prática desses ensaios;

d) Competência para elaborar os certificados, registos e relatórios necessários à autenticação dos ensaios.

5. A imparcialidade do pessoal de inspecção deve ser garantida. A sua remuneração não deve depender do número de ensaios realizados nem dos resultados dos mesmos.

6. O organismo deve assumir a responsabilidade civil, a menos que esta compita ao Estado, nos termos do direito nacional, ou que o próprio Estado membro seja directamente responsável pelos ensaios.

7. O pessoal do organismo deve cumprir a obrigação de segredo profissional relativamente a qualquer informação obtida aquando da realização dos ensaios (excepto perante as autoridades administrativas competentes do Estado em que têm lugar as actividades), nos termos do presente decreto-lei ou de quaisquer disposições de direito nacional que lhe dêem cumprimento.

## ANEXO XI

## Verificação por unidade

### Modelo de certificado de conformidade

| CERTIFICADO CE DE CONFORMIDADE | |
|---|---|
| **1  FABRICANTE** | **2  NÚMERO DO CERTIFICADO CE DE CONFORMIDADE** |
| **3  DETENTOR DO CERTIFICADO** | **4  ORGANISMO NOTIFICADO EMISSOR** |
| **5  RELATÓRIO DO LABORATÓRIO** | **6  DIRECTIVA CE APLICÁVEL** |
| n.º | data: | .../.../CE |
| Nível admissível de potência sonora: | |
| .........dB | |
| **7  DESCRIÇÃO DO EQUIPAMENTO** | |
| Tipo de equipamento | Categoria: |
| Nome comercial | Número de identificação |
| Número de tipo | Fabricante |
| Tipo do(s) motor(es) | Potência/revs |
| Tipo de energia | |
| Outras características técnicas exigíveis | |
| Etc. | |
| **8  ANEXAM-SE AO PRESENTE CERTIFICADO OS SEGUINTES DOCUMENTOS QUE TÊM A COTA INDICADA NA CASA 2** | |
| **9  CERTIFICADO VÁLIDO** | |
| (Carimbo) | |
| Local: | |
| (Assinatura) | |
| Data:  /  / | |

# Decreto-Lei n.º 129/2002,
## de 11 de Maio

A área da acústica esteve ligada, desde muito cedo, ao sector da edificação urbana, e, em especial, aos requisitos de qualidade da construção. Testemunhas dessa ligação são as orientações constantes do Regulamento Geral das Edificações Urbanas, aprovado pelo Decreto n.º 38 382, de 7 de Agosto de 1951.

Na década de 80, a protecção acústica dos edifícios foi alvo de uma maior atenção por parte do legislador, desta feita em sede da legislação sobre prevenção e controlo do ruído ambiente, com o Decreto-Lei n.º 251/87, de 24 de Junho, que aprovou o Regulamento Geral do Ruído (RGR). Porém, a opção pela regulação de uma matéria muito específica, da área da construção civil, no âmbito de um diploma sobre prevenção do ruído, de carácter genérico e abrangente, veio a revelar-se, na prática de 15 anos, pouco eficiente e de fraca aplicação. O que se explica pela quase total ausência de articulação dos critérios acústicos da edificação com outros importantes factores de qualidade da construção.

Assente o entendimento de que a especial natureza das matérias relacionadas com a qualidade acústica dos edifícios justifica um tratamento autónomo, dado o vínculo estrutural dessas matérias com o regime da edificação, o Decreto-Lei n.º 292/2000, de 14 de Novembro, que aprovou o novo regime legal da poluição sonora, revogou as normas sobre requisitos acústicos dos edifícios constantes do RGR, determinando apenas a sua manutenção em vigor até à aprovação de novos requisitos acústicos.

Importa notar que aquelas normas, nos seus pressupostos e soluções, preconizam um conjunto de recomendações que se encontram hoje totalmente desfasadas da realidade acústica. A aprovação dos novos requisitos acústicos dos edifícios constitui, também por esse motivo, uma necessidade incontornável, visando harmonizar a aplicação de conceitos e metodologias já em uso ao nível comunitário e internacional.

Assim, e na sequência das orientações preconizadas no Decreto-Lei n.º 292/2000, de 14 de Novembro, o presente diploma aprova o Regulamento dos Requisitos Acústicos dos Edifícios, visando regular a vertente do conforto acústico no âmbito do regime da edificação, e, em consequência, contribuir para a melhoria da qualidade do ambiente acústico e para o bem-estar e saúde das populações.

Importa referir que o Regulamento dos Requisitos Acústicos dos Edifícios tem como princípios orientadores a harmonização, à luz da normalização europeia, das grandezas características do desempenho acústico dos edifícios e respectivos índices e a quantificação dos requisitos, atendendo, simultaneamente, quer à satisfação das exigências funcionais de qualidade dos edifícios quer à contenção de custos inerentes à execução das soluções necessárias à sua verificação.

Foram ouvidos os órgãos de governo próprio das Regiões Autónomas. Assim:

Nos termos da alínea a) do n.º 1 do artigo 198.º da Constituição, o Governo decreta, para valer como lei geral da República, o seguinte:

### Artigo 1.º

**Aprovação**

É aprovado o Regulamento dos Requisitos Acústicos dos Edifícios, que se publica em anexo ao presente decreto-lei e dele faz parte integrante.

### Artigo 2.º

**Regiões Autónomas**

Nas Regiões Autónomas, a execução administrativa do Regulamento dos Requisitos Acústicos dos Edifícios compete aos órgãos e serviços das administrações regionais.

## ARTIGO 3.º
## Regime transitório

Os projectos de edifícios referidos no n.º 2 do artigo 1.º do Regulamento, que sejam submetidos à aprovação das entidades competentes até à data da classificação das zonas sensíveis e zonas mistas, de acordo com o disposto no artigo 4.º do Regime Legal da Poluição Sonora, aprovado pelo Decreto-Lei n.º 292/2000, de 14 de Novembro, devem ser acompanhados de um projecto acústico que observe os valores do índice de isolamento sonoro a sons de condução aérea, normalizado, D2 m, n, w, entre o exterior dos edifícios e os compartimentos em causa, referenciados para zonas mistas.

## ARTIGO 4.º
## Entrada em vigor

O presente diploma entra em vigor 60 dias após a sua publicação.

Visto e aprovado em Conselho de Ministros de 7 de Fevereiro de 2002. – *António Manuel de Oliveira Guterres – Diogo Campos Barradas de Lacerda Machado – Luís Garcia Braga da Cruz – António Fernando Correia de Campos – José Sócrates Carvalho Pinto de Sousa – Luís Miguel de Oliveira Fontes.*

Promulgado em 23 de Abril de 2002.

Publique-se.

O Presidente da República, JORGE SAMPAIO.

Referendado em 26 de Abril de 2002.

O Primeiro-Ministro, *José Manuel Durão Barroso.*

# ANEXO
(a que se refere o artigo 1.º)

## Regulamento dos Requisitos Acústicos dos Edifícios

## CAPÍTULO I
### Disposições gerais

ARTIGO 1.º
#### Objecto e âmbito de aplicação

1. O presente Regulamento estabelece os requisitos acústicos dos edifícios, com vista a melhorar as condições de qualidade da acústica desses edifícios.

2. As normas do presente Regulamento aplicam-se aos seguintes tipos de edifícios, em função dos usos a que os mesmos se destinam:

 *a*) Edifícios habitacionais e mistos;
 *b*) Edifícios comerciais, industriais ou de serviços;
 *c*) Edifícios escolares e de investigação;
 *d*) Edifícios hospitalares;
 *e*) Recintos desportivos;
 *f*) Estações de transporte de passageiros.

ARTIGO 2.º
#### Definições

Para os efeitos do disposto no presente Regulamento, entende-se por:

a) «Isolamento sonoro a sons de condução aérea, normalizado, $D_{2\,m,\,n}$» – diferença entre o nível médio de pressão sonora exterior, medido a 2 m da fachada do edifício ($L_{1,2\,m}$), e o nível médio de pressão sonora medido no local de recepção ($L_2$), corrigido da influência da área de absorção sonora equivalente do compartimento receptor:

$$D_{2m,n} = L_{1,2m} - L_2 - 10 \lg \frac{A}{A_0}\, dB$$

onde:

A é a área de absorção sonora equivalente do compartimento receptor, em metros quadrados;

$A_0$ é a área de absorção sonora de referência, em metros quadrados (para compartimentos de habitação ou com dimensões comparáveis, $A_0 = 10\ m^2$);

b) «Isolamento sonoro a sons de condução aérea, normalizado, $D_n$» – diferença entre o nível médio de pressão sonora medido no compartimento emissor

## Legislação Complementar

($L_1$) produzido por uma ou mais fontes sonoras, e o nível médio de pressão sonora medido no compartimento receptor ($L_2$), corrigido da influência da área de absorção sonora equivalente do compartimento receptor:

$$Dn = L_1 - L_2 - 10 \lg \frac{A}{A_0} \, dB$$

c) «Nível sonoro de percussão normalizado, $L'_n$» – nível sonoro médio ($L_i$) medido no compartimento receptor, proveniente de uma excitação de percussão normalizada exercida sobre um pavimento, corrigido da influência da área de absorção sonora equivalente do compartimento receptor:

$$Ln = Li + 10 \lg \frac{A}{A0} \, dB$$

d) «Nível de avaliação, $L_{Ar}$» – o nível sonoro contínuo equivalente, ponderado A, durante um intervalo de tempo especificado, adicionado das correcções devidas às características tonais e impulsivas do som;

e) «Tempo de reverberação, $T$» – intervalo de tempo necessário para que a energia volúmica do campo sonoro de um recinto fechado se reduza a um milionésio do seu valor inicial.

### ARTIGO 3.º
### Projecto de condicionamento acústico

1. Na elaboração dos projectos de condicionamento acústico dos edifícios abrangidos por este Regulamento, para os efeitos previstos na alínea *b)* do n.º 4 do artigo 5.º do Regulamento Geral do Ruído, aprovado pelo Decreto-Lei n.º 292/2000, de 14 de Novembro[*], são aplicáveis as normas sobre requisitos acústicos dos edifícios, constantes dos artigos 4.º a 9.º do mesmo Regulamento.

2. Os projectos de condicionamento acústico devem ser elaborados e subscritos por técnicos qualificados que, sendo engenheiros, possuam especialização em engenharia acústica outorgada pela Ordem dos Engenheiros, ou, não o sendo ou não tendo esta especialização, tenham recebido qualificação adequada por organismo ou entidade credenciada para o efeito, nos termos do Decreto-Lei n.º 73/73, de 28 de Fevereiro, e demais legislação aplicável.

3. O projecto de condicionamento acústico deve ser instruído com uma declaração do técnico que ateste a observância das normas gerais sobre prevenção do ruído e das normas do presente Regulamento.

---

[*] Este diploma foi revogado pelo Decreto-Lei n.º 9/2007, de 17 de Janeiro.

252 *Lei do Ruído*

4. A declaração a que alude o número anterior reveste a natureza de um termo de responsabilidade dispensando a apreciação prévia dos projectos por parte dos serviços municipais, bem como o parecer a que se refere o n.º 6 do artigo 5.º do Decreto-Lei n.º 292/2000, de 14 de Novembro.

## ARTIGO 4.º
### Acompanhamento da aplicação e apoio técnico

1. Ao Laboratório Nacional de Engenharia Civil compete acompanhar a aplicação do presente Regulamento, bem como prestar o apoio técnico necessário à boa execução das normas previstas no mesmo.

2. A divulgação e o acesso à normalização portuguesa, europeia e internacional é assegurado pelo Instituto Português da Qualidade, nos termos da legislação aplicável.

## CAPÍTULO II
## Requisitos acústicos dos edifícios

## ARTIGO 5.º
### Edifícios habitacionais e mistos

1. A construção de edifícios que se destinem a usos habitacionais, ou que, para além daquele uso, se destinem também a comércio, indústria, serviços ou diversão, está sujeita ao cumprimento dos seguintes requisitos acústicos:

a) O índice de isolamento sonoro a sons de condução aérea, normalizado, $D_{2\,m,\,n,\,w}$, entre o exterior do edifício e quartos ou zonas de estar dos fogos deverá satisfazer as condições seguintes:

i) $D2_{\,m,\,n,\,w} \geq 33$ dB (em zonas mistas);

ii) $D_{2\,m,\,n,\,w} \geq 28$ dB (em zonas sensíveis);

b) O índice de isolamento sonoro a sons de condução aérea, normalizado, $D_{n,w}$, entre compartimentos de um fogo (emissão) e quartos ou zonas de estar de outro fogo (recepção) num edifício deverá satisfazer a condição seguinte:

$$D_n,\, w \geq 50 \text{ dB}$$

c) O índice de isolamento sonoro a sons de condução aérea, normalizado, $D_n$, w' entre locais de circulação comum do edifício (emissão) e quartos ou zonas de estar dos fogos (recepção) deverá satisfazer as condições seguintes:

i) $D_{n,\,w} \geq 48$ dB;

ii) $D_{n, w} \geq 40$ dB (se o local emissor for um caminho de circulação vertical, quando o edifício seja servido por ascensores);

iii) $D_{n, w} \geq 50$ dB (se o local emissor for uma garagem de parqueamento automóvel);

d) O índice de isolamento sonoro a sons de condução aérea, $D_{n, w}$, entre locais do edifício destinados a comércio, indústria, serviços ou diversão (emissão) e quartos ou zonas de estar dos fogos (recepção) deverá satisfazer a condição seguinte:

$$D_{n, w} \geq 58 \text{ dB}$$

e) No interior dos quartos ou zonas de estar dos fogos (recepção), o índice de isolamento sonoro a sons de percussão, $L'_{n, w}$, proveniente de uma percussão normalizada sobre pavimentos dos outros fogos ou de locais de circulação comum do edifício (emissão), deverá satisfazer a condição seguinte:

$$L'_{n, w} \leq 60 \text{ dB}$$

f) A disposição estabelecida na alínea anterior não se aplica, se o local emissor for um caminho de circulação vertical, quando o edifício seja servido por ascensores;

g) No interior dos quartos ou zonas de estar dos fogos (recepção), o índice de isolamento sonoro a sons de percussão, $L'_{n, w}$, proveniente de uma percussão normalizada sobre pavimentos de locais do edifício destinados a comércio, indústria, serviços ou diversão (emissão), deverá satisfazer a condição seguinte:

$$L'_{n, w} \geq 50 \text{ dB}$$

h) No interior dos quartos e zonas de estar dos fogos, o nível de avaliação, $L_{Ar}$, do ruído particular de equipamentos colectivos do edifício, tais como ascensores, grupos hidropressores, sistemas centralizados de ventilação mecânica, automatismos de portas de garagem, postos de transformação de corrente eléctrica e escoamento de águas, deverá satisfazer as condições seguintes:

i) $L_{Ar} \leq 35$ dB (A) (se o funcionamento do equipamento for intermitente);

ii) $L_{Ar} \leq 30$ dB (A) (se o funcionamento do equipamento for contínuo);

iii) $L_{Ar} \leq 40$ dB (A) (se o equipamento for um grupo gerador eléctrico de emergência).

2. A determinação do índice de isolamento sonoro a sons de condução aérea, normalizado, $D_{2 m, n, w}$ ou $D_{n, w}$, do índice de isolamento sonoro a sons de percussão, $L'_{n, w}$ e do nível de avaliação, $L_{Ar}$, deve ser efectuada em conformidade com o disposto na normalização portuguesa aplicável ou, caso não exista, na normalização europeia ou internacional.

254  Lei do Ruído

3. Na determinação do nível de avaliação, $L_{Ar}$, adopta-se a metodologia definida no anexo I ao Regime Legal da Poluição Sonora, aprovado pelo Decreto-Lei n.º 292/2000, de 14 de Novembro.

4. Nas avaliações *in situ* destinadas a verificar o cumprimento dos requisitos acústicos dos edifícios deve ser tido em conta um factor de incerteza, *I*, associado à determinação das grandezas em causa.

5. O edifício, ou qualquer dos seus fogos, é considerado conforme aos requisitos acústicos aplicáveis, quando verificar todas as seguintes condições:

i) O valor obtido para o índice de isolamento sonoro a sons de condução aérea, normalizado, $D_{2\,m,\,n,\,w}$ ou $D_{n,\,w}$, acrescido do factor *I* (*I* = 3 dB), satisfaz o limite regulamentar;

ii) O valor obtido para o índice de isolamento sonoro a sons de percussão, $L'_{n\,,w}$, diminuído do factor *I* (*I* = 3 dB), satisfaz o limite regulamentar;

iii) O valor obtido para o nível de avaliação, $L_{Ar}$, diminuído do factor *I* [*I* = 3 dB (A)], satisfaz o limite regulamentar.

ARTIGO 6.º

**Edifícios comerciais, industriais ou de serviços**

1. A construção de edifícios que se destinem a usos comerciais ou de prestação de serviços e industriais deve cumprir os seguintes requisitos acústicos:

a) O índice de isolamento sonoro a sons de condução aérea normalizado, $D_{2\,m,\,n,\,w}$, entre o exterior dos edifícios (emissão) e os locais identificados no quadro I (recepção) do anexo ao presente diploma, do qual faz parte integrante, deverá satisfazer a condição seguinte:

$$D_{2\,m,\,n,\,w} \leq 30 \text{ dB}$$

b) No interior dos locais indicados no quadro I do anexo ao presente Regulamento, considerados mobilados normalmente e sem ocupação, o tempo de reverberação, *T*, correspondente à média aritmética dos valores obtidos para as bandas de oitava centradas nas frequências de 500 Hz, 1000 Hz e 2000 Hz, deverá satisfazer as condições indicadas no quadro referido;

c) Nos locais situados no interior do edifício, onde se exerçam actividades que requeiram concentração e sossego, o nível de avaliação, $L_{Ar}$, do ruído particular de equipamentos do edifício deverá satisfazer as condições seguintes:

i) $L_{Ar} \leq 45$ dB (A) (se o funcionamento do equipamento for intermitente);

ii) $L_{Ar} \leq 40$ dB (A) (se o funcionamento do equipamento for contínuo).

*Legislação Complementar*                255

2. A determinação do índice de isolamento sonoro a sons de condução aérea, normalizado, $D_{2\,m,\,n,\,w}$, do índice de isolamento sonoro a sons de percussão, $L'_{n,\,w}$, e do tempo de reverberação, *T*, deve ser efectuada em conformidade com o disposto na normalização portuguesa aplicável ou, caso não exista, na normalização europeia ou internacional.

3. Nas avaliações in situ destinadas a verificar o cumprimento dos requisitos acústicos dos edifícios deve ser tido em conta um factor de incerteza, I, associado à determinação das grandezas em causa.

4. O edifício, ou qualquer das suas fracções, é considerado conforme aos requisitos acústicos aplicáveis, quando verificar as duas condições seguintes:

i) O valor obtido para o índice de isolamento sonoro a sons de condução aérea, normalizado, $D_{2\,m,\,n,\,w}$, acrescido do factor *I* (I = 3 dB), satisfaz o limite regulamentar;

ii) O valor obtido para o tempo de reverberação, *T*, diminuído do factor *I* (*I* = 25% do limite regulamentar), satisfaz o limite regulamentar.

ARTIGO 7.º

**Edifícios escolares**

1. A construção de edifícios para fins escolares, de investigação e de leitura deve cumprir os seguintes requisitos acústicos:

a) O índice de isolamento sonoro a sons de condução aérea, normalizado, $D_{2\,m,\,n,\,w}$, entre o exterior dos edifícios (emissão) e os compartimentos interiores identificados no quadro II do anexo ao presente Regulamento, do qual faz parte integrante, como locais receptores (recepção), deverá satisfazer as condições seguintes:

i) $D_{2\,m,\,n,\,w} \geq 33$ dB (em zonas mistas);

ii) $D_{2\,m,\,n,\,w} \geq 28$ dB (em zonas sensíveis);

b) O índice de isolamento sonoro a sons de condução aérea, normalizado, $D_{n,\,w}$, entre locais do edifício, deverá satisfazer as condições indicadas no quadro II do anexo ao presente Regulamento;

c) No interior dos locais de recepção definidos no quadro II (recepção), o índice de isolamento sonoro a sons de percussão, $L'_{n,\,w}$, proveniente de uma excitação de percussão normalizada sobre pavimentos de outros locais do edifício (emissão), deverá satisfazer as condições seguintes:

i) $L'_{n,\,w} \leq 60$ dB (se o local emissor for corredor de grande circulação, ginásio, refeitório ou oficina);

ii) $L'_{n,\,w} \leq 65$ dB (se o local emissor for salas de aulas ou salas polivalentes);

d) No interior dos locais que constam do quadro III do anexo ao presente

Regulamento, do qual faz parte integrante, considerados mobilados normalmente e sem ocupação, o tempo de reverberação, $T$, correspondente à média aritmética dos valores obtidos para as bandas de oitava centradas nas frequências de 500 Hz, 1000 Hz e 2000 Hz, deverá satisfazer as condições indicadas no referido quadro;

e) O paramento interior da envolvente dos átrios e corredores de grande circulação deve ser dotado de revestimentos absorventes sonoros, cuja área de absorção sonora equivalente, $A$ (metros quadrados), correspondente à média aritmética dos valores obtidos para as bandas de oitava centradas nas frequências de 500 Hz, 1000 Hz e 2000 Hz, deverá satisfazer a condição seguinte:

$$A \geq 0,25 \times S_{planta}$$

em que $S_{planta}$ se refere à superfície de pavimento dos locais considerados, em metros quadrados.

A área de absorção sonora equivalente, A, deve ser calculada pela expressão seguinte:

$$A = \alpha_{med} \times S$$

em que $\alpha_{med}$ se refere à média aritmética dos coeficientes de absorção sonora ($\alpha_{Sabine}$) no intervalo 125 Hz – 2 kHz e S se refere à superfície do revestimento absorvente sonoro;

f) No interior dos locais de recepção indicados no quadro II, o nível de avaliação, $L_{Ar}$, do ruído particular de equipamentos do edifício deverá satisfazer as condições indicadas no quadro IV do anexo ao presente Regulamento, do qual faz parte integrante.

2. A determinação do índice de isolamento sonoro a sons de condução aérea, normalizado, $D_{2\,m,\,n,\,w}$ ou $D_{n,\,w}$, do índice de isolamento sonoro a sons de percussão, $L'_{n,\,w}$, do tempo de reverberação, $T$, e do nível de avaliação, $L_{Ar}$, deve ser efectuada em conformidade com o disposto na normalização portuguesa aplicável ou, caso não exista, na normalização europeia ou internacional.

3. Na determinação do nível de avaliação, $L_{Ar}$, adopta-se a metodologia definida no anexo I do Regime Legal da Poluição Sonora, aprovado pelo Decreto-Lei n.º 292/2000, de 14 de Novembro.

4. Nas avaliações *in situ* destinadas a verificar o cumprimento dos requisitos acústicos dos edifícios deve ser tido em conta um factor de incerteza, I, associado à determinação das grandezas em causa.

5. O edifício, ou qualquer das suas partes, é considerado conforme aos requisitos acústicos aplicáveis, quando preencher todas as condições seguintes:

*Legislação Complementar* 257

i) O valor obtido para o índice de isolamento sonoro a sons de condução aérea, normalizado, $D_{2\,m,\,n,\,w}$ ou $D_{n,\,w}$, acrescido do factor $I$ ($I$ = 3 dB), satisfaz o limite regulamentar;

ii) O valor obtido para o índice de isolamento sonoro a sons de percussão, $L'_{n,\,w}$, diminuído do factor $I$ ($I$ = 3 dB), satisfaz o limite regulamentar;

iii) O valor obtido para o nível de avaliação, $L_{Ar}$, diminuído do factor $I$ [$I$ = 3 dB (A)], satisfaz o limite regulamentar;

iv) O valor obtido para o tempo de reverberação, $T$, diminuído do factor $I$ ($I$ = 25% do limite regulamentar), satisfaz o limite regulamentar.

ARTIGO 8.º

**Edifícios hospitalares**

1. A construção de edifícios que se destinem à prestação de serviços hospitalares deve cumprir os seguintes requisitos acústicos:

a) O índice de isolamento sonoro a sons de condução aérea, normalizado, $D_{2\,m,\,n,\,w}$, entre o exterior dos edifícios (emissão) e os compartimentos interiores identificados no quadro V do anexo ao presente Regulamento, do qual faz parte integrante, como locais receptores (recepção), deverá satisfazer as condições seguintes:

i) $D_{2\,m,\,n,\,w}$ ≥ 33 dB (em zonas mistas);
ii) $D_{2\,m,\,n,\,w}$ ≥ 28 dB (em zonas sensíveis);

b) O índice de isolamento sonoro a sons de condução aérea, normalizado, $D_{n,\,w}$, entre locais do edifício deverá satisfazer as condições indicadas no quadro V do anexo ao presente Regulamento;

c) No interior dos locais de recepção definidos no quadro V (recepção), o índice de isolamento sonoro a sons de percussão, $L'_{n,\,w}$, proveniente de uma excitação de percussão normalizada sobre pavimentos de outros locais do edifício (emissão), deverá satisfazer as condições seguintes:

i) $L'_{n,\,w}$ ≤ 60 dB (se o local emissor for cozinha, refeitório ou oficina);
ii) $L'_{n,\,w}$ ≤ 65 dB (para os restantes locais emissores);

d) No interior dos locais constantes do quadro VI do anexo ao presente Regulamento, do qual faz parte integrante, considerados mobilados normalmente e sem ocupação, o tempo de reverberação, $T$, correspondente à média aritmética dos valores obtidos para as bandas de oitava centradas nas frequências de 500 Hz, 1000 Hz e 2000 Hz, deverá satisfazer as condições indicadas no referido quadro;

e) O paramento interior da envolvente dos corredores de circulação interna deve ser dotado de revestimentos absorventes sonoros, cuja área de absorção sonora equivalente, $A$ (metros quadrados), correspondente à média aritmética dos valores obtidos para as bandas de oitava centradas nas frequências de 500 Hz, 1000 Hz e 2000 Hz, deverá satisfazer a condição seguinte:

$$A \geq 0,25 \times S_{planta}$$

em que $S_{planta}$ se refere à superfície de pavimento dos locais considerados, em metros quadrados.

A área de absorção sonora equivalente, $A$, deve ser calculada pela expressão seguinte:

$$A = \alpha_{med} \times S$$

em que $\alpha_{med}$ se refere à média aritmética dos coeficientes de absorção sonora ($\alpha_{Sabine}$) no intervalo 125 Hz –2 kHz e S se refere à superfície do revestimento absorvente sonoro;

f) No interior dos locais de recepção indicados no quadro VI do anexo ao presente Regulamento, o nível de avaliação, $L_{Ar}$, do ruído particular de equipamentos do edifício deverá satisfazer as condições seguintes:

i) $L_{Ar} \leq 38$ dB (A) (se o funcionamento do equipamento for intermitente);

ii) $L_{Ar} \leq 33$ dB (A) (se o funcionamento do equipamento for contínuo).

2. A determinação do índice de isolamento sonoro a sons de condução aérea, normalizado, $D_{2\,m,\,n,\,w}$ ou $D_{n,\,w}$, do índice de isolamento sonoro a sons de percussão, L'n, w, do tempo de reverberação, $T$, e do nível de avaliação, $L_{Ar}$, deve ser efectuada em conformidade com o disposto na normalização portuguesa aplicável ou, caso não exista, na normalização europeia ou internacional.

3. Na determinação do nível de avaliação, $L_{Ar}$, adopta-se a metodologia definida no anexo I do Regime Legal da Poluição Sonora, aprovado pelo Decreto-Lei n.º 292/2000, de 14 de Novembro.

4. Nas avaliações *in situ* destinadas a verificar o cumprimento dos requisitos acústicos dos edifícios deve ser tido em conta um factor de incerteza, $I$, associado à determinação das grandezas em causa.

5. O edifício, ou qualquer das suas partes, é considerado conforme aos requisitos acústicos aplicáveis, quando preencher todas as condições seguintes:

i) O valor obtido para o índice de isolamento sonoro a sons de condução aérea, normalizado, $D_{2\,m,\,n,\,w}$ ou $D_{n,\,w}$, acrescido do factor $I$ ($I = 3$ dB), satisfaz o limite regulamentar;

ii) O valor obtido para o índice de isolamento sonoro a sons de percussão, L'n, w, diminuído do factor $I$ ($I = 3$ dB), satisfaz o limite regulamentar;

iii) O valor obtido para o nível de avaliação, $L_{Ar}$, diminuído do factor $I$ [$I = 3$ dB (A)], satisfaz o limite regulamentar;

*Legislação Complementar* 259

iv) O valor obtido para o tempo de reverberação, $T$, diminuído do factor I (I = 25% do limite regulamentar), satisfaz o limite regulamentar.

## ARTIGO 9.º
### Recintos desportivos

1. A construção de edifícios que se destinem a usos desportivos deve cumprir os seguintes requisitos acústicos:

No interior dos recintos desportivos, considerados mobilados normalmente e sem ocupação, o tempo de reverberação, $T$, correspondente à média aritmética dos valores obtidos para as bandas de oitava centradas nas frequências de 500 Hz, 1000 Hz e 2000 Hz, deverá satisfazer as condições seguintes (nas quais V se refere ao volume interior do recinto em causa):

i) $T_{500\ Hz\ -\ 2kHz} \leq 0,15\ V^{1/3}$;

ii) $T_{500\ Hz\ -\ 2kHz} \leq 0,12\ V^{1/3}$ (se os espaços forem dotados de sistema de difusão pública de mensagens sonoras).

2. A determinação do tempo de reverberação deve ser efectuada em conformidade com o disposto na normalização portuguesa aplicável ou, caso não exista, na normalização europeia ou internacional.

3. Nas avaliações in situ destinadas a verificar o cumprimento dos requisitos acústicos dos edifícios deve ser tido em conta um factor de incerteza, I, associado à determinação das grandezas em causa.

4. O edifício, ou qualquer das suas partes, é considerado conforme aos requisitos acústicos aplicáveis, quando verificar a seguinte condição:

O valor obtido para o tempo de reverberação, $T$, diminuído do factor $I$ ($I$ = 25% do limite regulamentar), satisfaz o limite regulamentar.

## ARTIGO 10.º
### Estações de transporte de passageiros

1. A construção de átrios ou salas de embarque nas estações de transporte de passageiros deve cumprir os seguintes requisitos acústicos:

No interior dos átrios ou salas de embarque das estações de transporte de passageiros, de volume superior a 350 m³, considerados mobilados normalmente e sem ocupação, o tempo de reverberação, $T$, correspondente à média aritmética dos valores obtidos para as bandas de oitava centradas nas frequências de 500 Hz, 1000 Hz e 2000 Hz, deverá satisfazer as condições seguintes (nas quais V se refere ao volume interior do recinto em causa):

i) $T_{500\ Hz\ -\ 2kHz} \leq 0,15\ V^{1/3}$;

ii) T500 Hz – 2kHz $\leq 0,12\ V^{1/3}$ (se os espaços forem dotados de sistema de difusão pública de mensagens sonoras).

260 *Lei do Ruído*

2. A determinação do tempo de reverberação deve ser efectuada em conformidade com o disposto na normalização portuguesa aplicável ou, caso não exista, na normalização europeia ou internacional.

3. Nas avaliações in situ destinadas a verificar o cumprimento dos requisitos acústicos dos edifícios deve ser tido em conta um factor de incerteza, I, associado à determinação das grandezas em causa.

4. O edifício, ou qualquer das suas partes, é considerado conforme aos requisitos acústicos aplicáveis, quando preencher a seguinte condição:

O valor obtido para o tempo de reverberação, $T$, diminuído do factor $I$ ($I$ = 25% do limite regulamentar), satisfaz o limite regulamentar.

## CAPÍTULO III

## Fiscalização e sanções

### ARTIGO 11.º

#### Fiscalização

A fiscalização do cumprimento das disposições do presente Regulamento rege-se pelo disposto nos artigos 93.º a 97.º do Decreto-Lei n.º 177/2001, de 4 de Junho.

### ARTIGO 12.º

#### Contra-ordenações

1. Sem prejuízo da responsabilidade civil, criminal ou disciplinar, constitui contra-ordenação punível com coima de € 1247 a € 3741, se praticada por pessoas singulares, e de € 2494 a € 44 892, se praticada por pessoas colectivas:

a) A elaboração de projectos acústicos em violação dos requisitos estabelecidos nos artigos 4.º a 9.º do presente Regulamento;

b) A execução de projectos acústicos e a construção de edifícios com violação dos requisitos acústicos respectivamente aplicáveis, estabelecidos nos artigos 4.º a 9.º do presente Regulamento.

2. A negligência é punível.

### ARTIGO 13.º

#### Sanções acessórias

Sempre que a gravidade da infracção o justifique, a entidade competente para aplicação da coima pode determinar a aplicação das sanções acessórias que se mostrem adequadas, nos termos da lei geral sobre ilícitos de mera ordenação social.

## ARTIGO 14.º

### Processamento das contra-ordenações, aplicação e produto das coimas

O processamento das contra-ordenações, a aplicação das respectivas coimas e sanções acessórias e a afectação do produto das coimas regem-se pelo disposto nos n.ᵒˢ 10 e 11 do artigo 98.º do Decreto-Lei n.º 177/2001, de 4 de Junho.

## ARTIGO 15.º

### Produto das coimas

O produto das coimas previstas no artigo 12.º é afectado da seguinte forma:

a) 40% para a entidade que levanta o auto e processa a contra-ordenação;
b) 60% para o Estado.

QUADRO I

*[a que se refere o artigo 6.º, n.º 1, alínea a) e b)]*

| Locais | Tempo de reverberação (500 Hz – 2 kHz) |
|---|---|
| Refeitórios ou recintos públicos de restauração | $T \leq 0,15\ V^{1/3}$ [s] |
| Escritórios ($V \geq 100$ m3) | $T \leq 0,15\ V^{1/3}$ [s] |
| $V$ = volume interior do recinto em causa. | |

## QUADRO II
*[a que se refere o artigo 7.º, n.º1, alínea a), b) e c)]*

| Locais de recepção<br>—<br>Locais de emissão | Salas<br>de aula (*)<br>de professores,<br>administrativas | Bibliotecas<br>e gabinetes<br>médicos | Salas<br>polivalentes |
|---|---|---|---|
| Salas de aula, de professores, administrativas ...................................... | $\geq 45$ | $\geq 45$ | $\geq 45$ |
| Salas de aula musical, salas poliva-lentes, refeitórios, ginásios e oficinas .. | $\geq 55$ | $\geq 58$ | $\geq 50$ |
| Corredores de grande circulação (**) .. | $\geq 30$ | $\geq 35$ | $\geq 30$ |

(*) Incluindo salas de aula musical.

(**) Considerando que haverá porta de comunicação com os locais receptores; se tal não for o caso, os valores indicados serão acrescidos de 15 dB.

## QUADRO III
*[a que se refere o artigo 7.º, n.º1, alínea d)]*

| Locais | Tempo de reverberação<br>(500 Hz – 2 kHz) |
|---|---|
| Salas de aula, bibliotecas, salas polivalentes e refeitórios ...................................................... | $T \leq 0,15 \ V^{1/3} \ [s]$ |
| Ginásios ......................................................... | (V. artigo 9.º) |

$V$ = volume interior do recinto em causa.

# QUADRO IV
*[a que se refere o artigo 7.º, n.º1, alínea f)]*

| Locais | Nível de avaliação, *LAr* |
|---|---|
| Biblioteca.................. | *LAr* « 38 dB (*A*) (se o funcionamento do equipamento for intermitente). <br> *LAr* « 33 dB (*A*) (se o funcionamento do equipamento for contínuo). |
| Restantes locais de recepção indicados no quadro II. | *LAr* « 43 dB (*A*) (se o funcionamento do equipamento for intermitente). <br> *LAr* « 38 dB (*A*) (se o funcionamento do equipamento for contínuo). |

# QUADRO V
*[a que se refere o artigo 8.º, n.º 1, alínea a), b) e c)]*

| Locais de emissão | Blocos operatórios, gabinetes médicos, salas de trabalho, salas de consulta | Enfermarias salas de tratamento |
|---|---|---|
| Blocos operatórios, gabinetes médicos, salas de trabalho, salas de consulta ou exame ..................................................... | ≥48 | ≥40 |
| Enfermarias, salas de tratamento ............. | ≥55 | ≥45 |
| Circulações internas (*) ............................ | ≥35 | ≥30 |
| Refeitórios e cozinhas ............................. | ≥52 | ≥45 |
| Oficinas ...................................................... | ≥55 | ≥48 |

(*) Considerando que haverá porta de comunicação com os locais receptores; se tal não for o caso, os valores indicados serão acrescidos de 15 dB.

## QUADRO VI
*[a que se refere o artigo 8.º, n.º1, alínea d) e f)]*

| Locais | Tempo de reverberação (500 Hz – 2 kHz) |
|---|---|
| Enfermarias ($V \geq 100$ m3) | $T \ll 0,15 \ V1/3 \ [\text{s}]$ |
| Refeitórios | $T \ll 0,15 \ V1/3 \ [\text{s}]$ |
| Átrios e salas de espera ($V \geq 100$ m3): | |
| Sem difusão de mensagens sonoras | $T \ll 0,15 \ V1/3 \ [\text{s}]$ |
| Com difusão de mensagens sonoras | $T \ll 0,12 \ V1/3 \ [\text{s}]$ |

$V$ = volume interior do recinto em causa.

# Decreto-Lei n.º 271/84,
## de 6 de Agosto

O Governo tem em estudo a publicação do regulamento geral sobre ruído no âmbito das medidas para melhoria da qualidade de vida dos Portugueses.

O caso dos incómodos provocados pelo ruído das boîtes e discotecas e certos espectáculos ao ar livre e outras actividades similares tem sido objecto de inúmeras reclamações de cidadãos e criador de dificuldades de actuação às autoridades administrativas e policiais, confrontadas com a falta de normas que definam o quadro do ilícito. Entendeu-se que poderiam ser, desde já, implementadas algumas disposições do referido regulamento.

Assim:

O Governo decreta, nos termos da alínea a) do n.º 1 do artigo 201.º da Constituição, o seguinte:

### ARTIGO 1.º

1. Os projectos dos edifícios destinados a estabelecimentos hoteleiros e similares, referidos no Decreto n.º 61/70, de 24 de Fevereiro, quer sejam ou não de interesse para o turismo, bem como dos destinados a espectáculos e divertimentos públicos e a quaisquer actividades ruidosas, públicas ou privadas, só poderão ser licenciados com a condição de ser garantido que a diferença do nível sonoro contínuo equivalente corrigido do ruído proveniente do edifício ou instalações, relativamente ao valor do nível sonoro do ruído de fundo de que é excedido, num período de referência, em 95% da duração deste ($L_{95}$), seja inferior ou igual a 10 dB (A).

2. Não poderá ser autorizada a abertura de estabelecimentos onde se exerça qualquer das actividades referidas no número anterior sem que as

respectivas instalações obedeçam ao que na mesma disposição se estabelece.

3. A determinação do nível sonoro contínuo equivalente corrigido do ruído referido no número anterior será feita de harmonia com a técnica descrita na normalização portuguesa aplicável.

### Artigo 2.º

1. O licenciamento dos espectáculos e divertimentos públicos e de qualquer actividade ruidosa no interior de edifícios fica sujeito à condição de ser garantido que a diferença do nível sonoro contínuo equivalente corrigido do ruído proveniente do local em que aqueles são realizados, relativamente ao valor do nível sonoro do ruído de fundo que é excedido, num período de referência, em 95% da duração deste ($L_{95}$), seja inferior ou igual a 10 dB (A), determinada nos termos do n.º 3 do artigo 1.º.

2. O licenciamento de espectáculos ruidosos ao ar livre, em tendas ou instalações provisórias fixas ou móveis não é permitido na vizinhança de edifícios de habitação, escolares e hospitalares, salvo se satisfazerem o disposto no número anterior.

### Artigo 3.º

1. Os estabelecimentos hoteleiros e similares, com ou sem interesse para o turismo, e os demais referidos no artigo 1.º já licenciados cujas instalações não obedeçam às condições fixadas no mesmo artigo terão o prazo de 360 dias para proceder às obras necessárias de isolamento do edifício ou instalações e adaptação ou transformação dos equipamentos.

2. As casas de espectáculos, boîtes, discotecas, bares e estabelecimentos congéneres, até que as respectivas instalações sejam adaptadas nos termos do número anterior, não poderão funcionar entre a meia-noite e as 8 horas.

### Artigo 4.º

1. Os governadores civis, nos respectivos regulamentos de polícia, adoptarão as medidas preventivas, fiscalizadoras e sancionadoras adequadas a fazer cumprir o disposto no presente diploma no respectivo distrito, nos termos e para os efeitos do artigo 408.º do Código Administrativo.

*Legislação Complementar* 267

2. Os municípios e os serviços da administração central com competência para licenciar ou autorizar qualquer das actividades referidas no n.° 2 do artigo 1.° comunicarão aos governos civis do respectivo distrito as licenças ou autorizações concedidas.

Visto e aprovado em Conselho de Ministros de 15 de Junho de 1984. – Mário Soares – Carlos Alberto da Mota Pinto – Eduardo Ribeiro Pereira – Álvaro Roque de Pinho Bissaia Barreto – António Antero Coimbra Martins – João Rosado Correia – Francisco José de Sousa Tavares – Joaquim Ferreira do Amaral – José de Almeida Serra.

Promulgado em 19 de Julho de 1984.

Publique-se.

O Presidente da República, ANTÓNIO RAMALHO EANES.

Referendado em 20 de Julho de 1984.

O Primeiro-Ministro, Mário Soares.

# Decreto-Lei n.º 310/2002,
## de 18 de Dezembro

Com o presente diploma atribui-se às câmaras municipais competência em matéria de licenciamento de actividades diversas até agora cometidas aos governos civis.

Assim, passam a ser objecto de licenciamento municipal o exercício e fiscalização das seguintes actividades: guarda-nocturno; venda ambulante de lotarias; arrumador de automóveis; realização de acampamentos ocasionais; exploração de máquinas automáticas, mecânicas, eléctricas e electrónicas de diversão; realização de espectáculos desportivos e de divertimentos públicos nas vias, jardins e demais lugares públicos ao ar livre; venda de bilhetes para espectáculos ou divertimentos públicos em agências ou postos de venda; realização de fogueiras e queimadas, e realização de leilões.

Com a atribuição daquelas competências às câmaras municipais reforça-se a descentralização administrativa com inegável benefício para as populações, atenta a maior proximidade dos titulares dos órgãos de decisão ao cidadão à maior celeridade e eficácia administrativa.

Foram ouvidos os órgãos de governo próprio das Regiões Autónomas e a Associação

Nacional de Municípios Portugueses.

Assim:

Nos termos da alínea a) do n.º 1 do artigo 198.º da Constituição, o Governo decreta o seguinte:

# CAPÍTULO I
# Âmbito e licenciamento

Artigo 1.º
## Âmbito

O presente diploma regula o regime jurídico do licenciamento do exercício e da fiscalização das seguintes actividades:

a) Guarda-nocturno;
b) Venda ambulante de lotarias;
c) Arrumador de automóveis;
d) Realização de acampamentos ocasionais;
e) Exploração de máquinas automáticas, mecânicas, eléctricas e electrónicas de diversão;
f) Realização de espectáculos desportivos e de divertimentos públicos nas vias, jardins e demais lugares públicos ao ar livre;
g) Venda de bilhetes para espectáculos ou divertimentos públicos em agências ou postos de venda;
h) Realização de fogueiras e queimadas;
i) Realização de leilões.

Artigo 2.º
## Licenciamento do exercício das actividades

O exercício das actividades referidas no artigo anterior carece de licenciamento municipal.

Artigo 3.º
## Delegação e subdelegação de competências

1. As competências neste diploma conferidas à câmara municipal podem ser delegadas no presidente da câmara, com faculdade de subdelegação nos vereadores e nos dirigentes dos serviços municipais.

2. As competências cometidas ao presidente da câmara podem ser delegadas nos vereadores, com faculdade de subdelegação, ou nos dirigentes dos serviços municipais.

(...)

# CAPÍTULO VII

## Licenciamento do exercício da actividade de realização de espectáculos de natureza desportiva e de divertimentos públicos

### ARTIGO 29.º

#### Festividades e outros divertimentos

1. Os arraiais, romarias, bailes, provas desportivas e outros divertimentos públicos organizados nas vias, jardins e demais lugares públicos ao ar livre dependem de licenciamento da câmara municipal, salvo quando tais actividades decorram em recintos já licenciados pela Direcção-Geral dos Espectáculos.

2. As festas promovidas por entidades oficias, civis ou militares não carecem da licença prevista no número anterior, mas das mesmas deve ser feita uma participação prévia ao presidente da câmara.

### ARTIGO 30,º

#### Espectáculos e actividades ruidosas

1. As bandas de música, grupos filarmónicos, tunas e outros agrupamentos musicais não podem actuar nas vias e demais lugares públicos dos aglomerados urbanos desde as 0 até às 9 horas.

2. O funcionamento de emissores, amplificadores e outros aparelhos sonoros que projectem sons para as vias e demais lugares públicos, incluindo sinais horários, só poderá ocorrer entre as 9 e as 22 horas e mediante a autorização referida no artigo 32.º.

3. O funcionamento a que se refere o número anterior fica sujeito às seguintes restrições:

a) Só pode ser consentido por ocasião de festas tradicionais, espectáculos ao ar livre ou em outros casos análogos devidamente justificados;

b) São proibidas as emissões desproporcionalmente ruidosas que não cumpram os limites estabelecidos no Regulamento Geral do Ruído.

### ARTIGO 31.º

#### Tramitação

1. As licenças devem ser requeridas com a antecedência mínima de 15 dias úteis ao presidente da câmara.

2. Os pedidos são instruídos com os documentos necessários.

3. A autorização para a realização de provas desportivas na via pública deve ser requerida com antecedência nunca inferior a 30 ou 60 dias, conforme se desenrole num ou em mais municípios, e está sujeita ao parecer favorável das entidades legalmente competentes.

## ARTIGO 32.º
### Condicionamentos

1. A realização de festividades, de divertimentos públicos e de espectáculos ruidosos nas vias e demais lugares públicos só pode ser permitida nas proximidades de edifícios de habitação, escolares e hospitalares ou similares, bem como de estabelecimentos hoteleiros e meios complementares de alojamento, desde que respeitando os limites fixados no regime aplicável ao ruído.

2. Quando circunstâncias excepcionais o justifiquem, pode o presidente da câmara permitir o funcionamento ou o exercício contínuo dos espectáculos ou actividades ruidosas proibidas nesta secção, salvo na proximidade de edifícios hospitalares ou similares, mediante a atribuição de uma licença especial de ruído.

3. Das licenças emitidas nos termos do presente capítulo deve constar a referência ao seu objecto, a fixação dos respectivos limites horários e as demais condições julgadas necessárias para preservar a tranquilidade das populações.

## ARTIGO 33.º
### Festas tradicionais

1. Por ocasião dos festejos tradicionais das localidades pode, excepcionalmente, ser permitido o funcionamento ou o exercício contínuo dos espectáculos ou actividades referidos nos artigos anteriores, salvo nas proximidades de edifícios hospitalares ou similares.

2. Os espectáculos ou actividades que não estejam licenciados ou se não contenham nos limites da respectiva licença podem ser imediatamente suspensos, oficiosamente ou a pedido de qualquer interessado.

## ARTIGO 34.º
### Diversões carnavalescas proibidas

1. Nas diversões carnavalescas é proibido:

*a*) O uso de quaisquer objectos de arremesso susceptíveis de pôr em perigo a integridade física de terceiros;

*b*) A apresentação da bandeira nacional ou imitação;

*c*) A utilização de gases, líquidos ou de outros produtos inebriantes, anestesiantes, esternutatórios ou que possam inflamar-se, seja qual for o seu acondicionamento.

2. A venda ou a exposição para venda de produtos de uso proibido pelo número anterior é punida como tentativa de comparticipação na infracção.
(…)

## CAPÍTULO XII
### Sanções

## ARTIGO 47.º
### Contra-ordenações

1. Constituem contra-ordenações:
(…)

*h*) A realização, sem licença, das actividades referidas no artigo 29.º, punida com coima de € 25 a € 200;

*i*) A realização, sem licença, das actividades previstas no artigo 30.º, punida com coima de € 150 a € 220;

*j*) A venda de bilhetes para espectáculos públicos sem licença, punida com coima de € 120 a € 250;

*k*) A venda de bilhetes por preço superior ao permitido ou fora dos locais autorizados, punida com coima de € 60 a € 250;
(…)

3. A falta de exibição das licenças às entidades fiscalizadoras constitui contra-ordenação punida com coima de € 70 a € 200, salvo se estiverem temporariamente indisponíveis, por motivo atendível, e vierem a ser apresentadas ou for justificada a impossibilidade de apresentação no prazo de quarenta e oito horas.

4. A negligência e a tentativa são punidas.

(...)

## ARTIGO 49.º
### Sanções acessórias

Nos processos de contra-ordenação podem ser aplicadas as sanções acessórias previstas na lei geral.

## ARTIGO 50.º
### Processo contra-ordenacional

1. A instrução dos processos de contra-ordenação previstos no presente diploma compete às câmaras municipais.

2. A decisão sobre a instauração dos processos de contra-ordenação e a aplicação das coimas e das sanções acessórias é da competência do presidente da câmara.

3. O produto das coimas, mesmo quando estas são fixadas em juízo, constitui receita dos municípios.

## ARTIGO 51.º
### Medidas de tutela de legalidade

As licenças concedidas nos termos do presente diploma podem ser revogadas pela câmara municipal, a qualquer momento, com fundamento na infracção das regras estabelecidas para a respectiva actividade e na inaptidão do seu titular para o respectivo exercício.

# CAPÍTULO XIII
## Fiscalização

## ARTIGO 52.º
### Entidades com competência de fiscalização

1. A fiscalização do disposto no presente diploma compete à câmara municipal, bem como às autoridades administrativas e policiais.

*Legislação Complementar* 275

2. As autoridades administrativas e policiais que verifiquem infracções ao disposto no presente diploma devem elaborar os respectivos autos de notícia, que remetem às câmaras municipais no mais curto prazo de tempo.

3. Todas as entidades fiscalizadoras devem prestar às câmaras municipais a colaboração que lhes seja solicitada.

## CAPÍTULO XIV
### Disposições finais e transitórias

ARTIGO 53.º
#### Regulamentos municipais e taxas

1. O regime do exercício das actividades previstas no presente diploma será objecto de regulamentação municipal, nos termos da lei.

2. As taxas devidas pelos licenciamentos das actividades previstas no presente diploma serão fixadas por regulamentação municipal.

ARTIGO 54.º
#### Norma revogatória

São revogadas as normas do Decreto-Lei n.º 316/95, de 28 de Novembro, que contrariem o disposto no presente diploma.

ARTIGO 55.º
#### Aplicação às Regiões Autónomas

A aplicação do presente diploma às Regiões Autónomas dos Açores e da Madeira faz-se sem prejuízo das competências cometidas aos respectivos órgãos de governo próprio e das adaptações que lhe venham a ser introduzidas por diploma regional das respectivas assembleias legislativas regionais.

## Artigo 56.º

### Entrada em vigor

O presente diploma entra em vigor em 1 de Janeiro de 2003.

Visto e aprovado em Conselho de Ministros de 12 de Setembro de 2002. – *José Manuel Durão Barroso – António Jorge de Figueiredo Lopes – Maria Celeste Ferreira Lopes Cardona – Carlos Manuel Tavares da Silva – José Manuel Amaral Lopes – Luís Filipe Pereira – Isaltino Afonso de Morais.*

Promulgado em 22 de Novembro de 2002.

Publique-se.

O Presidente da República, JORGE SAMPAIO.

Referendado em 30 de Novembro de 2002.

O Primeiro-Ministro, *José Manuel Durão Barroso.*

# Portaria n.º 344/86,
## de 5 de Julho

Considerando a necessidade de diminuir o ruído dos aviões, tendo em conta a protecção do ambiente, as possibilidades técnicas e as consequências económicas;

Considerando as normas especificadas pela Organização da Aviação Civil Internacional no anexo 16 à Convenção Relativa à Aviação Civil Internacional, fixando um limite às emissões sonoras de aeronaves subsónicas;

Considerando, finalmente, as Directivas n.os 80/51/CEE, de 20 de Dezembro de 1979, e 83/206/CEE, de 21 de Abril de 1983, do Conselho das Comunidades Europeias sobre a mesma matéria:

Ao abrigo do disposto no Decreto-Lei n.º 562/80, de 6 de Dezembro:

Manda o Governo da República Portuguesa, pelo Ministro das Obras Públicas, Transportes e Comunicações, o seguinte:

### 1.º

A partir de 1 de Janeiro de 1987 apenas será permitida a utilização no território nacional de aviões civis de propulsão por hélice ou subsónicos de propulsão por reacção, inscritos no Registo Aeronáutico Nacional (RAN) e incluídos numa das categorias referidas no volume 1 do anexo 16 à Convenção sobre a Aviação Civil Internacional (OACI), na sua versão aplicável a partir de 26 de Novembro de 1981, que satisfaçam as especificações dos capítulos 2, 3, 5, ou 6 da segunda parte do referido volume e possuam o respectivo certificado de ruído.

### 2.º

1. O certificado de ruído será emitido pela Direcção-Geral da Aviação Civil mediante a apresentação de documentação técnica idónea ou o cum-

278          *Lei do Ruído*

primento de ensaios que demonstrem que o avião satisfaz as especificações pelo menos iguais às definidas nos referidos capítulos 2, 3, 5 ou 6.

2. O certificado de ruído conterá os elementos constantes do anexo ao presente diploma.

3. O certificado de ruído fará parte da documentação obrigatória a bordo do avião a que respeita.

### 3.º

Os certificados de ruído emitidos pelas autoridades aeronáuticas de outros Estados, segundo as normas constantes do anexo 16 da OACI, poderão ser reconhecidos pela Direcção-Geral da Aviação Civil para fins de emissão do seu próprio certificado. Os certificados emitidos pelas autoridades aeronáuticas dos Estados membros da Comunidade Económica Europeia serão automaticamente reconhecidos.

### 4.º

(Revogado pelo n.º 7.º da Portaria n.º 555/90, de 17 de Julho).

### 5.º

A Direcção-Geral da Aviação Civil, por derrogação do disposto no artigo anterior, poderá, após 1 de Julho de 1986 e mediante pedido devidamente fundamentado, permitir a inscrição no RAN nos seguintes casos:

1) A aviões de propulsão por hélice referidos no n.º 4.º, anteriormente matriculados noutro Estado, desde que seja assegurado que serão unicamente utilizados no território nacional ou no de outros países que expressamente o permitam;

2) (Revogado pelo n.º 7.º da Portaria n.º 555/90, de 17 de Julho);

3) A aviões matriculados noutros Estados e utilizados por operadores nacionais por via de contratos de aluguer ou de venda efectuados antes de 1 de Julho de 1979;

4) A aviões para substituição de outros destruídos por acidente e que não seja possível substituir por aviões equivalentes detentores de certificado de ruído, desde que o pedido de matrícula seja efectuado no prazo máximo de um ano após o acidente;

5) Aviões com interesse histórico;

6) A aviões em relação aos quais os respectivos operadores demonstrem que a continuação das suas actividades ficará gravemente

*Legislação Complementar* 279

comprometida se os mesmos não puderem ser utilizados, com a condição de satisfazerem os requisitos de certificação de ruído conforme o n.º 2 anterior ou serem abatidos ao RAN até 31 de Dezembro de 1986.

### 6.º

1. Sem prejuízo do disposto no n.º 1.º, a partir de 1 de Janeiro de 1987 não será permitida a utilização no território nacional de aviões civis subsónicos de propulsão por reacção inscritos no RAN que não estejam certificados de acordo com as especificações definidas no capítulo 2 da segunda parte do volume 1 do anexo 16 da OACI.

2. A Direcção-Geral da Aviação Civil poderá conceder derrogações temporárias ao disposto no parágrafo anterior, desde que as entidades exploradoras se comprometam a substituir, o mais tardar até 31 de Dezembro de 1988, os aviões em questão por outros existentes no mercado que satisfaçam especificações pelo menos iguais às definidas no capítulo 3 da segunda parte do volume 1 do anexo 16 da OACI.

### 7.º

1. Em casos excepcionais, a Direcção-Geral da Aviação Civil poderá autorizar a utilização temporária no território nacional de aviões que não satisfaçam as disposições do presente diploma.

2. Poderá, ainda, ser autorizada a utilização de aviões civis de propulsão por hélice, com peso máximo à descolagem superior a 5700 kg, especialmente projectados e construídos em quantidade muito reduzida e utilizados para o transporte de produtos da indústria aeronáutica com dimensões excepcionais que não possam ser operados ao abrigo de outras disposições do presente documento, desde que seja assegurada a sua utilização apenas no território nacional ou no de outros países que expressamente o autorizem.

### 8.º

1. A partir de 1 de Janeiro de 1988 apenas será permitida a utilização no território nacional de aviões civis subsónicos de propulsão por reacção matriculados noutros Estados que satisfaçam as especificações pelo menos iguais às definidas no capítulo 2 da segunda parte do volume 1 do anexo 16 da OACI.

280 *Lei do Ruído*

2. A Direcção-Geral da Aviação Civil poderá conceder derrogações temporárias ao disposto no parágrafo anterior, desde que as entidades exploradoras demonstrem a impossibilidade económica ou técnica de operar nos aeroportos nacionais com aviões que satisfaçam as especificações constantes do referido parágrafo.

Estas derrogações cessarão o mais tardar em 31 de Dezembro de 1989.

### 9.º

A Direcção-Geral da Aviação Civil emitirá a regulamentação relativa aos procedimentos e métodos necessários para assegurar o cumprimento efectivo do disposto neste diploma por meio de circulares aeronáuticas.

### 10.º

Compete à Direcção-Geral da Aviação Civil fiscalizar a observância do disposto no presente diploma e na regulamentação a que se refere o número anterior.

Ministério das Obras Públicas, Transportes e Comunicações.
Assinada em 20 de Junho de 1986.
Pelo Ministro das Obras Públicas, Transportes e Comunicações, *Gonçalo Manuel Bourbon Sequeira Braga,* Secretário de Estado dos Transportes e Comunicações.

Anexo a que se refere o n.º 2 do n.º 2.º da Portaria n.º 344/86, de 5 de Julho

REPÚBLICA  PORTUGUESA

DIRECÇÃO-GERAL DA AVIAÇÃO CIVIL

N.º _____

# CERTIFICADO DE RUÍDO
(NOISE CERTIFICATE)

| 1<br>**CS-** | 2 — Fabricante _____<br>(Manufacturer)<br>Marca, tipo e modelo _____<br>(Mark, type and model) | 3 — Número de fabrico<br>(Serial number) |

4 — Marca, tipo e modelo do motor
(Mark, type and model of engine)

Marca, tipo e modelo da hélice (se aplicável)
[Mark, type and model of propeller (if aplicable)]

5 — O presente certificado é emitido para a aeronave acima identificada em conformidade com as suas especificações de fabrico e ou as modificações referidas em 6 e ou as restrições contidas em 7, nos termos da Portaria n.º 344/86, sobre certificação acústica de aeronaves subsónicas e do anexo 16 à Convenção sobre Aviação Civil Internacional, de 7 de Dezembro de 1944.
(This certificate is issued for the above mentioned aircraft in accordance with manufacture specifications and or the modifications referred in 6 and or the restrictions referred in 7, pursuant the Portuguese legislation on noise certification for subsonic aircraft and the standards of annex 16 to the Convention on International Civil Aviation, dated 7th December 1944)

6 — Modificações aprovadas para redução do ruído:
(Approved noise abating modifications)

7 — Restrições especiais:
(Special restrictions)

8 — Os dados técnicos relativos à certificação de ruído estão contidos nos documentos a seguir mencionados, que devem ser considerados como parte integrante do presente certificado:
(The technical data regarding noise certification are contained in the documents mentioned hereafter which have to be considered as an integrant part to the present certificate)

9 — Este certificado deve acompanhar sempre a aeronave em voo e será facultado a todas as autoridades aeronáuticas que pretendam verificá-lo.
(This certificate must be always on board the aircraft and presented to all aeronautical authorities for checking)

Emitido em
(Issued in)

O Director-Geral

# Portaria n.º 555/90,
## de 17 de Julho

Considerando a necessidade sentida pela comunidade aeronáutica internacional de tomar medidas para diminuir o ruído provocado pelas aeronaves;

Considerando ainda que a adopção de tais medidas deve ter em conta não só a protecção do ambiente mas também as possibilidades técnicas e as consequências económicas no sector aeronáutico;

Considerando, finalmente, as normas sobre emissão sonora de aeronaves aprovadas por Portugal no seio da Organização Internacional de Aviação Civil, bem como a Directiva n.º 89/629/CEE, de 4 de Dezembro, limitando a inscrição no Registo Aeronáutico Nacional e aeronaves civis subsónicas com propulsão por reacção que satisfaçam as especificações definidas no capítulo 3 da parte II do volume I do anexo n.º 16 (2.a edição, de 1988) à Convenção sobre Aviação Civil Internacional (OACI):

Assim, nos termos do artigo 1.º do Decreto-Lei n.º 562/80, de 6 de Dezembro:

Manda o Governo, pelo Ministro das Obras Públicas, Transportes e Comunicações, o seguinte:

### 1.º

1. As aeronaves civis subsónicas de propulsão por reacção inscritas no Registo Aeronáutico Nacional (RAN) a partir de 1 de Novembro de 1990 apenas poderão ser operadas no território nacional ou no território europeu de qualquer outro Estado membro da Comunidade Económica Europeia (CEE) desde que satisfaçam especificações pelo menos iguais às definidas no capítulo 3 da parte II do volume do anexo n.º 16 do OACI (2.a edição, de 1988) e possuam o respectivo certificado de ruído.

2. O disposto no parágrafo anterior não se aplica às aeronaves inscritas no registo nacional de qualquer Estado membro da Comunidade Económica Europeia (CEE) antes de 1 de Novembro de 1990.

## 2.º

O director-geral da Aviação Civil poderá, mediante pedido devidamente fundamentado, conceder derrogações ao disposto no n.º 1.º, nos seguintes casos:

a) Aeronaves com interesse histórico;
b) Aeronaves utilizadas por um operador antes de 1 de Novembro de 1990 ao abrigo de contratos de aluguer com opção de compra ou de locação financeira ainda em vigor e que, nessa situação, tenham sido inscritas no registo aeronáutico de um Estado comunitário;
c) Aeronaves utilizadas em regime de locação financeira por um operador de um Estado não comunitário e que, por esse motivo, tenham sido temporariamente abatidas ao RAN;
d) Aeronaves destinadas a substituir outras destruídas por acidente, quando não seja possível substituí-las por aeronaves equivalentes disponíveis no mercado e certificadas acusticamente nos termos do parágrafo 1 do n.º 1.º, desde que a inscrição dessas aeronaves seja efectuada no prazo máximo de um ano após o acidente.

## 3.º

1. O director-geral da Aviação Civil poderá, mediante pedido devidamente fundamentado, conceder derrogações ao disposto no n.º 1.º por um período até três anos, renovável por períodos até dois anos, nos seguintes casos:

a) Aeronaves utilizadas ao abrigo de um contrato de locação financeira a curto prazo e provenientes de um Estado não comunitário, desde que o operador demonstre que esta é a prática normal no seu sector de actividade e que, de outro modo, as suas actividades seriam negativamente afectadas;
b) Aeronaves em relação às quais o operador demonstre que, se as não puder utilizar, as suas actividades serão gravemente afectadas.

2. Estas derrogações cessarão obrigatoriamente em 31 de Dezembro de 1995.

## 4.º

1. A Direcção-Geral da Aviação Civil (DGAC) informará as autoridades aeronáuticas dos restantes Estados membros da CEE e desencadeará internamente o processo de comunicação à Comissão da CEE sobre as derrogações concedidas.

2. As derrogações concedidas pelas autoridades aeronáuticas dos restantes Estados da CEE serão automaticamente reconhecidas pela DGAC.

## 5.º

Compete à DGAC fiscalizar a observância do disposto na presente portaria e emitir a regulamentação relativa aos procedimentos e métodos necessários para assegurar o seu cumprimento.

## 6.º

A presente portaria não se aplica a aeronaves com massa máxima autorizada à descolagem igual ou inferior a 34 000 kg e com capacidade igual ou inferior a 19 lugares.

## 7.º

São revogados os n.ᵒˢ 4.º e 5.º, n.º 2, da Portaria n.º 344/86, de 5 de Julho.

Ministério das Obras Públicas, Transportes e Comunicações.
Assinada em 25 de Junho de 1990.
Pelo Ministro das Obras Públicas, Transportes e Comunicações, *Jorge Manuel Mendes Antas*, Secretário de Estado dos Transportes.

# Decreto-Lei n.º 546/99,
## de 14 de Dezembro

O Decreto-Lei n.º 114/93, de 12 de Abril, transpôs para a ordem jurídica interna as disposições da Directiva n.º 92/14/CE, de 2 de Março, limitando a operação no território comunitário a aviões civis subsónicos com propulsão por reacção que satisfaçam as especificidades definidas no capítulo 3 da parte II do volume 1 do anexo n.º 16 à Convenção Relativa à Aviação Civil Internacional, adoptado pelo Conselho da Organização Internacional da Aviação Civil em 11 de Maio de 1981, o qual integra as emendas introduzidas pelo mesmo Conselho em 30 de Março de 1983, 6 de Março de 1985 e 4 de Março de 1988, ou, para aeronaves com menos de 25 anos, as especificações definidas no capítulo 2 da parte II do mesmo volume e do mesmo anexo, embora estas fiquem sujeitas a um calendário de retirada de operação.

A referida directiva foi, entretanto, alterada pela Directiva n.º 98/20/ /CE, de 30 de Março, a qual clarifica as possibilidades de aplicação de isenções a aeronaves de países em desenvolvimento e prevê um procedimento mais célere para a alteração da lista de aviões que beneficiam dessa isenção.

Considerando que essa lista de aviões sofre constantes alterações, devido à necessidade de se suprimir a referência a certos aviões que foram retirados do serviço, destruídos ou que deixaram de reunir as condições necessárias para beneficiar da isenção, e atendendo a que se deve verificar a sua adaptação ao ordenamento comunitário, optou-se neste diploma por proceder à sua publicação através de portaria.

Por outro lado, a necessidade de uniformizar a terminologia do texto do Decreto-Lei n.º 114/93, de 12 de Abril, com as alterações agora introdu-

288  *Lei do Ruído*

zidas, bem como a necessidade de evitar a proliferação de textos legislativos avulsos, que só dificultam a tarefa do intérprete e aplicador da lei, foram determinantes, em nome de uma técnica legislativa mais adequada, para que se optasse por um diploma de substituição integral do diploma anterior, em vez dos tradicionais e sucessivos diplomas de alterações parciais.

Assim:

Nos termos da alínea a) do n.º 1 do artigo 198.º da Constituição, o Governo decreta, para valer como lei geral da República, o seguinte:

ARTIGO 1.º

1. O presente diploma transpõe para a ordem jurídica interna as normas da Directiva n.º 98/20/CE, de 30 de Março, que alterou a Directiva n.º 92/14/CE, de 2 de Março, já transposta, relativas à limitação da exploração dos aviões que dependem do anexo n.º 16 da Convenção Relativa à Aviação Civil Internacional, volume 1, parte II, capítulo 2, segunda edição (1988).

2. Para efeitos de aplicação do presente diploma, entende-se por:

*a)* "Transportadora aérea", qualquer empresa de transporte aéreo titular de uma licença de exploração válida;

*b)* "Licença de exploração", acto pelo qual se permite a uma empresa efectuar o transporte aéreo de passageiros, correio ou carga, contra remuneração ou por fretamento;

*c)* "Transportadora aérea comunitária", qualquer empresa de transporte aéreo titular de uma licença de exploração válida concedida por um Estado membro, em conformidade com o Regulamento (CEE) n.º 2407/92, do Conselho, de 23 de Julho, relativo à concessão de licenças às transportadoras aéreas;

*d)* "Frota de aviões civis subsónicos a reacção", a totalidade da frota de aviões civis subsónicos a reacção de que dispõe a transportadora aérea, em regime de propriedade ou mediante qualquer modalidade de contrato de locação financeira, por um período não inferior a um ano.

3. O disposto no presente diploma não se aplica a aviões com massa máxima autorizada à descolagem inferior a 34 000 kg e com capacidade inferior a 19 lugares, excluindo os destinados à tripulação.

## Artigo 2.º

1. Os aviões civis subsónicos de propulsão por reacção equipados com motores com taxa de diluição (by pass ratio) inferior a 2, apenas poderão ser operados no território nacional desde que lhes tenha sido concedida uma certificação acústica atestando que satisfazem um dos seguintes conjuntos de requisitos:

a) Especificações não inferiores às definidas no capítulo 3 da parte II do volume 1 do anexo n.º 16 da Convenção Relativa à Aviação Civil Internacional;

b) Especificações não inferiores às definidas no capítulo 2 da parte II do volume 1 do anexo n.º 16 à referida Convenção, no caso de aviões cujos certificados de navegabilidade tenham sido emitidos pela primeira vez há menos de 25 anos.

2. A partir de 1 de Abril de 2002, os aviões civis subsónicos de propulsão por reacção referidos no número anterior apenas poderão ser operados em território nacional desde que satisfaçam as disposições da alínea a) daquele número.

## Artigo 3.º

1. Os aviões referidos no anexo à portaria do membro do Governo responsável pela aviação civil, a publicar em execução deste preceito, e adiante apenas designado por anexo, que sejam utilizados pelos operadores dos países em vias de desenvolvimento ali enunciados ficam isentos do disposto nas alíneas a) e b) do n.º 1 do artigo anterior quando:

a) Possuam uma certificação acústica satisfazendo as especificações definidas no capítulo 2 da parte II do volume 1 do anexo n.º 16 da Convenção Relativa à Aviação Civil Internacional e tenham operado nos aeroportos de Estados membros no decorrer de um período de referência de 12 meses, compreendido entre 1986 e 1990, escolhido em conjunto com os países interessados;

b) Estejam registados, no ano de referência, no país em desenvolvimento indicado para esse avião no anexo referido no n.º 1 deste artigo e continuem a ser utilizados, quer directamente, quer mediante qualquer modalidade de contrato de locação financeira, por pessoas singulares ou colectivas estabelecidas nesse país.

290          *Lei do Ruído*

2. A isenção não se aplicará no caso de o avião ser objecto de locação a uma pessoa singular ou colectiva estabelecida num país diferente do mencionado para o mesmo no anexo.

## Artigo 4.º

1. Em situações de necessidade devidamente fundamentadas, os aviões civis subsónicos de propulsão por reacção equipados com motores com taxa de diluição (by pass ratio) inferior a 2 podem ser operados no território nacional sem possuírem a certificação acústica a que se refere o artigo 2.º.

2. Compete ao Instituto Nacional da Aviação Civil a verificação dos pressupostos referidos no número anterior.

3. São objecto de portaria do membro do Governo responsável pela área da aviação civil os prazos e demais especificações a que ficarão sujeitos os aviões referidos no n.º 1.

## Artigo 5.º

1. A remoção do Registo Aeronáutico Nacional dos aviões que não satisfaçam as especificações do capítulo 3 da parte II do volume 1 do anexo n.º 16 da Convenção Relativa à Aviação Civil Internacional, nos termos do n.º 1 do artigo 2.º, não pode ser exigida, anualmente, em número que exceda 10% da totalidade da frota de aviões civis subsónicos de propulsão por reacção de uma transportadora aérea comunitária.

2. O disposto no n.º 1 do artigo 2.º deste diploma não será aplicado aos aviões que, nos termos do número anterior, tenham continuado a constar do Registo Aeronáutico Nacional ou que tenham continuado a constar do registo de aeronaves de um Estado membro da Comunidade Europeia, nos termos de preceito equivalente.

3. Sempre que um Estado membro da Comunidade Europeia tenha aplicado uma isenção equivalente à descrita nos n.ºs 1 e 2 a aviões que, antes de 27 de Abril de 1998, eram explorados nesse Estado e constavam do registo de aeronaves de um país terceiro, tal isenção poderá continuar a ser reconhecida desde que a transportadora aérea continue a cumprir as mesmas condições.

*Legislação Complementar* 291

### Artigo 6.º

1. Após o despacho a que se refere o n.º 2 do artigo 4.º, o Instituto Nacional da Aviação Civil deve informar do seu conteúdo as autoridades aeronáuticas dos restantes Estados membros da Comunidade Europeia e desencadear, internamente, o processo de comunicação à Comissão.

2. As derrogações concedidas pelas autoridades aeronáuticas dos restantes Estados membros da Comunidade Europeia a aviões civis de propulsão por reacção, inscritos nos respectivos registos aeronáuticos, serão automaticamente aceites pela Instituto Nacional da Aviação Civil.

### Artigo 7.º

1. Constitui contra-ordenação, punível com coima a aplicar pelo Instituto Nacional da Aviação Civil, no montante mínimo de € 748,20 e máximo de € 2 244,59, a utilização em território nacional de aviões civis subsónicos de propulsão por reacção que não possuam a certificação acústica a que se refere o artigo 2.º, não se encontrem abrangidos pelo disposto no artigo 4.º ou não beneficiem de derrogação automaticamente aceite nos termos do artigo 6.º, n.º 2.

2. Os montantes mínimo e máximo das coimas aplicáveis às pessoas colectivas elevam-se, respectivamente, a € 7 481,97 e € 22 445,91.

3. A negligência é punível.

### Artigo 8.º

O produto das coimas reverte:

a) Em 40% para o Instituto Nacional da Aviação Civil;

b) Em 60% para o Estado.

### Artigo 9.º

Compete ao Instituto Nacional da Aviação Civil a fiscalização da observância das normas constantes do presente diploma.

### Artigo 10.º

A lista dos aviões que beneficiam de uma isenção em conformidade com o artigo 3.º, bem como as respectivas alterações, necessárias para assegurar a sua conformidade com as normas comunitárias, serão objecto de portaria do membro do Governo responsável pela aviação civil.

# Artigo 11.º

1. É revogado o Decreto-Lei n.º 114/93, de 12 de Abril, incluindo o respectivo anexo, sem prejuízo de este continuar a produzir efeitos até à data da entrada em vigor da portaria prevista no artigo anterior.

2. A revogação do Decreto-Lei n.º 114/93, de 12 de Abril, não prejudica a vigência da Portaria n.º 512/95, de 29 de Maio.

Visto e aprovado em Conselho de Ministros de 8 de Outubro de 1999. – *António Manuel de Oliveira Guterres* – *João Cardona Gomes Cravinho*.

Promulgado em 19 de Novembro de 1999.

Publique-se.

O Presidente da República, Jorge Sampaio.

Referendado em 25 de Novembro de 1999.

O Primeiro-Ministro, *António Manuel de Oliveira Guterres*.

# Portaria n.º 512/95,
## de 29 de Maio

O Decreto-Lei n.º 114/93, de 12 de Abril, transpôs para a ordem jurídica interna a Directiva n.º 92/14/CEE, do Conselho, de 2 de Março, limitando a operação no território comunitário a aeronaves civis subsónicas com propulsão por reacção que satisfaçam as especificidades definidas no capítulo 3 da parte II do anexo 16 à Convenção sobre Aviação Civil Internacional.

Atenta a produção de efeitos consagrada no Decreto-Lei n.º 114/93, importa agora proceder à definição dos prazos e demais especificações em que poderão ser concedidas derrogações previstas.

Assim, ao abrigo do disposto no n.º 3 do artigo 4.º do Decreto-Lei n.º 114/93, de 12 de Abril:

Manda o Governo, pelo Ministro das Obras Públicas, Transportes e Comunicações, o seguinte:

### 1.º

As derrogações ao prazo de 25 anos especificado na alínea b) do n.º 1 do artigo 2.º do Decreto-Lei n.º 114/93 podem ser concedidas, por um período até três anos, para as aeronaves em relação às quais o operador demonstre que, se as derrogações não fossem concedidas, a sua actividade seria gravemente afectada, desde que solicitadas ao director-geral da Aviação Civil, mediante requerimento.

### 2.º

As derrogações ao disposto no n.º 1 do artigo 2.º do Decreto-Lei n.º 114/93, desde que solicitadas mediante requerimento ao director-geral da Aviação Civil, podem ser concedidas às aeronaves que não satisfaçam as especificações do capítulo 3 do volume I do anexo 16 à Convenção sobre Aviação Civil, mas que possam vir a ser modificadas de modo a satisfazê-las e até essas modificações estarem efectuadas, desde que:

a) Exista e esteja disponível equipamento de conversão adequado ao tipo de aeronaves em causa;

b) As aeronaves assim modificadas satisfaçam as referidas especificações, determinadas segundo normas e procedimentos técnicos aceites pela Direcção-Geral da Aviação Civil, até ao momento em que sejam estabelecidas normas e procedimentos comuns a nível comunitário;

c) O operador tenha encomendado o equipamento antes de 1 de Abril de 1994;

d) A data de entrega mais próxima para esta modificação tenha sido aceite pelo operador.

**3.º**

As derrogações ao disposto no n.º 1 do artigo 2.º do Decreto-Lei n.º 114/93 podem ser concedidas, na base de uma derrogação por cada aeronave encomendada, se, antes de 1 de Abril de 1994, o operador tiver encomendado aeronaves de substituição, satisfazendo as especificações do capítulo 3 da parte II do volume I do anexo 16 à Convenção sobre Aviação Civil Internacional, na condição de esse operador ter aceite a data de entrega mais próxima, vigorando a derrogação até essa data.

**4.º**

A operação temporária nos aeroportos nacionais de aeronaves que não poderiam ser operadas de acordo com o Decreto-Lei n.º 114/93 pode, caso a caso, e mediante requerimento, ser autorizada pelo director-geral da Aviação Civil, nos seguintes casos:

a) As aeronaves cuja operação não exceda a frequência de cinco voos anuais, em casos devidamente justificados;

b) As aeronaves que efectuem voos unicamente com o objectivo de serem submetidas a trabalhos de modificação, reparação ou manutenção.

## 5.º

As derrogações ao disposto no artigo 2.º do Decreto-Lei n.º 114/93, relativamente a aviões com interesse histórico, podem ser concedidas, desde que solicitadas ao directorgeral da Aviação Civil, mediante requerimento.

## 6.º

Os despachos que concedam as derrogações previstas na presente portaria podem estabelecer restrições operacionais, designadamente limitações horárias.

Ministério das Obras Públicas, Transportes e Comunicações.
Assinada em 2 de Maio de 1995.
Pelo Ministro das Obras Públicas, Transportes e Comunicações, *Jorge Manuel Mendes Antas*, Secretário de Estado dos Transportes.

# Decreto-Lei n.º 293/2003,
## de 19 de Novembro

O desenvolvimento sustentável é um dos principais objectivos da política comum dos transportes, mediante uma abordagem integrada, visando garantir o funcionamento eficaz dos sistemas de transportes e a protecção do ambiente.

Por sua vez, o desenvolvimento sustentável do transporte aéreo requer a adopção de medidas destinadas a reduzir os danos causados pelas emissões sonoras de aeronaves em aeroportos com problemas de ruído específicos.

Assim, uma nova norma, mais restritiva, de certificação do ruído definida no anexo n.º 16, volume n.º 1, parte II, capítulo 4, da Convenção sobre a Aviação Civil Internacional foi elaborada no âmbito da Organização da Aviação Civil Internacional (OACI) e contribuirá para uma melhoria do ambiente sonoro nas imediações de aeroportos a longo prazo.

A introdução de restrições de operação nos aeroportos comunitários pode contribuir para impedir um agravamento do ambiente sonoro nas imediações de aeroportos, mas pode introduzir distorções de concorrência. O objectivo pode, por conseguinte, ser atingido de um modo mais eficaz a nível comunitário graças à adopção de regras harmonizadas para a introdução de restrições de operação no quadro do processo de gestão do ruído.

Deste modo, a Comunidade Europeia adoptou a Directiva n.º 2002/30/ /CE, do Parlamento Europeu e do Conselho, de 26 de Março, relativa ao estabelecimento de regras e procedimentos para a introdução de restrições de operação relacionadas com o ruído nos aeroportos comunitários.

Urge pois transpor a referida directiva para a ordem jurídica interna.

Acresce que um quadro comum de regras e procedimentos para a introdução de restrições de operação em aeroportos comunitários, como parte de uma abordagem equilibrada da gestão do ruído, ajudará a salvaguardar os requisitos do mercado interno através da introdução de medidas semelhantes em aeroportos com problemas de ruído comparáveis de uma maneira geral. Isso inclui a avaliação do impacte do ruído num aeroporto e a avaliação das medidas possíveis para reduzir esse impacte, bem como a selecção das medidas de redução de ruído adequadas ao objectivo do maior benefício possível para o ambiente ao menor custo.

A 33.ª assembleia da OACI adoptou a Resolução A33/7 que define o conceito «abordagem equilibrada» da gestão do ruído, estabelecendo assim um método aplicável ao problema das emissões sonoras de aeronaves, incluindo orientações internacionais para a introdução de restrições de operação específicas a cada aeroporto.

Assim, o conceito «abordagem equilibrada» da gestão das emissões sonoras das aeronaves inclui quatro elementos essenciais e requer uma avaliação cuidada das diferentes opções para atenuar o ruído, incluindo a redução na fonte do ruído gerado por aeronaves, medidas de ordenamento e gestão do território, procedimentos operacionais de redução do ruído e restrições de operação, sem prejuízo das obrigações jurídicas, acordos existentes, legislação em vigor e políticas aplicáveis na matéria.

A «abordagem equilibrada» constitui uma importante medida para lograr a redução do ruído. A fim de alcançar uma redução eficaz e duradoura do ruído são, porém, igualmente necessárias normas técnicas mais rigorosas, nomeadamente aplicáveis às aeronaves, procedendo, simultaneamente, à retirada de serviço de aeronaves que produzem elevadas emissões de ruído.

Tipificam-se, por último, os ilícitos contra-ordenacionais estabelecidos em função dos interesses a tutelar.

Assim:

Nos termos da alínea a) do n.º 1 do artigo 198.º da Constituição, o Governo decreta o seguinte:

# CAPÍTULO I
## Disposições gerais

### Artigo 1.º
#### Objecto e âmbito de aplicação

1. O presente diploma estabelece as regras e os procedimentos para a introdução de restrições de operação relacionadas com o ruído nos aeroportos, transpondo para a ordem jurídica interna a Directiva n.º 2002/ /30/CE, do Parlamento Europeu e do Conselho, de 26 de Março.

2. As disposições do presente diploma aplicam-se ao transporte aéreo comercial e à aviação geral.

3. O presente diploma aplica-se unicamente às aeronaves civis, sem prejuízo do número seguinte.

4. O presente diploma não se aplica às aeronaves de Estado, a voos de emergência médica, de bombeiros e de chefes de Estado.

5. Para efeitos do número anterior, são consideradas aeronaves de Estado as utilizadas nos serviços militares, aduaneiros e policiais.

### Artigo 2.º
#### Objectivos

O presente diploma tem por objectivos estabelecer regras de introdução de restrições de operação de modo coerente a nível dos aeroportos, de forma a limitar ou reduzir o número de pessoas afectadas pelos efeitos nocivos do ruído, promover um desenvolvimento da capacidade aeroportuária que respeite o ambiente, favorecer a realização de objectivos específicos de redução do ruído a nível de cada aeroporto e permitir uma escolha entre as medidas possíveis para obter o máximo benefício para o ambiente ao menor custo.

### Artigo 3.º
#### Definições

Para efeitos do presente diploma, entende-se por:

a) «Abordagem equilibrada» a abordagem segundo a qual são avaliadas as medidas aplicáveis para resolver o problema do ruído num

300                  *Lei do Ruído*

determinado aeroporto situado no território português, designadamente o efeito previsível de uma redução do ruído das aeronaves
na fonte, de medidas de ordenamento e de gestão do território, de
processos de exploração que permitam reduzir o ruído e de restrições de exploração;

*b*) «Aeronaves marginalmente conformes» aviões civis subsónicos de
propulsão por reacção que respeitem os valores limite de certificação estabelecidos no anexo n.º 16, volume n.º 1, parte II, capítulo
3, da Convenção sobre a Aviação Civil Internacional numa margem
cumulativa não superior a 5 EPNdB (ruído efectivamente percebido
em decibéis – effective perceived noise in decibels), em que a
margem cumulativa é o valor expresso em EPNdB obtido somando
as diferentes margens (ou seja, a diferença entre o nível de ruído
certificado e o nível de ruído máximo autorizado) em cada um dos
três pontos de referência para a medição do ruído definidos no
anexo n.º 16, volume n.º 1, parte II, capítulo 3, da Convenção sobre
a Aviação Civil Internacional;

*c*) «Aeroporto» um aeroporto civil cujo tráfego seja superior a 50 000
movimentos por ano de aviões civis subsónicos de propulsão por
reacção, tendo em conta a média dos três últimos anos que tenham
precedido a aplicação das disposições deste diploma ao aeroporto
em questão;

*d*) «Aeroporto urbano» um aeroporto que não possua nenhuma pista
com um comprimento máximo de descolagem utilizável (TORA)
superior a 2000 m e que forneça exclusivamente serviços ponto-a-
-ponto entre Estados europeus ou no território de um Estado e
localizado no centro de uma grande aglomeração em que, com base
em critérios objectivos, um número significativo de pessoas seja
afectado pelas emissões sonoras de aeronaves e em que qualquer
aumento suplementar dos movimentos de aeronaves represente um
incómodo particularmente importante dada a gravidade da poluição
sonora;

*e*) «Avião civil subsónico de propulsão por reacção» avião com uma
massa máxima à descolagem igual ou superior a 34 000 kg ou cuja
capacidade máxima da configuração interior, certificada para
esse tipo de avião, comporte mais de 19 lugares de passageiros,
excluindo os lugares exclusivamente destinados à tripulação;

*Legislação Complementar* 301

*f*) «INAC» o Instituto Nacional de Aviação Civil;

*g*) «Movimento» uma aterragem ou uma descolagem;

*h*) «Partes interessadas» todas as pessoas singulares ou colectivas afectadas ou susceptíveis de ser afectadas pela introdução de medidas de redução do ruído, incluindo restrições de operação, ou que possam ter interesse legítimo na aplicação dessas medidas;

*i*) «Restrições de operação» medidas relativas ao ruído que limitem ou reduzam o acesso de aviões civis subsónicos de propulsão por reacção a um aeroporto.

Incluem restrições de operação com vista à retirada de serviço de aeronaves marginalmente conformes em aeroportos específicos e restrições de operação parciais que afectem a operação de aviões civis subsónicos de propulsão por reacção em determinados períodos.

## CAPÍTULO II

### Restrições de operação

#### ARTIGO 4.º

#### Gestão do ruído de aeronaves

1. Para cada aeroporto são fixadas medidas de gestão de ruído de aeronaves, nos termos do presente diploma, tendo em conta os seguintes critérios:

*a*) O nível de ruído na fonte;

*b*) O ordenamento e a gestão do território;

*c*) A obtenção do máximo benefício para o ambiente ao menor custo;

*d*) Os procedimentos de operação que permitam reduzir o ruído.

2. Ao serem analisadas as restrições de operação devem ser tidos em conta os custos e os benefícios que as diferentes medidas aplicáveis são susceptíveis de gerar e as características específicas de cada aeroporto.

3. As medidas ou combinações de medidas adoptadas nos termos das alíneas do n.º 1 não devem ser mais restritivas que o necessário para atingir o objectivo ambiental fixado para um dado aeroporto.

4. As restrições de operação baseadas no desempenho devem basear--se no nível de ruído emitido pela aeronave, tal como determinado pelo

procedimento de certificação estabelecido em conformidade com o anexo n.º 16, volume n.º 1, 3.a edição (Julho de 1993) da Convenção sobre a Aviação Civil Internacional.

5. As restrições de operação previstas no n.º 1 são fixadas por portaria dos Ministros das Obras Públicas, Transportes e Habitação e das Cidades, Ordenamento do Território e Ambiente.

6. As restrições operacionais fixadas nos termos dos números anteriores podem ser objecto de derrogação, atendendo aos custos e benefícios que as diferentes medidas aplicáveis são susceptíveis de gerar e às características específicas de cada aeroporto, a definir em portaria dos Ministros das Obras Públicas, Transportes e Habitação e das Cidades, Ordenamento do Território e Ambiente.

7. Sem prejuízo do número anterior, e atendendo à situação do caso concreto, pode o INAC, excepcionalmente e quando se trate de situações de reconhecido interesse público, mediante parecer prévio, de carácter vinculativo, do Instituto do Ambiente, autorizar, a título temporário, a realização de operações que, em regra, sejam objecto de restrição.

8. O parecer previsto no número anterior deve ser emitido no prazo de cinco dias úteis, findo o qual, sem que ocorra a respectiva emissão, o INAC autorizará a realização das operações em causa.

9. Para efeitos do disposto no n.º 7, o INAC remete ao Instituto do Ambiente, nomeadamente, os seguintes elementos:

a) Descrição do pedido de excepção – número de voos adicionais, duração da excepção e classificação das aeronaves em termos da emissão sonora, em conformidade com o disposto nas normas da OACI;

b) Fundamentação do interesse público em presença;

c) Curvas de níveis sonoros previstas durante a vigência da excepção.

ARTIGO 5.º

**Avaliação**

1. Para efeitos de aprovação de uma decisão relativa a restrições de operação, as informações especificadas no anexo ao presente diploma são tomadas em conta, na medida do possível e se tal se justificar, no que diz respeito às restrições de operação em questão e às características do aeroporto.

2. Para efeitos de avaliação da adopção de restrições de operação, previstas no artigo anterior, as entidades responsáveis pelas infra-estrutu-

*Legislação Complementar* 303

ras de transportes em exploração devem elaborar planos de monitorização e redução do ruído, submetendo-os à apreciação prévia do Instituto do Ambiente.

3. Sempre que os projectos de aeroportos sejam sujeitos a uma avaliação do impacte ambiental nos termos do Decreto-Lei n.º 69/2000, de 3 de Maio, a avaliação em conformidade com este diploma deve ser considerada como preenchendo o disposto no n.º 1, desde que, na medida do possível, tenham sido tomadas em conta as informações especificadas no anexo ao presente diploma.

4. O disposto nos números anteriores não se aplica:

a) Às restrições de operação já estabelecidas à data da entrada em vigor do presente diploma;

b) Às alterações mínimas de ordem técnica às restrições de operação parciais que não tenham implicações significativas em termos de custos para os operadores aéreos de um dado aeroporto e que tenham sido introduzidas após a entrada em vigor do presente diploma.

ARTIGO 6.º

**Introdução de restrições de operação com vista à retirada de serviço das aeronaves marginalmente conformes**

1. Se a avaliação de todas as medidas possíveis, incluindo as de restrição parcial de operação, efectuada em conformidade com os requisitos do artigo 5.º, demonstrar que para o cumprimento dos objectivos do presente diploma é necessário introduzir restrições de operação com vista à retirada de serviço das aeronaves marginalmente conformes, em vez do procedimento previsto no artigo 9.º do Regulamento (CEE) n.º 2408/92, aplicam-se ao aeroporto em questão as seguintes regras:

a) Seis meses depois de concluída a avaliação e decidida a introdução de uma restrição de operação, não podem ser prestados nesse aeroporto serviços adicionais, em comparação com o período correspondente do ano anterior, com aeronaves marginalmente conformes;

b) Seis meses, no mínimo, após esse momento, pode ser exigido a cada operador que reduza o número de movimentos das aeronaves marginalmente conformes que opere nesse aeroporto, a um ritmo anual não superior a 20 % do número total inicial desses movimentos.

304         *Lei do Ruído*

2. Em conformidade com as regras de avaliação do artigo 5.º, as entidades gestoras dos aeroportos urbanos podem introduzir medidas mais restritivas no que respeita à definição de aeronaves marginalmente conformes, desde que essas medidas não afectem os aviões civis subsónicos de propulsão por reacção que cumpram, segundo o seu certificado de origem ou após renovação do mesmo, as normas acústicas do anexo n.º 16, volume n.º 1, parte II, capítulo 4, da Convenção sobre a Aviação Civil Internacional.

ARTIGO 7.º

**Isenção de aeronaves registadas
em países em desenvolvimento**

As aeronaves marginalmente conformes registadas em países em desenvolvimento ficam isentas do disposto no artigo anterior até 28 de Março de 2012, se:

*a)* Tiverem obtido certificação que ateste a sua conformidade às normas acústicas constantes do anexo n.º 16, volume n.º 1, parte II, capítulo 3, da Convenção sobre a Aviação Civil Internacional e tiverem sido utilizadas no aeroporto em questão na Comunidade entre 1 de Janeiro de 1996 e 31 de Dezembro de 2001 (período de referência); e

*b)* Tenham estado registadas, durante o período de referência, nesse país em desenvolvimento e continuarem a ser exploradas por uma pessoa singular ou colectiva estabelecida nesse país.

ARTIGO 8.º

**Derrogação aplicável à operação de aeronaves
em circunstâncias excepcionais**

1. Em determinados casos, o INAC pode autorizar a operação pontual em aeroportos de aeronaves marginalmente conformes que não possa ter lugar com base noutras disposições do presente diploma.

2. A presente derrogação circunscreve-se às:

*a)* Aeronaves cuja operação revista um carácter excepcional, que justifique uma derrogação temporária;

*b)* Aeronaves que efectuem voos não comerciais para fins de modificação, reparação ou manutenção.

Legislação Complementar

### ARTIGO 9.º
#### Consulta e transparência

Para efeitos da aplicação dos artigos 5.º e 6.º do presente diploma, as partes interessadas devem ser informadas, pelo INAC, sempre que o requeiram, sobre o andamento dos procedimentos.

### ARTIGO 10.º
#### Pré-aviso

1. Sempre que seja introduzida uma nova restrição de operação, todas as partes interessadas devem ser publicamente informadas desse facto, incluindo das razões que motivam essa restrição, tendo em conta os elementos adequados da abordagem equilibrada:

*a)* Seis meses antes da entrada em vigor das medidas referidas na alínea a) do n.º 1 do artigo 6.º;

*b)* Um ano antes da entrada em vigor das medidas referidas na alínea b) do n.º 1 e no n.º 2 do artigo 6.º;

*c)* Dois meses antes da realização da conferência de programação dos horários para o período de programação correspondente, para as medidas abrangidas pelo artigo 6.º.

2. O INAC deve informar imediatamente as autoridades administrativas competentes da aviação civil dos outros Estados membros e a Comissão de quaisquer novas restrições de funcionamento na acepção do presente diploma que o Estado Português tenha decidido introduzir num aeroporto situado no seu território.

### CAPÍTULO III
## Fiscalização e regime sancionatório

### ARTIGO 11.º
#### Fiscalização

1. São competentes para a fiscalização das actividades abrangidas pelo presente diploma as seguintes entidades:

*a)* INAC;

*b*) Inspecção-Geral do Ambiente;
*c*) Comissões de coordenação e desenvolvimento regional;
*d*) Entidades gestoras aeroportuárias.

2. As entidades previstas nas alíneas b), c) e d) do número anterior devem comunicar ao INAC todos os factos ou condutas por si detectados que possam configurar uma contra-ordenação prevista no presente diploma e prestar ao INAC toda a assistência pelo mesmo requerida para o exercício das suas competências.

## ARTIGO 12.º

### Contra-ordenações

1. Constituem contra-ordenações:

*a*) A violação das restrições operacionais impostas por portaria, nos termos do n.º 5 do artigo 4.º;
*b*) A violação das restrições de operação com vista à retirada de serviço das aeronaves marginalmente conformes, nos termos das alíneas a) e b) do n.º 1 do artigo 6.º.

2. A negligência e a tentativa são puníveis.

## ARTIGO 13.º

### Coimas

As condutas previstas no n.º 1 do artigo anterior são punidas com a coima mínima de € 800 e máxima de € 1870, em caso de negligência, e mínima de € 1870, e máxima de € 3740, em caso de dolo, quando praticadas por pessoas singulares, e com a coima mínima de € 5000 e máxima de € 22 445, em caso de negligência, e mínima de € 15 000 e máxima de € 44 890, em caso de dolo, quando praticadas por pessoas colectivas.

## ARTIGO 14.º

### Autoridade competente

O INAC é a autoridade competente para a instrução do processo contra ordenacional e para a aplicação das respectivas coimas.

## Artigo 15.º
### Produto das coimas

1. O montante das coimas cobradas pelo INAC em execução do presente decreto-lei reverte para o Estado e para esse Instituto nas percentagens de 60% e 40%, respectivamente.

2. O produto das coimas por contra-ordenações, comunicadas nos termos do n.º 2 do artigo 11.º do presente diploma, reverte em 10 % para a entidade que comunicou, sendo o remanescente repartido conforme o previsto no número anterior.

## CAPÍTULO IV
### Disposições finais

## Artigo 16.º
### Norma revogatória

Com a entrada em vigor da portaria prevista no n.º 5 do artigo 4.º do presente diploma, são revogadas as disposições respeitantes a aeroportos e aeródromos, constantes dos artigos 15.º e 17.º do Decreto-Lei n.º 292/2000, de 14 de Novembro, com a redacção dada pelo Decreto-Lei n.º 259/2002, de 23 de Novembro.

## Artigo 17.º
### Entrada em vigor

O presente diploma entra em vigor no dia seguinte ao da sua publicação.

Visto e aprovado em Conselho de Ministros de 25 de Setembro de 2003. – *José Manuel Durão Barroso – Maria Celeste Ferreira Lopes Cardona – António Pedro de Nobre Carmona Rodrigues – Amílcar Augusto Contel Martins Theias.*

Promulgado em 6 de Novembro de 2003.

Publique-se.

O Presidente da República, JORGE SAMPAIO.

Referendado em 11 de Novembro de 2003.

O Primeiro-Ministro, *José Manuel Durão Barroso.*

# ANEXO

## Informações referidas no n.º 1 do artigo 5.º

1. Inventário actual:

1.1. Descrição do aeroporto, incluindo informações sobre a sua capacidade, localização, imediações, volume e composição do tráfego aéreo, bem como o tipo e características das pistas de descolagem.

1.2. Descrição dos objectivos ambientais fixados para o aeroporto e do contexto nacional.

1.3. Dados pormenorizados das curvas de níveis de ruído para os anos anteriores e o ano em curso, incluindo uma estimativa do número de pessoas afectadas pelas emissões sonoras de aeronaves. Descrição do método de cálculo utilizado para estabelecer essas curvas.

1.4. Descrição de medidas já aplicadas para melhorar as emissões sonoras de aeronaves, por exemplo, informações sobre ordenamento e gestão do território, programas de isolamento contra o ruído, procedimentos operativos como os PAN-OPS, restrições de operação tais como valores limite de ruído, limitação ou interdição de voos nocturnos, taxas sobre o ruído, utilização de pistas preferenciais, rotas preferidas por razões de ruído ou acompanhamento das trajectórias de voo e medição do ruído.

2. Previsões na ausência de novas medidas:

2.1. Descrição das ampliações de aeroportos (caso existam) já aprovadas e previstas no programa, no que respeita, por exemplo, ao aumento da capacidade, extensão das pistas e ou dos terminais, à futura composição do tráfego e ao seu crescimento previsto.

2.2. No que respeita ao aumento da capacidade aeroportuária, apresentação das vantagens que oferece a capacidade adicional.

2.3. Descrição do impacte no ambiente sonoro na ausência de novas medidas, bem como das medidas já programadas para atenuar o impacte do ruído durante o mesmo período.

2.4. Curvas de níveis de ruído previstas, incluindo uma avaliação do número de pessoas que poderão ser afectadas pelas emissões sonoras de aeronaves, e distinção entre zonas residenciais antigas e recentes.

2.5. Avaliação das consequências e dos custos possíveis na ausência de novas medidas para atenuar o impacte do aumento do ruído, caso este seja previsível.

3. Avaliação de medidas complementares:

3.1. Descrição geral das medidas complementares possíveis como parte das

# Legislação Complementar

diversas opções mencionadas no n.º 1 do artigo 4.º e, em particular, indicação das principais razões para a sua selecção. Descrição das medidas escolhidas para uma análise mais exaustiva e informações mais completas sobre o custo da sua introdução, o número de pessoas que delas poderão beneficiar e em que prazo, bem como uma classificação das medidas em função da sua eficácia global.

3.2. Avaliação da relação custo-eficácia ou custo-benefício da introdução de medidas específicas tendo em conta os efeitos sócio-económicos sobre os utentes do aeroporto: operadores (passageiros e mercadorias), passageiros e autarquias.

3.3. Resumo dos possíveis efeitos sobre o ambiente e a concorrência das medidas previstas sobre outros aeroportos, operadores e partes interessadas.

3.4. Razões para a selecção da opção escolhida.

3.5. Resumo não técnico.

4. Relação com a directiva do Parlamento Europeu e do Conselho, relativa à avaliação e gestão do ruído ambiente:

4.1. Caso tenham sido preparados mapas de ruído ou planos de acção nos termos da referida directiva, estes serão utilizados para fornecer as informações exigidas no presente anexo.

4.2. A avaliação da exposição ao ruído (curvas de níveis de ruído e número de pessoas afectadas) deve ser efectuada utilizando pelo menos os indicadores de ruído comuns $L_{den}$ e $L_{night}$ especificados na directiva acima referida, caso estejam disponíveis.

# Portaria n.º 1069/89,
## de 13 de Dezembro

Tendo em vista a regulamentação das condições específicas a que se referem o Decreto-Lei n.º 202/83, de 19 de Maio, e a Portaria n.º 924/83, de 11 de Outubro, a observar no exercício do controlo metrológico dos sonómetros e com vista ao cumprimento do disposto no Decreto-Lei n.º 251/87, de 24 de Junho;

Ao abrigo do n.º 1 do artigo 2.º e n.º 3 do artigo 9.º do Decreto-Lei n.º 202/83:

Manda o Governo, pelo Ministro da Indústria e Energia, o seguinte:

### 1.º

É aprovado o Regulamento do Controlo Metrológico dos Sonómetros, anexo à presente portaria e que dela faz parte integrante.

### 2.º

A presente portaria entra em vigor no prazo de 180 dias.

Ministério da Indústria e Energia.
Assinada em 27 de Novembro de 1989.
O Ministro da Indústria e Energia, *Luís Fernando Mira Amaral.*

# REGULAMENTO DO CONTROLO METROLÓGICO DOS SONÓMETROS

1. O presente Regulamento aplica-se aos sonómetros utilizados na determinação de nível sonoro para fins legais.

2. Entende-se por sonómetros os instrumentos de medição utilizados para medir e ou registar as grandezas características dos campos sonoros no domínio do audível, cujas indicações estão expressas em unidades de medida legais, compreendendo os respectivos calibradores.

3. Os sonómetros obedecerão às qualidades e características metrológicas e satisfarão os ensaios estabelecidos na Recomendação Internacional n.º 58 da Organização Internacional de Metrologia Legal ou, na sua falta, em especificação aprovada pelo presidente do Instituto Português da Qualidade.

4. O controlo metrológico dos sonómetros compreende as operações seguintes:

Aprovação de modelo;
Primeira verificação;
Verificação periódica;
Verificação extraordinária.

5. O disposto no número anterior não impede a comercialização dos sonómetros acompanhados de certificado emitido, com base em especificações e procedimentos que assegurem uma qualidade metrológica equivalente à visada pelo presente diploma, por um organismo reconhecido segundo critérios equivalentes aos utilizados no âmbito do Sistema Nacional de Gestão da Qualidade, a que se refere o Decreto-Lei n.º 165/83, de 27 de Abril.

### Aprovação de modelo

6. O requerimento de aprovação de modelo será acompanhado de um exemplar do sonómetro para estudo e ensaios.

7. A aprovação de modelo é válida por 10 anos, salvo indicação em contrário no despacho de aprovação de modelo respectivo.

### Primeira verificação

8. A primeira verificação dos sonómetros compete ao IPQ e poderá ser delegada na delegação regional (DR) do Ministério da Indústria e Energia (MIE) da área do fabricante ou do importador ou em entidade para o efeito reconhecida.

### Verificação periódica

9. A verificação periódica compete ao IPQ, será anual, salvo indicação em contrário no despacho de aprovação de modelo, e poderá ser delegada na DR do MIE da área do utilizador ou em entidade para o efeito reconhecida.

*Legislação Complementar* 313

9.1. Os sonómetros serão dispensados da verificação periódica no ano em que forem submetidos à primeira verificação.

### Verificação extraordinária

10. A verificação extraordinária é da competência do IPQ e poderá ser delegada na DR do MIE da área do requerente.

### Inscrições e marcações

11. Os sonómetros devem conter, de forma visível e legível, as indicações seguintes, inscritas em local a definir em cada modelo, no respectivo despacho de aprovação:

Marca;
Modelo;
Nome ou marca do fabricante ou do importador;
Gama de medição;
Classe de precisão;
Símbolo da aprovação de modelo.

12. Excepcionalmente, nos despachos de aprovação de modelo poderão ser impostas outras inscrições.

13. O acto de cada uma das operações de verificação será testemunhado pela aposição de uma vinheta contendo o símbolo de verificação periódica previsto no n.º 18.º da Portaria n.º 924/83.

### Disposições finais

14. Os sonómetros serão obrigatoriamente acompanhados de fontes sonoras, destinadas à sua calibração, e de uma «caderneta metrológica», onde estarão contidas todas as indicações relativas à identificação do sonómetro, operações de controlo metrológico e eventuais reparações e modificações.

15. Os sonómetros cujo modelo tenha sido objecto de autorização de uso, para fins regulamentares, determinada ao abrigo de legislação anterior, poderão permanecer em utilização enquanto estiverem em bom estado de conservação e nos ensaios de primeira verificação incorrerem em erros que não excedam os erros máximos admissíveis.

16. Para os efeitos do número anterior, os utilizadores de sonómetros devem requerer ao IPQ, no prazo de 180 dias, a respectiva primeira verificação, fazendo acompanhar o requerimento (em impresso próprio) de memória descritiva, esquemas de funcionamento, regulação e ajuste e indicação dos locais pretendidos para colocação dos símbolos do controlo metrológico.

# Decreto-Lei n.º 291/90,
## de 20 de Setembro

O presente diploma tem como objectivo fundamental a completa harmonização do regime anteriormente aplicável ao controlo metrológico com o direito comunitário, assegurando à indústria nacional de instrumentos de medição a entrada nos mercados da Comunidade Económica Europeia em igualdade de circunstâncias com os fabricantes dos demais Estados membros, o que pressupõe a atribuição das marcas CEE de aprovação de modelo e de primeira verificação a que as competentes entidades portuguesas poderão passar a proceder.

Procede-se, simultaneamente, a alguns acertos, actualizações e aditamentos ao Decreto-Lei n.º 202/83, de 19 de Maio, com o destaque para a inclusão dos métodos de medição no âmbito do controlo metrológico.

Considera-se, assim, que estão criadas as condições para que o regime do controlo metrológico criado em 1983 passe desde já a aplicar-se a todos os instrumentos anteriormente abrangidos pela regulamentação relativa a pesos, medidas e aparelhos de medição.

Foram ouvidos os órgãos de governo próprio das Regiões Autónomas dos Açores e da Madeira.

Assim:

Nos termos da alínea a) do n.º 1 do artigo 201.º da Constituição, o Governo decreta o seguinte:

ARTIGO 1.º

**Controlo metrológico**

1. O controlo metrológico dos métodos e instrumentos de medição envolvidos em operações comerciais, fiscais ou salariais, ou utilizados nos

316 *Lei do Ruído*

domínios da segurança, da saúde ou da economia de energia, bem como das quantidades dos produtos pré-embalados e, ainda, dos bancos de ensaio e demais meios de medição abrangidos pelo artigo 6.º é exercido nos termos do presente diploma e dos respectivos diplomas regulamentares.

2. Os métodos e instrumentos de medição obedecem à qualidade metrológica estabelecida nos respectivos regulamentos de controlo metrológico de harmonia com as directivas comunitárias ou, na sua falta, pelas recomendações da Organização Internacional de Metrologia Legal (OIML) ou outras disposições aplicáveis indicadas pelo Instituto Português da Qualidade.

3. O controlo metrológico dos instrumentos de medição compreende uma ou mais das seguintes operações:

*a*) Aprovação de modelo;
*b*) Primeira verificação;
*c*) Verificação periódica;
*d*) Verificação extraordinária.

4. Os reparadores e instaladores de instrumentos de medição carecem de qualificação reconhecida pelo Instituto Português da Qualidade, nos termos da regulamentação aplicável.

5. Os instrumentos de medição que satisfaçam o controlo CEE são considerados como satisfazendo, para as mesmas operações, o controlo metrológico nacional.

6. Podem ser comercializados os instrumentos de medição acompanhados de certificado emitido, com base em especificações e procedimentos que assegurem uma qualidade metrológica equivalente à visada pelo presente diploma, por organismo reconhecido segundo critérios equivalentes aos utilizados no âmbito do Sistema Nacional de Gestão da Qualidade, a que se refere o Decreto-Lei n.º 165/83, de 27 de Abril.

ARTIGO 2.º

**Aprovação de modelo**

1. Aprovação de modelo é o acto que atesta a conformidade de um instrumento de medição ou de um dispositivo complementar com as especificações aplicáveis à sua categoria, devendo ser requerida pelo respectivo fabricante ou importador.

*Legislação Complementar* 317

2. A aprovação de modelo será válida por um período de 10 anos findo o qual carece de renovação.

3. Quando a aprovação de modelo ou a sua renovação não possa ser concedida nas condições normais, podem ser impostas, cumulativamente ou não, as restrições seguintes:

*a*) Limitação do prazo de validade a dois anos, prorrogável, no máximo, por três anos;

*b*) Limitação do número de instrumentos de medição fabricáveis ao abrigo da aprovação;

*c*) Obrigação de notificação dos locais de instalação dos instrumentos de medição;

*d*) Limitação da utilização.

4. Os fabricantes ou importadores devem apor em todos os instrumentos do mesmo modelo a marca de aprovação e o número de fabrico, podendo o Instituto Português da Qualidade exigir, se achar necessário, a entrega de um exemplar ou partes constituintes do mesmo, a respectiva conservação pelo fabricante ou importador, ou a entrega dos respectivos projectos de construção.

5. Sempre que, num modelo anteriormente aprovado, sejam introduzidas, por alteração ou substituição de componente ou por adjunção de dispositivo complementar, modificações que possam influenciar os resultados das medições ou as condições regulamentares de utilização, esse modelo carece de uma aprovação complementar.

6. A aprovação de modelo é revogada em qualquer dos casos seguintes:

*a*) Não conformidade dos instrumentos de medição fabricados com o modelo aprovado, com as respectivas condições particulares de aprovação, ou com as disposições regulamentares aplicáveis;

*b*) Defeito de ordem geral dos instrumentos de medição que os torne impróprios para o fim a que se destinam.

7. Os instrumentos de medição em utilização cuja aprovação de modelo não seja renovada ou tenha sido revogada podem permanecer em utilização desde que satisfaçam as operações de verificação aplicáveis.

## Artigo 3.º
### Primeira verificação

1. Primeira verificação é o exame e o conjunto de operações destinados a constatar a conformidade da qualidade metrológica dos instrumentos de medição, novos ou reparados, com a dos respectivos modelos aprovados e com as disposições regulamentares aplicáveis, devendo ser requerida, para os instrumentos novos, pelo fabricante ou importador, e pelo utilizador, para os instrumentos reparados.

2. A marca de primeira verificação será aposta no acto da operação por forma a garantir a inviolabilidade do instrumento.

## Artigo 4.º
### Verificação periódica

1. Verificação periódica é o conjunto de operações destinadas a constatar se os instrumentos de medição mantêm a qualidade metrológica dentro das tolerâncias admissíveis relativamente ao modelo respectivo, devendo ser requerida pelo utilizador do instrumento de medição.

2. Os instrumentos de medição são dispensados de verificação periódica até 31 de Dezembro do ano seguinte ao da sua primeira verificação, salvo regulamentação específica em contrário.

3. Nos instrumentos de medição cuja qualidade metrológica esteja dentro das tolerâncias admissíveis, relativamente ao respectivo modelo, será aposta, no acto da operação, a marca de verificação periódica.

4. A marca referida no número anterior será aposta por forma a garantir a inviolabilidade do instrumento de medição.

5. A verificação periódica é válida até 31 de Dezembro do ano seguinte ao da sua realização, salvo regulamentação específica em contrário.

## Artigo 5.º
### Verificação extraordinária

1. Sem prejuízo das verificações referidas nos artigos 3.º e 4.º, os instrumentos de medição podem ser objecto de verificação extraordinária a requerimento de qualquer interessado, ou por iniciativa das entidades oficiais competentes.

*Legislação Complementar* 319

2. Entende-se por verificação extraordinária o conjunto das operações destinadas a verificar se o instrumento de medição permanece nas condições regulamentares indicadas em cada caso.

### ARTIGO 6.º
### Meios exigíveis para o controlo metrológico

1. Os meios materiais e humanos indispensáveis ao controlo metrológico dos instrumentos de medição devem ser postos à disposição da entidade oficial competente pelos requerentes da operação em causa: fabricantes, importadores ou utilizadores.

2. Os ensaios necessários ao controlo metrológico poderão ter lugar em laboratório próprio dos fabricantes, ou em qualquer laboratório existente, desde que previamente certificado para o efeito pelo Instituto Português da Qualidade.

3. Quando os laboratórios nacionais, públicos ou privados, não disponham de meios para a execução de determinadas operações, poder-se-ão aceitar resultados de ensaios efectuados em laboratórios estrangeiros de idoneidade reconhecida e como tal aceites pelo Instituto Português da Qualidade, mediante requerimento do interessado.

### ARTIGO 7.º
### Utilização de meios de controlo não oficiais

Os meios de controlo não oficiais certificados poderão ser utilizados, em condições a acordar com o Instituto Português da Qualidade, com vista à verificação de meios de controlo de classe de precisão inferior.

### ARTIGO 8.º
### Competências

1. Compete ao Instituto Português da Qualidade:

*a*) Superintender em todas as actividades que se destinem a assegurar o controlo metrológico estabelecido no presente diploma e seus regulamentos;

*b*) Proceder à aprovação de modelos de instrumentos de medição a que se refere o artigo 2.º e à aprovação e verificação dos meios de medição a que se referem os artigos 6.º e 7.º;

320 *Lei do Ruído*

c) Reconhecer a qualificação de entidades para:

*i*) A realização dos ensaios necessários à aprovação de modelos e à verificação de instrumentos de medição;

ii) O exercício da actividade de reparação e ou instalação de instrumentos de medição;

iii) A realização de operações de primeira verificação ou verificação periódica.

d) Assegurar a rastreabilidade dos meios de referência utilizados no controlo metrológico.

2. Compete às delegações regionais do Ministério da Indústria e Energia, no continente, e aos organismos ou serviços competentes das administrações regionais, nas Regiões Autónomas dos Açores e da Madeira:

a) Coordenar as actividades dos serviços e técnicos de metrologia da área respectiva;

b) Fiscalizar o estabelecido no presente diploma e seus regulamentos, sem prejuízo da competência atribuída por lei a outras entidades.

3. A competência para a primeira verificação, para a verificação periódica e para a verificação extraordinária dos instrumentos de medição será exercida nos termos da regulamentação específica aplicável.

4. As operações de controlo metrológico praticadas nos termos legais são válidas em todo o território nacional.

## ARTIGO 9.º
### Acção fiscalizadora

1. A acção fiscalizadora das entidades referidas no artigo anterior abrange todo o território nacional e todas as matérias abrangidas pelo controlo metrológico previsto no presente diploma e seus regulamentos.

2. As entidades fiscalizadoras poderão requisitar o auxílio de quaisquer autoridades quando o julgarem necessário.

3. Sempre que se verifique qualquer infracção ao disposto no presente diploma e seus regulamentos, as entidades fiscalizadoras levantarão auto de notícia nos termos do artigo 243.º do Código de Processo Penal.

4. Os autos relativos a infracções verificadas por entidade diversa da

*Legislação Complementar* 321

competente para aplicar a coima são remetidos à entidade competente, depois de devidamente instruídos com vista à aplicação da sanção a que haja lugar.

## ARTIGO 10.º
### Certificação facultativa de instrumentos de medição

O Instituto Português da Qualidade estabelecerá um sistema nacional de certificação dos instrumentos de medição não submetidos ao controlo obrigatório do Estado, integrando-os em cadeias hierarquizadas de padrões.

## ARTIGO 11.º
### Formação do pessoal

Ao Instituto Português da Qualidade incumbe coordenar a formação dos técnicos necessários ao exercício do controlo metrológico, em colaboração com as demais entidades envolvidas nas diversas operações de controlo.

## ARTIGO 12.º
### Taxas

1. Pela aprovação de modelo, primeira verificação, verificação periódica e verificação extraordinária são devidas taxas, excepto quando esta última resultar de iniciativa oficial relativa a instrumentos em que não sejam excedidos os erros máximos admissíveis.

2. A taxa de serviço de verificação extraordinária será paga no acto do seu requerimento.

3. Pelo reconhecimento da qualificação de entidades ao abrigo do artigo 8.º, n.º 1, alínea c), ou outras operações efectuadas no âmbito do artigo 10.º, são devidas taxas, a fixar por despacho do Ministro da Indústria e Energia.

4. O montante das taxas referidas no n.º 1 será fixado por forma a cobrir os custos das operações executadas, por despacho do Ministro da Indústria e Energia, ou, por despacho conjunto dos ministros competentes, quando se trate de serviços susceptíveis de serem executados por técnicos dependentes de várias tutelas.

322    *Lei do Ruído*

5. As taxas a que se refere o presente artigo são devidas qualquer que seja a entidade interessada, pública ou privada, não sendo abrangidas por qualquer isenção concedida em termos genéricos, designadamente a decorrente do artigo 53.º, n.º 2, alínea c), do anexo I ao Decreto-Lei n.º 49 368, de 10 de Novembro de 1969.

6. As taxas serão pagas contra recibo, passado pelo funcionário que procede à operação ou serviço, ou mediante guia, no prazo de 30 dias.

7. As taxas previstas neste diploma serão cobradas coercivamente, em caso de recusa de pagamento, através do processo de execução fiscal da competência dos tribunais das contribuições e impostos, servindo de título executivo a certidão passada pelo respectivo serviço.

8. O produto da cobrança das taxas resultantes da execução de serviços da competência do Instituto Português da Qualidade (IPQ) ou das delegações regionais do Ministério da Indústria e Energia, ao abrigo dos n.ᵒˢ 1 e 3 deste artigo, será depositado por estas entidades nos cofres do Estado, nos termos da legislação em vigor.

9. Dos quantitativos arrecadados nos termos do número anterior serão consignados 80% aos serviços de metrologia intervenientes e os restantes 20% ao Instituto Português da Qualidade, como receitas próprias, sendo a sua movimentação efectuada nos termos legais.

10. Da receita das taxas das operações de controlo metrológico, quando efectuadas pelos serviços municipais de aferição, é atribuído ao Instituto Português da Qualidade o montante equivalente a 10%, o qual deverá ser remetido ao Instituto Português da Qualidade no segundo mês seguinte ao da respectiva cobrança.

ARTIGO 13.º

**Sanções**

1. Constitui contra-ordenação punível com coima toda a conduta que infrinja as normas relativas às operações de controlo metrológico previstas no n.º 3 do artigo 1.º do presente diploma.

2. O montante mínimo da coima será de € 49,87 e o máximo de € 1496,39 quando a contra-ordenação for praticada por pessoa singular e de € 498,80 a € 14 963,94 quando praticada por pessoa colectiva.

3. Os instrumentos de medição encontrados em infracção ao disposto no presente diploma, sem prejuízo da coima aplicável, podem ser apreendidos e perdidos a favor do Estado, caso o infractor não proceda às

*Legislação Complementar* 323

diligências necessárias à sua legalização no prazo que lhe for indicado para o efeito.

4. A coima será aplicada pelo director da delegação regional do Ministério da Indústria e Energia em cuja área tenha sido detectada a infracção e, nas Regiões Autónomas dos Açores e da Madeira, pelos organismos e serviços competentes das respectivas administrações regionais.

5. A negligência é punível.

6. O produto da aplicação das coimas tem a seguinte distribuição:

*a*) 10% para a entidade que levanta o auto;
*b*) 10% para a entidade que aplique a coima;
*c*) 20% para o Instituto Português da Qualidade;
*d*) 60% para o Orçamento do Estado.

ARTIGO 14.º

**Disposições transitórias**

1. Os padrões nacionais e as unidades de medida continuarão a ser os constantes da legislação em vigor até que diplomas adequados os venham a substituir.

2. Os instrumentos de medição para os quais existe regulamentação específica permanecerão a ela submetidos em tudo o que não contrariar o presente diploma.

3. As autorizações de utilização ou aprovações de modelo concedidas ao abrigo de legislação anterior ao Decreto-Lei n.º 202/83, de 19 de Maio, carecem de renovação no prazo de um ano.

ARTIGO 15.º

**Regulamentação**

As normas técnicas de execução necessárias à regulamentação do presente diploma serão aprovadas por portaria do Ministro da Indústria e Energia. 1

ARTIGO 16.º

São revogados os Decretos-Leis n.ºs 202/83, de 19 de Maio, e 7/89, de 6 de Janeiro.

Visto e aprovado em Conselho de Ministros de 12 de Julho de 1990. – *Aníbal António Cavaco Silva – Vasco Joaquim Rocha Vieira – Lino Dias Miguel – Luís Miguel Couceiro Pizarro Beleza – Luís Fernando Mira Amaral – Joaquim Martins Ferreira do Amaral.*

Promulgado em 7 de Setembro de 1990.

Publique-se.

O Presidente da República, MÁRIO SOARES.

Referendado em 11 de Setembro de 1990.

O Primeiro-Ministro, *Aníbal António Cavaco Silva.*

# Portaria n.º 962/90,
## de 9 de Outubro

Tendo em vista a regulamentação das condições gerais a observar no exercício do controlo metrológico a que se refere o Decreto-Lei n.º 291/90, de 20 de Setembro, e ao abrigo do artigo 15.º do mesmo diploma:

Manda o Governo, pelo Ministro da Indústria e Energia, o seguinte:

### 1.º

É aprovado o Regulamento Geral do Controlo Metrológico, anexo à presente portaria e que dela faz parte integrante.

### 2.º

É revogada a Portaria n.º 924/83, de 11 de Outubro.

Ministério da Indústria e Energia.

Assinada em 24 de Setembro de 1990.

O Ministro da Indústria e Energia, *Luís Fernando Mira Amaral.*


## REGULAMENTO GERAL DO CONTROLO METROLÓGICO

### I
### Disposições gerais

1. O controlo metrológico ora regulamentado aplica-se aos métodos de medição e aos instrumentos de medição nacionais ou importados, novos ou cujo controlo efectuado ao abrigo de anterior legislação tenha caducado.

1.1. O controlo metrológico efectuado pelas entidades competentes tem valor para todo o território nacional durante o seu prazo de validade e será atestado nos instrumentos de medição, mediante marcação dos símbolos adiante caracterizados.

1.2. Regulamentos específicos de cada categoria de instrumentos de medição estabelecerão eventuais condições particulares a observar na aprovação de modelo, primeira verificação, verificação periódica e verificação extraordinária respectivas.

2. Os fabricantes, importadores, reparadores ou utilizadores deverão requerer em impresso próprio, às entidades competentes, cada uma das operações de controlo metrológico a que os instrumentos de medição estão submetidos, indicando, nomeadamente, a identificação e localização do requerente, a identificação do instrumento, a utilização a que se destina, a designação comercial e a operação metrológica requerida.

2.1. Os regulamentos específicos de cada categoria de instrumentos de medição indicarão eventuais requisitos complementares, a satisfazer no acto de requerimento das diferentes operações.

## II

### Reparadores e instaladores

3. Os reparadores ou instaladores de instrumentos de medição carecem de qualificação, devendo requerer ao Instituto Português da Qualidade (IPQ) o seu reconhecimento e consequente atribuição de uma marca de identificação própria para aposição nos instrumentos.

3.1. A instrução do processo de reconhecimento da qualificação obedecerá a regulamento próprio.

3.2. A marca de identificação a colocar nos instrumentos compreenderá o símbolo do reparador ou instalador e os dois últimos dígitos do ano em que se realiza a operação.

## III

### Aprovação de modelo

4. A aprovação de modelo de instrumentos de medição ou de dispositivos complementares será efectuada ao abrigo da regulamentação específica nacional ou ao abrigo da directiva da Comunidade Económica Europeia (CEE) que o prescreva para a respectiva categoria, se o interessado assim o requerer.

4.1. Entende-se por modelo de um instrumento de medição o instrumento cujos elementos que caracterizam a qualidade metrológica estão convenientemente definidos e ao qual correspondem instrumentos fabricados idênticos nas suas dimensões, construção, materiais e tecnologia, podendo, no entanto, o mesmo modelo possuir diferentes alcances de medição.

4.2. Entende-se por dispositivos complementares os dispositivos que, não constituindo em si mesmos instrumentos de medição, servem para manter as grandezas medidas ou de influência em valores convenientes, para facilitar as operações de medição ou para alterar a sensibilidade ou o alcance do instrumento que complementam.

4.3. O requerimento de aprovação de modelo deverá ser acompanhado de memória descritiva, desenhos e fotografia em duplicado, que esclareçam a sua constituição, construção, montagem e funcionamento (em especial, os relativos aos dispositivos de segurança), regulação e afinação, os locais previstos para a colocação dos símbolos de controlo metrológico e outros requisitos estabelecidos em regulamentos específicos.

4.4. Para a aprovação de modelo deverão ser entregues um ou mais exemplares, de acordo com disposições regulamentares específicas.

4.5. O requerimento de aprovação complementar deverá ser acompanhado, além de um ou mais exemplares do modelo a que respeita, de memória descritiva, desenhos ou fotocópias esclarecedores das alterações introduzidas.

5. O IPQ procederá à aprovação de modelos, realizando ou superintendendo na realização dos estudos e ensaios necessários à verificação das características e qualidade metrológicas, utilizando, para o efeito, os meios disponíveis no laboratório central ou nos laboratórios oficiais ou outros devidamente reconhecidos.

5.1. O IPQ emitirá despacho de aprovação de modelo, que será publicado no Diário da República a expensas do interessado.

5.2. O despacho de aprovação indicará os fundamentos da aprovação do modelo, as condições a respeitar na sua utilização e o respectivo prazo de validade.

5.3. Os despachos de aprovação de modelos de dispositivos complementares deverão fixar os modelos dos instrumentos a que podem ser aplicados e as respectivas condições gerais de funcionamento.

5.4. As aprovações CEE de modelo serão certificadas e publicitadas nos termos previstos nas directivas aplicáveis.

328 *Lei do Ruído*

6. A cada aprovação corresponderá um depósito de modelo, em termos a definir no regulamento específico ou no despacho de aprovação respectivo.

7. À aprovação de modelo corresponderá uma marcação em todos os instrumentos do mesmo modelo de acordo com as seguintes regras:

a) Símbolo de aprovação aposto em local próprio, acompanhado dos dois últimos dígitos do ano de aprovação e de um número característico a estabelecer pelo IPQ, para as aprovações nacionais, conforme o anexo I;

b) Símbolos e respectivas indicações numéricas aplicáveis, para as aprovações ao abrigo de directiva CEE, conforme o anexo II.

7.1. A aposição do símbolo de aprovação é da responsabilidade do fabricante ou importador e deverá ser visível, legível e indelével.

## IV
### Primeira verificação

8. A primeira verificação dos instrumentos de medição será efectuada nos termos aplicáveis à respectiva categoria, quer em instrumentos de modelo de aprovação nacional, quer de aprovação CEE ou desta dispensados.

8.1. A primeira verificação será efectuada pelo IPQ, pelas delegações regionais, mediante delegação, ou por entidades para o efeito reconhecidas, sem prejuízo do que vier a ser estabelecido em regulamentos específicos.

9. A primeira verificação pode efectuar-se em uma ou várias fases (em geral duas). Sempre que o instrumento constitua um todo à saída da fábrica, efectua-se numa única fase.

9.1. A primeira verificação dos instrumentos pode ser efectuada de forma não sistemática nos casos previstos na regulamentação ou directivas aplicáveis à respectiva categoria.

10. Os fabricantes, importadores e reparadores deverão conservar as folhas de registo dos ensaios correspondentes à primeira verificação durante o prazo de validade da aprovação de modelo.

11. O símbolo da primeira verificação constará:

a) Dos dois últimos dígitos do ano em que se executa a operação, com o último algarismo envolvido por uma semicircunferência conforme o desenho do anexo III, para a verificação nacional;

b) Da marca composta por uma letra «e» minúscula e um hexágono com inscrições alfanuméricas conforme o anexo III, para a verificação CEE.

*Legislação Complementar* 329

11.1. Os símbolos serão colocados pelos serviços competentes em todos os instrumentos abrangidos pela verificação.

## V

### Verificação periódica

12. A verificação periódica será efectuada pelo IPQ, pelas delegações regionais ou por entidades reconhecidas para o efeito, conforme for determinado em regulamentos específicos.

13. A verificação periódica deverá ser efectuada consoante a periodicidade estabelecida em regulamentos específicos entre 1 de Janeiro e 30 de Novembro do ano a que respeite.

14. Os utilizadores deverão requerer à entidade competente a verificação periódica nos seguintes casos:

Início de actividade do utilizador;

Aquisição de instrumentos novos ou usados;

Instrumentos cujas marcações tenham sido inutilizadas;

Instrumentos cuja verificação periódica no ano em causa não tenha sido executada até 30 de Novembro;

Quando os regulamentos específicos de categoria de instrumento de medição assim o determinem.

14.1. Os instrumentos que se destinem a utilização em vários locais pertencentes a diferentes regiões devem ser submetidos a verificação periódica em apenas um dos locais de utilização.

15. À verificação periódica corresponde um símbolo constituído pelos dois últimos dígitos do ano envolvidos por duas semicircunferências, conforme o desenho do anexo IV.

15.1. O símbolo será aplicado pelos serviços competentes em todos os instrumentos abrangidos pela verificação.

16. À rejeição de qualquer instrumento na verificação periódica corresponderá a obliteração do respectivo símbolo, por sobreposição da letra maiúscula «X», conforme o desenho do anexo V.

## VI

### Verificação extraordinária

17. À verificação extraordinária corresponde um símbolo idêntico ao da verificação periódica, seguido da letra maiúscula «E», conforme o desenho do anexo VI.

18. À rejeição do instrumento na verificação extraordinária corresponderá procedimento idêntico ao estabelecido para a rejeição na verificação periódica.

## VII
### Disposições finais

19. Todos os instrumentos deverão possuir identificação que contenha, para além das características, eventuais condições a respeitar na sua utilização.

19.1. Qualquer que seja a origem dos instrumentos, nacional ou importada, aquela identificação deve ser redigida em português.

20. Os fabricantes, importadores e utilizadores deverão conservar os instrumentos de medição em bom estado de funcionamento e manter os documentos comprovativos do controlo metrológico junto dos respectivos instrumentos.

## ANEXO I
### Símbolo de aprovação de modelo

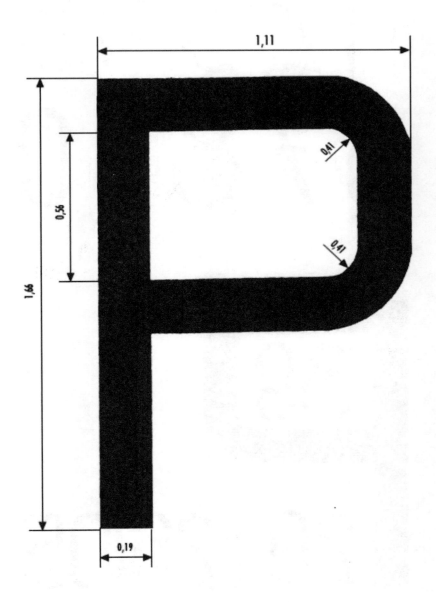

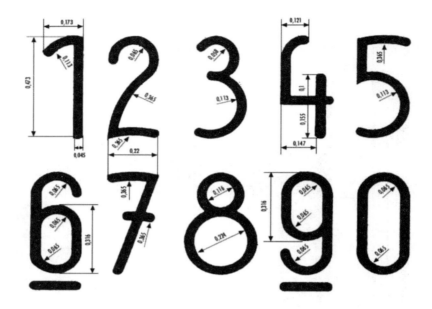

## ANEXO II

### Símbolos relativos à aprovação CEE de modelo

Símbolo correspondente à aprovação CEE de modelo, concedida em Portugal, em 1989, identificada com o n.º 20 126/95.

Símbolo correspondente à aprovação CEE de modelo de efeito limitado, concedida em Portugal, em 1989, identificada com o n.º 20 126/96.

Símbolo correspondente a um modelo isentado de aprovação CEE, construído em Portugal, em 1989, e registado sob o n.º 20 126/97.

Símbolo correspondente à aprovação CEE de modelo, concedida em Portugal, em 1989, identificada sob o n.º 20 126/98, com isenção da primeira verificação CEE.

## ANEXO III

### Símbolo da primeira verificação nacional

### Símbolos da primeira verificação CEE

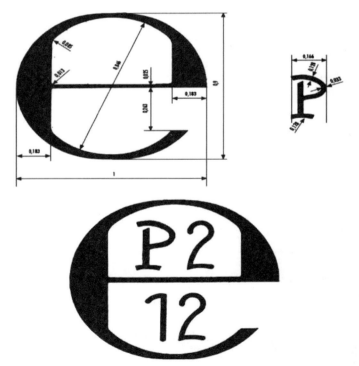

Símbolo correspondente a uma primeira verificação, efectuada em Portugal, na região identificada por 2 e pelo verificador identificado por 12

Símbolo correspondente a uma primeira verificação, efectuada em 1989, a colocar em conjunto com o anterior.

## ANEXO IV
### Símbolo de verificação periódica

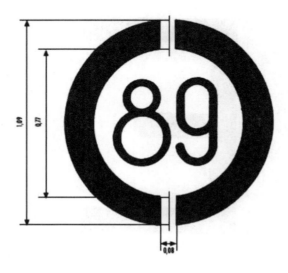

## ANEXO V

## ANEXO VI

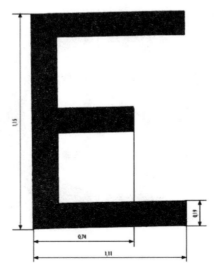

# Decreto-Lei n.º 128/93,
## de 22 de Abril

Os equipamentos de protecção individual são dispositivos ou meios destinados a ser envergados ou manejados com vista a proteger o utilizador contra riscos susceptíveis de constituir uma ameaça à sua saúde ou à sua segurança.

Para eficazmente preservarem a saúde e garantirem a segurança de pessoas e bens, os equipamentos de protecção individual terão de satisfazer, na sua concepção e fabrico, exigências essenciais de segurança e respeitarem os procedimentos adequados à certificação e controlo da sua conformidade com as exigências essenciais aplicáveis.

Tais exigências e procedimentos derivam da Directiva do Conselho n.º 89/686/CEE, de 21 de Dezembro de 1989, relativa à aproximação das legislações dos Estados membros respeitantes aos equipamentos de protecção individual, a que importa dar cumprimento.

Assim:

Nos termos da alínea a) do n.º 1 do artigo 201.º da Constituição, o Governo decreta o seguinte:

### Artigo 1.º
### Âmbito

1. O presente diploma estabelece as exigências técnicas essenciais de segurança a observar pelos equipamentos de protecção individual (EPI) com vista a preservar a saúde e a segurança dos seus utilizadores.

2. Consideram-se, para efeitos do presente diploma, como EPI:

*a)* Qualquer dispositivo ou meio que se destine a ser envergado ou manejado por uma pessoa para defesa contra um ou mais riscos susceptíveis de ameaçar a sua saúde ou a sua segurança;

*b*) O conjunto constituído por vários dispositivos ou meios associados de modo solidário pelo fabricante com vista a proteger uma pessoa contra um ou vários riscos susceptíveis de surgir simultaneamente;

*c*) O dispositivo ou meio protector solidário, dissociável ou não, do equipamento individual não protector, envergado ou manejado com vista ao exercício de uma actividade;

*d*) Os componentes intermutáveis de um EPI indispensáveis ao seu bom funcionamento e utilizados exclusivamente nesse EPI.

3. Considera-se parte integrante de um EPI qualquer sistema de ligação com ele colocado no mercado para o ligar a um outro dispositivo exterior complementar, mesmo no caso de tal sistema se não destinar a ser envergado ou manejado em permanência pelo utilizador durante o período de exposição aos riscos.

4. Excluem-se do âmbito de aplicação do presente diploma:

*a*) Os EPI concebidos e fabricados especificamente para as Forças Armadas ou de manutenção da ordem;

*b*) Os EPI de autodefesa contra agressores;

*c*) Os EPI concebidos e fabricados para utilização privada contra as condições atmosféricas, a humidade, a água e o calor;

*d*) Os EPI destinados à protecção ou ao salvamento de pessoas embarcadas a bordo dos navios ou aeronaves e sem utilização de carácter permanente;

*e*) Os EPI especificamente abrangidos por outra regulamentação com os mesmos objectivos de segurança que o presente diploma.

ARTIGO 2.º

**Regulamentação técnica**

As exigências técnicas essenciais dos EPI susceptíveis de condicionar a saúde e a segurança dos seus utilizadores, a documentação técnica que o fabricante ou seu mandatário devem apresentar às autoridades competentes antes da colocação no mercado dos EPI, e, bem assim, a declaração de conformidade CE, o exame CE de tipo e a marca CE, são objecto de portaria conjunta dos Ministros da Indústria e Energia e da Saúde.

*Legislação Complementar* 339

## Artigo 3.º
### Colocação no mercado

1. Só podem ser colocados no mercado e em serviço os EPI que satisfaçam as exigências técnicas essenciais relativas à saúde e segurança dos seus eventuais utilizadores.

2. É permitida a apresentação em feiras, exposições e outras demonstrações de EPI que, embora não conformes com as disposições do presente diploma, indiquem de modo adequado em que consiste a não conformidade.

3. A aquisição e ou a utilização dos EPI referidos no número anterior fica condicionada ao integral cumprimento do disposto no presente diploma e sua regulamentação.

## Artigo 4.º
### Seguro de responsabilidade civil

1. As entidades de qualificação reconhecida para a realização de exames, controlos e ensaios previstos na regulamentação técnica deste diploma devem possuir um seguro de responsabilidade civil sempre que tal responsabilidade não seja garantida pelo Estado, para os efeitos do artigo 9.º da Directiva n.º 89/686/CEE.

2. O âmbito de cobertura do seguro e o montante mínimo obrigatório são fixados por portaria conjunta dos Ministros das Finanças e da Indústria e Energia.

## Artigo 5.º
### Procedimentos efectuados em outros Estados membros

Os procedimentos de certificação efectuados ou controlo relativos a EPI efectuados em qualquer Estado membro das Comunidades Europeias em harmonia com a Directiva n.º 89/686/CEE têm o mesmo valor que os procedimentos nacionais correspondentes.

## Artigo 6.º
### Cláusula de salvaguarda

1. Quando se verifique que um EPI munido da marca CE e utilizado de acordo com a sua finalidade pode comprometer a saúde e a segurança

340     *Lei do Ruído*

de pessoas e bens será, provisoriamente, proibida ou limitada a sua comercialização.

2. Compete ao Ministro da Indústria e Energia, ouvida a Direcção-Geral da Saúde, o reconhecimento, por despacho, da verificação dos pressupostos referidos no número anterior.

### ARTIGO 7.º

### Fiscalização

1. A fiscalização do cumprimento do disposto no presente diploma é exercida pelas delegações regionais do Ministério da Indústria e Energia (DRIE), sem prejuízo das competências atribuídas por lei a outras entidades.

2. Os técnicos das entidades a que se refere o número anterior devem possuir identificação adequada, podendo, no exercício das suas funções, recolher dispositivos ou componentes dos equipamentos abrangidos pelo presente diploma.

3. Das infracções verificadas será levantado auto de notícia nos termos das disposições legais aplicáveis.

4. As entidades fiscalizadoras podem solicitar o auxílio de quaisquer autoridades sempre que o julguem necessário ao exercício das suas funções.

### ARTIGO 8.º

### Contra-ordenações

1. O incumprimento do disposto no artigo 3.º constitui contra-ordenação punível com coima de € 249,40 a € 2493,99, sem prejuízo da responsabilidade civil ou penal do mesmo decorrente, podendo ser ainda determinada, como sanção acessória, a apreensão dos equipamentos em causa, sempre que a sua utilização, em condições normais, represente perigo que o justifique.

2. A negligência e a tentativa são puníveis.

3. Se o infractor for uma pessoa colectiva, o montante máximo da coima é de € 14 963,94, em caso de negligência, e de € 29 927,87, em caso de dolo.

4. A aplicação das sanções previstas nos n.ºs 1 e 3 compete ao director da DRIE em cuja área a contra-ordenação tiver sido verificada.

*Legislação Complementar* 341

5. A receita das coimas previstas nos n.ºs 1 e 3 reverte:

*a*) Em 60% para o Estado;
*b*) Em 20% para a entidade que levantou o auto;
*c*) Em 10% para a entidade que aplicou a coima;
*d*) Em 10% para o Instituto Português da Qualidade (IPQ).

ARTIGO 9.º

**Acompanhamento da aplicação do diploma**

1. O IPQ acompanhará a aplicação global do presente diploma, propondo as medidas necessárias à prossecução dos seus objectivos e as que se destinem a assegurar a ligação com a Comissão e os Estados membros das Comunidades Europeias.

2. Compete, em especial, ao IPQ:

*a*) Publicar as referências das normas portuguesas que transponham normas harmonizadas;
*b*) Manter a Comissão e os Estados membros permanentemente informados das entidades de qualificação reconhecida para as intervenções previstas no presente diploma ou respectiva regulamentação;
*c*) Informar imediatamente a Comissão das medidas tomadas ao abrigo do artigo 6.º, indicando os seus fundamentos e, em especial, se a situação em causa resultou de não cumprimento das exigências essenciais aplicáveis, de uma má aplicação das normas harmonizadas ou de lacuna das próprias normas harmonizadas;
*d*) Informar a Comissão e os Estados membros de outras medidas tomadas contra quem tiver aposto indevidamente a marca CE em qualquer EPI, bem como da anulação de qualquer certificado de exame CE de qualquer tipo de EPI.

ARTIGO 10.º

**Entrada em vigor**

O presente diploma entra em vigor no dia 1 do mês seguinte à data da sua publicação.

Visto e aprovado em Conselho de Ministros de 18 de Fevereiro de 1993. – *Aníbal António Cavaco Silva – Manuel Dias Loureiro – Jorge Braga de Macedo – Luís Fernando Mira Amaral – Joaquim Martins Ferreira do Amaral – Arlindo Gomes de Carvalho – José Albino da Silva Peneda – Carlos Alberto Diogo Soares Borrego.*

Promulgado em 2 de Abril de 1993.

Publique-se.

O Presidente da República, MÁRIO SOARES.

Referendado em 6 de Abril de 1993.

O Primeiro-Ministro, *Aníbal António Cavaco Silva.*

# Decreto-Lei n.º 348/93,
## de 1 de Outubro

O Decreto-Lei n.º 441/91, de 14 de Novembro, estabelece o regime jurídico do enquadramento da segurança, higiene e saúde no trabalho, referindo-se expressamente, no n.º 2 do seu artigo 23.º, à regulamentação derivada da transposição para o direito interno das directivas comunitárias.

Nestes termos, o presente diploma visa transpor para a ordem jurídica interna a Directiva n.º 89/656/CEE, do Conselho, de 30 de Novembro, relativa às prescrições mínimas de segurança e de saúde dos trabalhadores na utilização de equipamentos de protecção individual, que constitui a terceira directiva especial, na acepção do n.º 1 do artigo 16.º da Directiva n.º 89/391/CEE, do Conselho, de 12 de Junho, e atender aos princípios orientadores constantes da Comunicação da Comissão n.º 89/C328/02, de 30 de Novembro, relativa à avaliação do ponto de vista da segurança dos equipamentos de protecção individual.

Pretende-se, assim, cumprir a exigência de fixação de prescrições mínimas de segurança e de saúde no quadro da dimensão social do mercado interno, cuja observância levará à melhoria do nível de prevenção e de protecção dos trabalhadores na utilização dos equipamentos de protecção individual.

O presente diploma foi apreciado em sede do Conselho Nacional de Segurança, Higiene e Saúde no Trabalho, reflectindo os consensos ali alcançados.

Assim:

Nos termos da alínea a) do n.º 1 do artigo 201.º da Constituição, o Governo decreta o seguinte:

## Artigo 1.º

### Objecto

O presente diploma transpõe para a ordem jurídica interna a Directiva n.º 89/656/CEE, do Conselho, de 30 de Novembro, relativa às prescrições mínimas de segurança e de saúde dos trabalhadores na utilização de equipamentos de protecção individual.

## Artigo 2.º

### Âmbito de aplicação

O presente diploma tem o âmbito de aplicação estabelecido no artigo 2.º do Decreto-Lei n.º 441/91, de 14 de Novembro.

## Artigo 3.º

### Definições

1. Para efeitos do presente diploma, entende-se por equipamento de protecção individual todo o equipamento, bem como qualquer complemento ou acessório, destinado a ser utilizado pelo trabalhador para se proteger dos riscos, para a sua segurança e para a sua saúde.

2. A definição do número anterior não abrange:

   *a*) Vestuário vulgar de trabalho e uniformes não destinados à protecção da segurança e da saúde do trabalhador;
   *b*) Equipamentos de serviços de socorro e salvamento;
   *c*) Equipamentos de protecção individual dos militares, polícias e pessoas dos serviços de manutenção da ordem;
   *d*) Equipamentos de protecção individual utilizados nos meios de transporte rodoviários;
   *e*) Material de desporto;
   *f*) Material de autodefesa ou dissuasão;
   *g*) Aparelhos portáteis para detecção e sinalização de riscos e factores nocivos.

## Artigo 4.º

### Princípio geral

Os equipamentos de protecção individual devem ser utilizados quando os riscos existentes não puderem ser evitados ou suficientemente limitados

*Legislação Complementar* 345

por meios técnicos de protecção colectiva ou por medidas, métodos ou processos de organização do trabalho.

ARTIGO 5.º

**Disposições gerais**

1. Todo o equipamento de protecção individual deve:

*a*) Estar conforme com as normas aplicáveis à sua concepção e fabrico em matéria de segurança e saúde;
*b*) Ser adequado aos riscos a prevenir e às condições existentes no local de trabalho, sem implicar por si próprio um aumento de risco;
*c*) Atender às exigências ergonómicas e de saúde do trabalhador;
*d*) Ser adequado ao seu utilizador.

2. Os equipamentos de protecção individual utilizados simultaneamente devem ser compatíveis entre si e manter a sua eficácia relativamente aos riscos contra os quais se visa proteger o trabalhador.

3. O equipamento de protecção individual é de uso pessoal.

4. Em casos devidamente justificados, o equipamento de protecção individual pode ser utilizado por mais que um trabalhador, devendo, neste caso, ser tomadas medidas apropriadas para salvaguarda das condições de higiene e de saúde dos diferentes utilizadores.

5. As condições de utilização do equipamento de protecção individual, nomeadamente no que se refere à sua duração, são determinadas em função da gravidade do risco, da frequência da exposição ao mesmo e das características do posto de trabalho.

6. O equipamento de protecção individual deve ser usado de acordo com as instruções do fabricante.

ARTIGO 6.º

**Obrigações do empregador**

Constitui obrigação do empregador:

*a*) Fornecer equipamento de protecção individual e garantir o seu bom funcionamento;
*b*) Fornecer e manter disponível nos locais de trabalho informação adequada sobre cada equipamento de protecção individual;

346       *Lei do Ruído*

*c*) Informar os trabalhadores dos riscos contra os quais o equipamento de protecção individual os visa proteger;

*d*) Assegurar a formação sobre a utilização dos equipamentos de protecção individual, organizando, se necessário, exercícios de segurança.

## ARTIGO 7.º

### Descrição técnica do equipamento

A descrição técnica do equipamento de protecção individual, bem como das actividades e sectores de actividade para os quais aquele pode ser necessário, é objecto de portaria do Ministro do Emprego e da Segurança Social.

## ARTIGO 8.º

### Obrigações dos trabalhadores

*a*) Utilizar correctamente o equipamento de protecção individual de acordo com as instruções que lhe forem fornecidas;

*b*) Conservar e manter em bom estado o equipamento que lhe for distribuído;

*c*) Participar de imediato todas as avarias ou deficiências do equipamento de que tenha conhecimento.

## ARTIGO 9.º

### Informação dos trabalhadores

Os trabalhadores, assim como os seus representantes, devem dispor de informação sobre todas as medidas a tomar relativas à segurança e saúde na utilização dos equipamentos de protecção individual.

## ARTIGO 10.º

### Consulta dos trabalhadores

Os trabalhadores, assim como os seus representantes, devem ser consultados sobre a escolha do equipamento de protecção individual.

## Artigo 11.º

### Fiscalização

A fiscalização do cumprimento das normas constantes do presente diploma e respectiva regulamentação, bem como a aplicação das correspondentes sanções, compete ao Instituto de Desenvolvimento e Inspecção das Condições de Trabalho, sem prejuízo da competência fiscalizadora específica atribuída a outras entidades, conforme o disposto no artigo 21.º do Decreto-Lei n.º 441/91, de 14 de Novembro.

## Artigo 12.º

### Contra-ordenações

Constitui contra-ordenação grave a violação dos artigos 6.º, 9.º e 10.º.

Visto e aprovado em Conselho de Ministros de 15 de Julho de 1993. – *Aníbal António Cavaco Silva – Jorge Braga de Macedo – Luís Filipe Alves Monteiro – José Martins Nunes – José Albino da Silva Peneda.*

Promulgado em 3 de Setembro de 1993.

Publique-se.

O Presidente da República, Mário Soares.

Referendado em 7 de Setembro de 1993.

O Primeiro-Ministro, *Aníbal António Cavaco Silva.*

# Portaria n.º 988/93,
# de 6 de Outubro

O Decreto-Lei n.º 348/93, de 1 de Outubro, que transpõe para a ordem jurídica interna a Directiva n.º 89/656/CEE, do Conselho, de 30 de Novembro, relativa às prescrições mínimas de segurança e de saúde dos trabalhadores na utilização de equipamento de protecção individual, prevê, no seu artigo 7.º, que a descrição técnica do equipamento de protecção individual, bem como das actividades e sectores de actividade para os quais aquele pode ser necessário, é objecto de portaria do Ministro do Emprego e da Segurança Social.

Cumpre, pois, dar execução àquele preceito legal.

Assim:

Ao abrigo do disposto no artigo 7.º do Decreto-Lei n.º 348/93, de 1 de Outubro:

Manda o Governo, pelo Ministro do Emprego e da Segurança Social, o seguinte:

1.º Na avaliação das situações de risco com vista à escolha do equipamento de protecção individual adequado seguir-se-á o esquema constante do anexo I.

2.º Na referida avaliação ter-se-ão em conta as actividades e os sectores de actividade constantes do anexo III.

3.º Na escolha do equipamento de protecção individual a utilizar ter-se-á em conta a lista constante do anexo II.

Ministério do Emprego e da Segurança Social.

Assinada em 10 de Setembro de 1993.

O Ministro do Emprego e da Segurança Social, *José Albino da Silva Peneda.*

## ANEXO I

### Esquema indicativo para o inventário dos riscos com vista à utilização de protecção individual

| Partes do corpo | | Riscos | | | | | | | | | | | | | | | | | | | | |
|---|---|---|---|---|---|---|---|---|---|---|---|---|---|---|---|---|---|---|---|---|---|---|
| | | Físicos | | | | | | | | | | | Químicos | | | | | | | Biológicos | | | |
| | | Mecânicos | | | | | Térmicos | | Eléctricos | Radiações | | Ruído | Aerossóis | | | Líquidos | | Gases, vapores | | | | |
| | | Quedas de grande altura | Choques, golpes, impactos, compressões | Perfurações, cortes, abrasões | Vibrações | Escorregadelas, quedas ao mesmo nível | Calor, chamas | Frio | | Não ionizantes | Ionizantes | | Poeiras, fibras | Fumos | Névoas | Imersões | Salpicos, projecções | | Bactérias patogénicas | Vírus patogénicos | Fungos produtores de micoses | Antígenos biológicos não microbianos |
| Cabeça | Crânio | | | | | | | | | | | | | | | | | | | | | |
| | Ouvidos | | | | | | | | | | | | | | | | | | | | | |
| | Olhos | | | | | | | | | | | | | | | | | | | | | |
| | Vias respiratórias | | | | | | | | | | | | | | | | | | | | | |
| | Rosto | | | | | | | | | | | | | | | | | | | | | |
| | Cabeça inteira | | | | | | | | | | | | | | | | | | | | | |
| Membros superiores | Mão | | | | | | | | | | | | | | | | | | | | | |
| | Braço (partes) | | | | | | | | | | | | | | | | | | | | | |
| Membros inferiores | Pé | | | | | | | | | | | | | | | | | | | | | |
| | Perna (partes) | | | | | | | | | | | | | | | | | | | | | |
| Diversos | Pele | | | | | | | | | | | | | | | | | | | | | |
| | Tronco/abdómen | | | | | | | | | | | | | | | | | | | | | |
| | Via parentérica | | | | | | | | | | | | | | | | | | | | | |
| | Corpo inteiro | | | | | | | | | | | | | | | | | | | | | |

*Legislação Complementar* 351

## ANEXO II
## Lista indicativa e não exaustiva dos equipamentos de protecção individual

### Protecção da cabeça:

Capacetes de protecção para a indústria (capacetes para minas, estaleiros de obras públicas, indústrias diversas);

Coberturas de cabeça ligeiras para protecção do couro cabeludo (bonés, barretes, coifas, com ou sem viseira);

Coberturas de protecção da cabeça (barretes, bonés, chapéu de oleado, etc., em tecido, em tecido revestido, etc.).

### Protecção do ouvido:

Tampões para os ouvidos, moldáveis ou não;

Capacetes envolventes;

Protectores auriculares adaptáveis aos capacetes de protecção para a indústria;

Precintas com receptor para circuito de indução de baixa frequência;

Protectores contra o ruído equipados com aparelhos de intercomunicação.

### Protecção dos olhos e da face:

Óculos com aros;

Óculos isolantes com uma ocular (óculos isolantes com duas oculares);

Óculos de protecção contra raios X, raios laser, radiações ultravioleta, infra--vermelho, visível;

Escudos faciais;

Máscaras e capacetes para soldadura por arco (máscaras para segurar com as mãos, com precintas ou adaptáveis sobre capacetes de protecção).

### Protecção das vias respiratórias:

Aparelhos filtrantes antipoeiras, antigás e contra poeiras radioactivas;

Aparelhos isolantes com aprovisionamento de ar;

Aparelhos respiratórios com uma máscara de soldadura amovível;

Aparelhos e material para mergulhadores;

Escafandros para mergulhadores.

## Protecção das mãos e dos braços:

Luvas:
Contra agressões mecânicas (perfurações, cortes, vibrações, etc.);
Contra agressões químicas;
Para electricistas e antitérmicas;
Muflas;
Dedaleiras;
Mangas protectoras;
Punhos de couro;
Mitenes;
Manicas.

## Protecção dos pés e das pernas:

Sapatos de salto raso, botinas, botins, botas de segurança;
Sapatos que se desapertem ou se desatem rapidamente;
Sapatos com biqueira de protecção;
Sapatos e cobre-sapatos com sola anticalor;
Sapatos, botas e cobre-botas de protecção contra o calor;
Sapatos, botas e cobre-botas de protecção contra o frio;
Sapatos, botas e cobre-botas de protecção contra as vibrações;
Sapatos, botas e cobre-botas de protecção antiestáticos;
Sapatos, botas e cobre-botas de protecção isolantes;
Botas de protecção contra as correntes das serras de traçar;
Tamancos;
Joelheiras;
Protectores amovíveis do peito do pé;
Polainas;
Solas amovíveis (anticalor, antiperfuração ou antitranspiração);
Grampos amovíveis para o gelo, a geada, neve, solos escorregadios.

## Protecção da pele:

Cremes de protecção/pomadas.

## Protecção do tronco e do abdómen:

Coletes, casacos e aventais de protecção contra agressões mecânicas (perfuração, cortes, projecção de metais em fusão, etc.);

Coletes, casacos e aventais de protecção contra agressões químicas;
Coletes munidos de dispositivos de aquecimento;
Coletes de salvação;
Aventais de protecção contra raios X;
Cintos de segurança do tronco.

**Protecção do corpo inteiro:**

Equipamentos de protecção contra quedas:
Equipamentos ditos «antiquedas» (equipamentos completos, incluindo todos os acessórios necessários para a sua utilização);
Equipamentos com travão «absorvente de energia cinética» (equipamentos completos, incluindo todos os acessórios necessários para a sua utilização);
Dispositivos de preensão do corpo (cintos de segurança);

**Vestuário de protecção:**

Vestuário de trabalho, dito «segurança» (duas peças e fato-macaco);
Vestuário de protecção contra agressões mecânicas (perfuração, cortes, etc.);
Vestuário de protecção contra agressões químicas;
Vestuário de protecção contra projecções de metais em fusão e raios infra-vermelhos;
Vestuário de protecção contra o calor;
Vestuário de protecção contra o frio;
Vestuário de protecção contra a contaminação radioactiva;
Vestuário antipoeiras;
Vestuário antigás;
Vestuário e acessórios (braçadeiras, luvas, etc.), fluorescentes de sinalização, retro-reflectores;
Coberturas de protecção.

## ANEXO III

### Lista indicativa e não exaustiva das actividades e sectores de actividade para os quais podem ser necessários equipamentos de protecção individual

#### 1. Protecção da cabeça (protecção do crânio):

*Capacetes de protecção:*

Construção, nomeadamente trabalhos efectuados sobre, por baixo ou na proximidade de andaimes e postos de trabalho situados em pontos altos, cofragem e descofragem, operações de montagem, instalação e colocação de andaimes e demolições;

Trabalhos em pontes metálicas, construções metálicas elevadas, postes, torres, construções hidráulicas em aço, altos-fornos, aciarias, trens de laminagem, contentores de grandes dimensões, condutas de grande diâmetro, caldeiras e centrais eléctricas;

Trabalhos em escavações, valas, poças e galerias;

Terraplenagens e trabalhos em maciços rochosos;

Trabalhos em explorações mineiras do subsolo, em pedreiras, explorações a céu aberto e movimentação dos inertes;

Trabalhos com pistolas de chumbar;

Trabalhos com explosivos;

Trabalhos efectuados em elevadores, aparelhos de elevação e meios de transporte;

Actividades em instalações de altos-fornos, instalações de redução directa, aciarias, trens de laminagem, fábricas metalúrgicas, forjas, oficinas de estampagem e fundições;

Trabalhos em fornos industriais, contentores, máquinas, silos, tremonhas e condutas;

Trabalhos no âmbito da construção naval;

Operações de manobras dos caminhos-de-ferro;

Trabalhos em matadouros.

#### 2. Protecção dos pés:

*Calçado de protecção com sola antiperfuração:*

Obras de tosco, de engenharia civil e de construção de estradas;

Trabalhos de construção executados em andaimes;

Demolições de toscos;

Trabalhos de construção em betão e elementos pré-fabricados que incluam operações de cofragem e descofragem;
Trabalhos em estaleiros e zonas de armazenagem;
Trabalhos em telhados;

*Calçado de protecção sem sola antiperfuração:*

Trabalhos em pontes metálicas, estruturas metálicas de grande altura, postes, torres, elevadores, construções hidráulicas em aço, altos-fornos, aciarias, trens de laminagem, grandes contentores, condutas de grande diâmetro, gruas, caldeiras e centrais eléctricas;
Trabalhos de construção de fornos, montagem de instalações de aquecimento e ventilação e de estruturas metálicas;
Trabalhos de remodelação e manutenção;
Trabalhos em altos-fornos, instalações de redução directa, aciarias, trens de laminagem, fábricas metalúrgicas, forjas, oficinas de estampagem e de prensagem a quente e trefilarias;
Trabalhos em pedreiras, minas a céu aberto e movimentação dos inertes;
Trabalho e transformação da pedra;
Fabrico, manipulação e transformação de vidro plano e vidro oco;
Manipulação de moldes na indústria cerâmica;
Operações de revestimento próximo dos fornos na indústria cerâmica;
Trabalhos de vazamento em moldes na indústria cerâmica pesada e na indústria dos materiais de construção;
Operações de transporte e armazenagem;
Manipulação de peças de carne congelada e de barris metálicos de conservas;
Actividades no âmbito da construção naval;
Trabalhos de manobras nos caminhos-de-ferro;

*Calçado de segurança com salto ou sola de cunha e sola antiperfuração:*

Trabalhos em telhados;

*Calçado de segurança com sola dotada de isolamento térmico:*

Trabalhos efectuados com e sobre elementos quentes ou muito frios;

*Calçado de segurança que possa ser facilmente retirado:*

Em caso de perigo de penetração de matérias fundidas.

## 3. Protecção dos olhos e da face:

*Óculos, viseiras ou anteparos de protecção:*

Operações de soldadura, polimento e de corte;
Operações de perfuração e burilagem;
Operações de talhe e tratamento de pedra;
Trabalhos com pistolas de chumbar;
Operações executadas em máquinas que trabalhem por arranque de apara na transformação de materiais que produzem aparas curtas;
Trabalhos de estampagem;
Operações de remoção e quebra de cacos e vidros partidos;
Operações que envolvem a projecção de produtos abrasivos granulados;
Trabalhos que exigem a manipulação de ácidos, soluções alcalinas, desinfectantes e produtos de limpeza cáusticos;
Trabalhos com projectores de líquidos;
Trabalhos com matérias em fusão, assim como permanência na sua proximidade;
Trabalhos sob radiação térmica;
Trabalhos com lasers.

## 4. Protecção das vias respiratórias:

*Aparelhos de protecção das vias respiratórias:*

Trabalhos em reservatórios, espaços pequenos e fornos industriais alimentados a gás, sempre que exista perigo de inalação de gases ou de falta de oxigénio;
Trabalhos realizados na proximidade da boca de carregamento dos altosfornos;
Trabalhos realizados na proximidade de convertidores ou de condutas de gás de altos-fornos;
Trabalhos realizados na proximidade do furo de sangria dos fornos, sempre que exista risco de inalação de vapores de metais pesados;
Trabalhos de guarnição de fornos e de panelas de vazamento, sempre que haja risco de inalação de poeiras;
Trabalhos de pintura à pistola, quando não existam dispositivos de ventilação suficientes;
Trabalhos em poços, canais e outros locais subterrâneos das redes de esgotos;
Trabalhos em instalações frigoríficas, sempre que exista perigo de fuga de fluido de refrigeração.

*Legislação Complementar* 357

## 5. Protecção do ouvido:

*Protectores auriculares:*

Trabalhos realizados com prensas para trabalho de metais;
Trabalhos realizados com ferramentas de ar comprimido;
Operações levadas a cabo pelo pessoal de terra nas pistas dos aeroportos;
Trabalhos com bate-estacas;
Trabalho da madeira e dos têxteis.

## 6. Protecção do tronco, dos braços e das mãos:

*Equipamento de protecção:*

Trabalhos que envolvam a manipulação de ácidos e soluções alcalinas, desinfectantes e produtos de limpeza corrosivos;
Trabalhos realizados com ou nas proximidades de produtos muito quentes e em ambiente quente;
Manipulação de vidro plano;
Trabalhos que envolvam projecção de jactos de areia;
Trabalhos realizados em câmaras frigoríficas;

*Vestuário de protecção dificilmente inflamável:*

Operações de soldadura em espaços confinados;

*Aventais de material resistente a perfurações:*

Operações de desossa e corte;
Trabalhos realizados com facas de mão durante os quais a faca é apontada para o corpo;

Aventais de cabedal:

Operações de soldadura;
Operações de forjamento;
Operações de vazamento em moldes;

*Protecções para os antebraços:*

Operações de desossa e corte;

*Luvas:*

Operações de soldadura;

Manipulação de objectos com arestas vivas, mas não quando haja utilização de máquinas em que as luvas possam ser colhidas;
Manipulação directa de ácidos e soluções cáusticas;

*Luvas com traçado de metal:*

Operações de desossa e corte;
Utilização regular de facas de mão no âmbito da produção e do abate;
Mudança de lâminas nas máquinas de cortar.

### 7. Vestuário de protecção contra intempéries:

Trabalhos ao ar livre (debaixo de chuva e ao frio).

### 8. Vestuário de segurança:

Trabalhos que exijam sinalização de presença.

### 9. Protecção antiqueda (cintos de segurança):

Trabalhos em andaimes;
Montagem de pré-fabricados;
Trabalhos em postes.

### 10. Protecção por meio de cabos ou cordas:

Operações em cabinas de comando de gruas em pontos elevados;
Trabalhos efectuados em cabinas de comando de aparelhos para armazenagem automática;
Trabalhos realizados em pontos altos de torres de perfuração;
Trabalhos em poços e canalizações.

### 11. Protecção da pele:

Manipulação de materiais de revestimento;
Operações de curtimento.

# Despacho n.º 11 694/2000 (2.ª série), de 7 de Junho

Lista de normas harmonizadas no âmbito da aplicação da Directiva n.º 89/686/CEE relativa a equipamentos de protecção individual (EPI).

1. Para efeitos do disposto na alínea a) do n.º 2 do artigo 9.º do Decreto-Lei n.º 128/93, de 22 de Abril, e em complemento dos despachos n.ºs 15 428/98 (2.a série), de 31 de Agosto, e 10 306/99 (2.a série), de 26 de Maio, é a seguinte a lista das normas harmonizadas adoptadas no âmbito da aplicação da Directiva n.º 89/686/CEE, do Conselho, de 21 de Dezembro de 1989, alterada pelas Directivas do Conselho n.ºs 93/68/CEE, de 22 de Julho, 93/95/CEE, de 29 de Outubro, e 96/58/CE, de 3 de Setembro, relativa a equipamentos de protecção individual (EPI), de acordo com as Comunicações da Comissão Europeia n.ºs 1999/C 157/02, de 4 de Junho, 1999/C 318/04, de 5 de Novembro, e 2000/C 40/05, de 12 de Fevereiro.

| Referências | Título |
|---|---|
| EN 132: 1998 | Aparelhos de protecção respiratória – definições. |
| EN 135: 1998 | Aparelhos de protecção respiratória – lista de termos equivalentes. |
| EN 139/A1: 1999 | Aparelhos de protecção respiratória – aparelhos de protecção respiratória com fornecimento de ar comprimido para uso com máscara completa, semimáscara ou conjunto bucal com pinça nasal. Características, ensaios, marcação. |
| EN 144-2: 1998 | Aparelhos de protecção respiratória. Semimáscaras e máscaras de contacto. Características, ensaios, marcação. |
| EN 148-1: 1999 | Aparelhos de protecção respiratória – uniões roscadas para peças faciais. Parte 1: união roscada normal. |
| EN 148-2: 1999 | Aparelhos de protecção respiratória – uniões roscadas para peças faciais. Parte 2: união de rosca centralizada. |
| EN 148-3: 1999 | Aparelhos de protecção respiratória – uniões roscadas para peças faciais. Parte 3: união roscada tipo M 45 × 3. |

# Lei do Ruído

| Referências | Título |
|---|---|
| EN 465/A1: 1998 | Vestuário de protecção – protecção contra produtos químicos líquidos – comportamento e requisitos para o vestuário de protecção contra produtos químicos líquidos que tenham ligações estanques ao *spray*, entre as diferentes partes do vestuário (equipamento tipo 4). |
| EN 466/A1: 1998 | Vestuário de protecção – protecção contra produtos químicos líquidos – comportamento e requisitos para o vestuário de protecção contra produtos químicos líquidos que tenham ligações estanques aos líquidos, entre as diferentes partes do vestuário (equipamento tipo 3). |
| EN 467/A1: 1998 | Vestuário de protecção – protecção contra produtos químicos líquidos – comportamento e requisitos para as peças que oferecem protecção a partes do corpo. |
| NP EN 531/A1: 1998 | Vestuário de protecção para trabalhadores expostos ao calor. |
| EN 795: 1996 | Protecção contra as quedas de altura – dispositivos de amarração – exigências e ensaios. |
| EN 1146/A1: 1998 | Aparelhos para protecção respiratória – aparelhos de protecção respiratória isolantes autónomos de circuito aberto, a ar comprimido com gancho (aparelhos de evacuação a ar comprimido com gancho) – exigências, ensaios e marcação. |
| EN 1150: 1999 | Vestuário de protecção – vestuário de visualização para uso não profissional – métodos de ensaio e requisitos. |
| EN 1938: 1998 | Protecção individual dos olhos – óculos – máscaras para os utilizadores de motocicletas e ciclomotores. |
| EN 12 419: 1999 | Aparelhos de protecção respiratória: aparelhos de protecção respiratória isolantes de adução de ar comprimido de concepção ligeira, com máscara completa, meia-máscara ou quarto de máscara – características, ensaios, marcação. |
| EN 12 941: 1998 | Aparelhos de protecção respiratória. Semimáscaras e máscaras de contacto. Características, ensaios, marcação. |
| EN 12 942: 1998 | Aparelhos para protecção respiratória – aparelhos de ventilação assistida com máscaras completas, semimáscaras ou quartos de máscara – requisitos, ensaios e marcação. |
| EN 50 237: 1997 | Luvas e mangas com protecção mecânica para trabalhos eléctricos. |
| EN 60 743: 1996 | Terminologia para ferramentas e equipamento para utilização em trabalhos em tensão (IEC 60 743: 1983 – modificada). |
| EN 60 895: 1996 | Fato condutor para trabalhos em tensão até 800 kV de tensão nominal em corrente alternada (IEC 60 895: 1987 – modificada). |
| EN 60 903: 1992<br>EN 60 903/A11: 1997 | Especificação para luvas em material isolante para trabalhos em tensão (IEC 60 903: 1988 – modificada). |
| EN 60 934: 1992<br>EN 60 934/A11: 1997 | Protector de braços em material isolante para trabalhos em tensão (IEC 60 984: 1990 – modificada). |

EN – norma europeia.
A1 – emenda 1.
A11 – emenda 11.

*Legislação Complementar* 361

2. A publicação da norma EN 795 de 1996 não abrange os equipamentos descritos nas classes A (dispositivos de fixação estruturais), C (dispositivos de fixação munidos de suportes de segurança horizontais flexíveis) e D (dispositivos de fixação munidos de guias de segurança horizontais rígidas), referidos nos n.ºs 3.13.1, 3.13.3, 3.13.4, 4.3.1, 4.3.3, 4.3.4, 5.2.1. 5.2.2, 5.2.4, 5.2.5, 5.3.2 (no que respeita à classe A1), 5.3.3, 5.3.4, 5.3.5, 6 (no que respeita às classes A, C e D), anexo A (pontos A.2, A.3, A.5 e A.6), anexo B e anexo ZA (no que respeita às classes A, C e D), relativamente aos quais não confere qualquer presunção de conformidade às disposições da Directiva n.º 89/686/CEE.

3. A presunção de conformidade dada pelas normas EN 132 de 1990, EN 135 de 1990, EN 148-1 de 1987, EN 148-2 de 1987 e EN 148-3 de 1992, cujas referências foram publicadas no despacho n.º 15 428 (2.ª série), de 31 de Agosto, cessou de produzir efeitos.

4. De acordo com a Comunicação da Comissão Europeia n.º 2000/AC 40/06, de 12 de Fevereiro, é suprimida a publicação, no despacho n.º 15 428/98 (2.ª série), de 31 de Agosto, da referência da norma harmonizada EN 959 «Equipamentos de montanhismo. Estacas de fixação da rocha. Requisitos de segurança e métodos de ensaio».

# Convenção Internacional Relativa à Protecção dos Trabalhadores contra os Riscos Profissionais Devidos à Poluição do Ar, ao Ruído e às Vibrações nos Locais de Trabalho

A Conferência Geral da Organização Internacional do Trabalho:

Convocada para Genebra pelo Conselho de Administração da Repartição Internacional do Trabalho, onde reuniu a 1 de Junho de 1977, na sua 63.ª sessão;

Tendo em atenção as Convenções e Recomendações internacionais pertinentes, e nomeadamente a Recomendação sobre a Protecção da Saúde dos Trabalhadores, de 1953; a Recomendação sobre os Serviços de Medicina do Trabalho, de 1959; a Convenção e a Recomendação sobre a Protecção contra as Radiações, de 1960; a Convenção e Recomendação sobre a Protecção das Máquinas, de 1963; a Convenção sobre as Prestações Devidas por Acidentes de Trabalho e por Doenças Profissionais, de 1964; a Convenção e a Recomendação sobre a Higiene (Comércio e Escritórios), de 1964; a Convenção e a Recomendação sobre o Benzeno, de 1971, e a Convenção e a Recomendação sobre o Cancro Profissional, de 1974;

Depois de ter decidido adoptar várias propostas relativas ao meio de trabalho: poluição atmosférica, ruído e vibrações, que constituem o quarto ponto na ordem do dia da sessão;

Depois de ter decidido que estas propostas tomariam a forma de uma Convenção internacional;

adopta, neste dia 20 de Junho de 1977, a seguinte Convenção, que será denominada Convenção sobre o Ambiente de Trabalho (Poluição do Ar, Ruído e Vibrações), 1977:

# PARTE I
# ÂMBITO E DEFINIÇÕES

### ARTIGO 1.º

1. A presente Convenção aplica-se a todos os ramos de actividade económica.

2. Todo o Membro que ratificar a presente Convenção pode, após consulta às organizações representativas dos empregadores e dos trabalhadores interessadas, se as houver, excluir da aplicação da Convenção determinados ramos de actividade económica, quando essa aplicação levantar problemas específicos de certa importância.

3. Qualquer Membro que ratificar a presente Convenção deverá, no primeiro relatório sobre a sua aplicação, que é obrigado a apresentar em virtude do artigo 22.º da Constituição da Organização Internacional do Trabalho, indicar os ramos que foram objecto da exclusão em cumprimento do n.º 2 do presente artigo, indicando os motivos dessa exclusão, e expor, nos relatórios ulteriores, a situação da sua legislação e da sua prática no respeitante a esses ramos, especificando em que medida cumpriu ou se tenciona pôr em prática a Convenção no que respeita aos ramos em questão.

### ARTIGO 2.º

1. Qualquer Membro pode, após consulta às organizações representativas dos empregadores e dos trabalhadores, se as houver, aceitar as obrigações previstas pela presente Convenção, separadamente, no que respeita:

*a*) À poluição do ar;
*b*) Ao ruído;
*c*) Às vibrações

2. O Membro que não aceitar as obrigações previstas pela Convenção para uma ou várias categorias de riscos especificá-lo-á no seu instrumento de ratificação e indicará esses motivos no primeiro relatório sobre a aplicação da Convenção, que é obrigado a apresentar em virtude do artigo 22.º da Constituição da Organização Internacional do Trabalho. Deverá expor nos relatórios ulteriores a situação da sua legislação e da sua prática

no tocante às categorias de riscos que forem objecto de exclusão, precisando em que medida pôs ou se tenciona pôr em prática a Convenção no que respeita a cada categoria de riscos.

3. Todo o Membro que, quando da sua ratificação, não tiver aceitado as obrigações previstas pela presente Convenção para todas as categorias de riscos deverá posteriormente, quando considerar que as circunstâncias o permitem, informar o director-geral da Repartição Internacional do Trabalho de que aceita as obrigações previstas pela Convenção relativamente a uma ou mais das categorias anteriormente excluídas da sua aceitação.

ARTIGO 3.º

Para os fins da presente Convenção:

*a*) A expressão «poluição do ar» designa todo o ar contaminado por substâncias que sejam nocivas para a saúde ou de qualquer forma perigosas, qualquer que seja o seu estado físico;

*b*) O termo «ruído» designa todos os sons que possam causar a perda da audição ou ser nocivos para a saúde ou perigosos de qualquer forma;

*c*) O termo «vibrações» designa todas as vibrações transmitidas ao corpo humano por estruturas sólidas e que sejam nocivas para a saúde ou perigosas de qualquer forma.

## PARTE II

## DISPOSIÇÕES GERAIS

ARTIGO 4.º

1. A legislação nacional deverá prescrever que se tomem medidas nos locais de trabalho para prevenir os riscos profissionais devidos à poluição do ar, ao ruído e às vibrações, limitá-los e proteger os trabalhadores contra esses riscos.

2. As modalidades de aplicação das medidas prescritas poderão ser adoptadas através de normas técnicas, de manuais de directivas práticas ou de outros meios apropriados.

# Artigo 5.º

1. Ao aplicar as disposições da presente Convenção, a autoridade competente deverá agir em consulta com as organizações mais representativas dos empregadores e trabalhadores interessados.

2. Os representantes dos empregadores e dos trabalhadores deverão colaborar na elaboração das modalidades de aplicação das medidas prescritas em virtude do artigo 4.º.

3. Deverá instituir-se a todos os níveis uma colaboração tão estreita quanto possível entre o empregador e os trabalhadores para a aplicação das medidas prescritas pela presente Convenção.

4. Os representantes do empregador e dos trabalhadores da empresa deverão ter a possibilidade de acompanhar os inspectores quando estes verificarem a aplicação das medidas prescritas nesta Convenção, a não ser que estes considerem, de acordo com instruções gerais da autoridade competente, que isso pode prejudicar a eficácia da sua fiscalização.

# Artigo 6.º

1. Os empregadores serão responsabilizados pela aplicação das medidas prescritas.

2. Sempre que várias entidades patronais empreendam simultaneamente actividades no mesmo local de trabalho, terão o dever de colaborar a fim de aplicar as medidas prescritas, sem prejuízo da responsabilidade de cada empregador pela saúde e pela segurança dos trabalhadores que emprega. Nos casos apropriados, a autoridade competente prescreverá os processos gerais segundo os quais deverá efectuar-se essa colaboração.

# Artigo 7.º

1. Os trabalhadores terão o dever de respeitar as instruções de segurança destinadas a prevenir os riscos profissionais devidos à poluição do ar, ao ruído e às vibrações nos locais de trabalho, a limitá-los e a assegurar a protecção contra esses riscos.

2. Os trabalhadores ou os seus representantes terão direito a apresentar propostas, a obter informações, a obter uma formação e a recorrer à instância apropriada para assegurar a protecção contra os riscos profissionais devidos à poluição do ar, ao ruído e às vibrações nos locais de trabalho.

## PARTE III
## MEDIDAS DE PREVENÇÃO E PROTECÇÃO

### ARTIGO 8.º

1. A autoridade competente deverá fixar os critérios que permitam definir os riscos de exposição à poluição do ar, ao ruído e às vibrações nos locais de trabalho e, sendo caso disso, deverá precisar, com base nesses critérios, os limites de exposição.

2. Quando da elaboração dos critérios e da determinação dos limites da exposição, a autoridade competente deverá tomar em consideração o parecer de pessoas qualificadas do ponto de vista técnico, designadamente pelas organizações mais representativas do patronato e trabalhadores interessados.

3. Os critérios e os limites de exposição deverão ser fixados, completados e revistos com regularidade, à luz dos conhecimentos e dos novos dados nacionais e internacionais, tendo em conta, na medida do possível, todos os aumentos dos riscos profissionais resultantes da exposição simultânea a vários factores nocivos no local de trabalho.

### ARTIGO 9.º

Tanto quanto possível, todos os riscos devidos à poluição do ar, ao ruído e às vibrações deverão ser eliminados dos locais de trabalho:

a) Através de medidas técnicas aplicadas às novas instalações ou aos novos processos quando da sua concepção ou da sua instalação, ou por medidas técnicas suplementares introduzidas nas instalações ou nos processos existentes; ou, quando isso não for possível,

b) Por medidas complementares de organização do trabalho.

### ARTIGO 10.º

Quando as medidas tomadas em virtude do artigo 9.º não reduzirem a poluição do ar, o ruído e as vibrações nos locais de trabalho aos limites especificados no artigo 8.º, os empregadores deverão fornecer e manter em bom estado o equipamento de protecção individual apropriado. A entidade patronal não deverá obrigar um trabalhador a trabalhar sem o equipamento de protecção individual fornecido em virtude do presente artigo.

## Artigo 11.º

1. O estado de saúde dos trabalhadores expostos ou susceptíveis de serem expostos aos riscos profissionais devidos à poluição do ar, ao ruído ou às vibrações nos locais de trabalho deverá ser objecto de vigilância, com intervalos apropriados, nas circunstâncias e de acordo com as modalidades fixadas pela autoridade competente.

Essa vigilância deverá incluir um exame médico de admissão e exames periódicos, em condições determinadas pela autoridade competente.

2. A vigilância prevista no n.º 1 do presente artigo não deverá acarretar qualquer despesa ao trabalhador interessado.

3. Quando a permanência de um trabalhador num posto que implique a exposição à poluição do ar, ao ruído ou às vibrações for desaconselhada por razões médicas, devem empregar-se todos os meios, conformes com a prática e as condições nacionais, para o transferir para outro emprego conveniente ou para lhe assegurar a manutenção dos seus rendimentos por meio de prestações da segurança social ou por qualquer outro método.

4. As medidas tomadas para pôr em prática a presente Convenção não deverão afectar desfavoravelmente os direitos dos trabalhadores estabelecidos pela legislação sobre a segurança social ou o seguro social.

## Artigo 12.º

A utilização de processos, substâncias, máquinas ou materiais, especificados pela autoridade competente, que implique a exposição de trabalhadores aos riscos profissionais devidos à poluição do ar, ao ruído ou às vibrações nos locais de trabalho deverá ser notificada à autoridade competente, a qual poderá, conforme os casos, autorizá-la, segundo determinadas condições, ou proibi-la.

## Artigo 13.º

Todas as pessoas interessadas:

*a)* Deverão ser informadas de maneira adequada e apropriada dos riscos profissionais que podem surgir nos locais de trabalho devido à poluição do ar, ao ruído e às vibrações;

*b)* Deverão também receber, previamente, instruções adequadas e apropriadas acerca dos meios disponíveis para prevenir esses riscos, limitá-los e proteger contra eles os trabalhadores.

Legislação Complementar 369

Artigo 14.º

Deverão tomar-se medidas, tendo em conta as condições e os recursos nacionais, para promover a investigação no domínio da prevenção e da limitação dos riscos devidos à poluição do ar, ao ruído e às vibrações nos locais de trabalho.

## PARTE IV

### MEDIDAS DE APLICAÇÃO

Artigo 15.º

Segundo as modalidades e nas circunstâncias fixadas pela autoridade competente, os empregadores deverão designar uma pessoa competente, ou recorrer a um serviço exterior ou comum a várias empresas, para tratar das questões de prevenção e limitação da poluição do ar, do ruído e das vibrações nos locais de trabalho.

Artigo 16.º

Cada membro deverá:

a) Tomar, por via legislativa ou por qualquer outro método, de acordo com a prática e as condições nacionais, as medidas necessárias, entre as quais a adopção de sanções apropriadas, para se efectivarem as disposições da Convenção;

b) Encarregar serviços de inspecção apropriados do contrôle da aplicação das disposições da Convenção ou verificar que é assegurada uma inspecção adequada.

## PARTE V

### DISPOSIÇÕES FINAIS

Artigo 17º

As ratificações formais desta Convenção serão comunicadas ao director-geral da Repartição Internacional do Trabalho e por ele registadas.

370            *Lei do Ruído*

## Artigo 18.º

1. Esta Convenção obrigará apenas os Membros da Organização Internacional do Trabalho cuja ratificação tiver sido registada pelo director--geral.

2. Entrará em vigor doze meses após registo, pelo director-geral, das ratificações de dois Membros.

3. Em seguida, esta Convenção entrará em vigor para cada Membro doze meses após a data em que tiver sido registada a sua ratificação.

## Artigo 19.º

1. Qualquer Membro que tiver ratificado esta Convenção poderá, decorrido um período de dez anos a contar da data da entrada em vigor inicial da Convenção, denunciar a Convenção no seu conjunto ou relativamente a uma ou mais categorias de riscos atrás citados no artigo 2.º, por comunicação enviada ao director-geral da Repartição Internacional do Trabalho e por ele registada. A denúncia apenas terá efeito um ano depois de ter sido registada.

2. Qualquer Membro que tiver ratificado esta Convenção e que, no prazo de um ano após ter expirado o período de dez anos mencionado no parágrafo anterior, não fizer uso da faculdade de denúncia prevista no presente artigo ficará obrigado por um novo período de dez anos e poderá depois denunciar a presente Convenção, nas condições previstas neste artigo, no termo de cada período de dez anos.

## Artigo 20.º

1. O director-geral da Repartição Internacional do Trabalho participará a todos os Membros da Organização Internacional do Trabalho o registo de todas as ratificações e denúncias que lhe forem comunicadas pelos Membros da Organização.

2. Ao notificar os Membros da Organização do registo da segunda ratificação que lhe tiver sido comunicada, o director-geral chamará a atenção dos Membros da Organização para a data da entrada em vigor desta Convenção.

*Legislação Complementar* 371

## Artigo 21.º

O director-geral da Repartição Internacional do Trabalho comunicará ao Secretário-Geral das Nações Unidas, para efeitos de registo, de acordo com o artigo 102.º da Carta das Nações Unidas, informações completas sobre todas as ratificações e todos os actos de denúncia que tiver registado, de acordo com os artigos anteriores.

## Artigo 22.º

Sempre que o considere necessário, o Conselho de Administração da Repartição Internacional do Trabalho apresentará à Conferência Geral um relatório sobre a aplicação da presente Convenção e examinará a oportunidade de inscrever na ordem do dia da Conferência a questão da sua revisão total ou parcial.

## Artigo 23.º

1. No caso de a conferência adoptar uma nova Convenção que implique revisão total ou parcial desta Convenção, e salvo disposição em contrário da nova Convenção:

   *a*) A ratificação, por um Membro, da nova Convenção implicará de pleno direito, não obstante o artigo 19.º atrás referido, a denúncia desta Convenção, desde que a nova Convenção prevista tenha entrado em vigor;

   *b*) A partir da data da entrada em vigor da nova Convenção revista, esta Convenção deixará de estar aberta à ratificação dos Membros.

2. Esta Convenção manter-se-á, em todo caso, em vigor, na sua forma e conteúdo, para os Membros que a tiverem ratificado e que não ratificarem a Convenção revista.

## Artigo 24.º

As versões francesa e inglesa do texto desta Convenção são igualmente autênticas.

# MINUTAS E FORMULÁRIOS

Artur Francisco Campos
Maria Emília Vasconcelos Campos


# (Reclamação)


Exm° Senhor
Celestino Rocha
Rua do Poço, n.º 5 – 3.º Esq.
3000-336 Coimbra.


Coimbra, 2 de Junho de 2009.


**Carta registada c/ AR**


**Assunto:** Ruído de vizinhança.

Exm° Senhor,


Como legítimos e legais proprietários da fracção designada pela Letra "*E*" (2.º Esq.), vimos pela presente aludir a diversas situações absolutamente estranhas e anómalas às mais salutares relações de vizinhança deste condomínio.

Ao longo das duas últimas semanas, têm os presentes constatado, entre as 23.00 horas e as 03.00 horas (aproximadamente), a produção e emissão de ruídos de diversa natureza, provenientes dessa fracção "*G*".
Designadamente: a audição de música e visualização de TV em tons sonoros manifestamente despropositados, o sistemático bater com os tacões no soalho aos mais variados ritmos musicais, permanentes exaltações; bem como, o constante ladrar e ganir de um canino, entre muitas outras situações…

Esta permanente emissão e produção de ruídos têm causado os mais profundos inconvenientes e prejuízos à saúde e, ao repouso essencial à existência física de qualquer um dos residentes nesta fracção.

Nesse sentido, vimos pela presente solicitar a V. Exas. a maior atenção nesta matéria. Caso contrário, a persistirem tais comportamentos, seremos forçados a recorrer a todos os meios legais vigentes.

Com os melhores cumprimentos.

Artur Francisco Campos
Maria Emília Vasconcelos Campos

## (Reclamação/Arrendatário)

Exm° Senhor
Artur Jorge Braga Oliveira
Rua do Quebra Costas, n.° 4 – 1.° Dt°
3000-340 Coimbra.

Coimbra, 12 de Junho de 2009.

**Carta registada c/ AR**

**Assunto:** Ruído de vizinhança / arrendatário.

Exm° Senhor,

Na qualidade de legítimos e legais proprietários da fracção autónoma designada pela Letra "*E*" (2.° Esq.), vimos pela presente aludir a diversas situações absolutamente estranhas e anómalas às mais salutares relações de vizinhança *deste* condomínio.

Ao longo das três últimas semanas, temos constatado, entre as 23.00 horas e as 03.00 horas (aproximadamente), a produção e emissão de ruídos de diversa natureza, provenientes da fracção "*G*".
Fracção da qual, V. Ex.ª, é legítimo e legal proprietário e, se encontra neste momento, arrendada ao Sr. Celestino Rocha.

Sucede que, o *arrendatário* de V. Ex.ª e, demais *visitas* à aludida fracção procedem – regularmente –, à audição de música e visualização de TV em tons sonoros manifestamente despropositados, sistematicamente batem com os tacões no soalho aos mais variados ritmos musicais, são perfeitamente audíveis permanentes exaltações; bem como, o constante ladrar e ganir de um canino, entre muitas outras situações!...

Como V. Ex.ª, deve compreender toda esta permanente emissão e produção de ruídos têm causado os mais profundos inconvenientes e prejuízos à saúde e, ao repouso essencial à existência física de qualquer um dos residentes nesta fracção.
Prejuízos *esses*, já devidamente, quantificáveis.

Todavia, já em tempo oportuno, alertámos o *seu arrendatário*, (conforme fotocópia em anexo), quanto aos factos supra descritos.
No entanto, muito embora devidamente advertido, tais comportamentos subsistem e, nalguns dias, até se têm agravado!...

Inclusive, ao longo desta mesma madrugada – cerca das 02.45 horas –, fomos mesmo forçados a recorrer às autoridades policiais competentes, tendo em vista cessar tais práticas.

Face a todo o exposto, cumpre informar e participar a V. Ex.ª toda esta situação tão desagradável e, solicitar – ainda –, a maior vigilância nesta mesma matéria.

Com os melhores cumprimentos.

Artur Francisco Campos
Maria Emília Vasconcelos Campos

# (Reclamação/Condomínio)

À
*"XPTO"* – **Administração de
Propriedades, Ldª**
Rua dos Esteireiros, n.º 8 – R/c Dt.º
3000-159 Coimbra.

Coimbra, 12 de Junho de 2009.

**Carta Registada c/ AR**

**Assunto:** *"Ruído de vizinhança"* no **Condomínio.**

Exmºs Senhores,

Cumpre na qualidade de legítimos e legais proprietários da fracção autónoma designada pela Letra *"E"* (2.º Esq.) e, **co-proprietários** do condomínio sito na Rua do Poço, n.º 5, nesta cidade, alertarem quanto a uma multiplicidade de situações adversas às mais salutares relações de vizinhança *deste* condomínio.

Desde há, sensivelmente, três semanas atrás, os presentes têm constatado, entre as 23.00 horas e as 03.00 horas (aproximadamente), a produção e emissão de ruídos de diversa natureza – sempre – provenientes da fracção *"G"*.
Refira-se que, a referida fracção autónoma (registada sob a Letra *"G"*) encontra-se registada na propriedade do Sr. Artur Jorge Braga Oliveira e – ao momento –, arrendada (Sr. Celestino Rocha).

Sucede que, o aludido *arrendatário* e, demais *"visitas"* à aludida fracção procedem – regularmente –, à audição de música e visualização de TV em tons sonoros manifestamente despropositados, sistematicamente batem com os tacões no soalho aos mais variados ritmos musicais, são perfeitamente audíveis permanentes exaltações; bem como, o constante ladrar e ganir de um canino, entre muitas outras situações!...

Consequentemente, a entrada e saída do edifício, quer do aludido **arrendatário**, seus permanentes visitantes e, respectivo canino, têm causado – igualmente –, alguns *"distúrbios"* nas **partes comuns** deste condomínio.

Mormente: o abrir e fechar portas sempre com grande estrondo, diversas vozes exaltadas, autênticas *"correrias"* escada-acima escada-abaixo e, o constante ladrar e ganir desse canino.

Em tempo oportuno, foram apresentados os devidos e competentes protestos (*proprietário, arrendatário* e *autoridades policiais*); incumbe – agora –, efectuar o mesmo procedimento à **Administração** deste Condomínio.

Todos e quaisquer comportamentos, anteriormente descritos, consubstanciam uma clara e manifesta violação das regras condominiais.

Assim, face a todo o exposto, incumbe a V. Exas. na qualidade de Administradores, providenciarem pelo regular funcionamento das *"partes comuns"* deste condomínio e, manutenção do respeito às regras condominiais.

Com os melhores cumprimentos.

*"XPTO"* – Administração de Propriedades, Lda.


## (Administrador/Proprietário)


Exmº Senhor
Artur Jorge Braga Oliveira
Rua do Quebra Costas, n.º 4 – 1.º Dtº
3000-340 Coimbra.


Coimbra, 15 de Junho de 2009.


**Carta registada c/ AR**


**Assunto:** Reclamação / Ruído.


Exmº Senhor,

Em 12 do corrente mês, foi apresentada à *"XPTO"* – Administração de Propriedades, Lda., pelos condóminos Artur Francisco Campos e Maria Emília Vasconcelos Campos, uma reclamação relativa ao Condomínio sito na Rua do Poço, n.º 5, nesta cidade.

Junto, anexamos, fotocópia.


Com os melhores cumprimentos.


Rua dos Esteirerios, n.º 8 – R/c Dt.º
3000-159 Coimbra

*Francisco Luís Cabral*
*Advogado*

## (Proprietário/Arrendatário *com intervenção* Advogado)

Exm° Senhor
Celestino Rocha
Rua do Poço, n.º 5 – 3.º Esq.
3000-336 Coimbra.

Coimbra, 17 de Junho de 2009.

**Carta registada c/ AR**

**Assunto:** Arrendamento / Resolução contrato arrendamento.

Exm° Senhor,

Nesta data e, na qualidade de Advogado, fui contactado pelo Sr. Artur Jorge Braga Oliveira – legítimo e legal proprietário da fracção autónoma designada pela Letra *"G"*, sita no 3.º Esq. da Rua do Poço, n° 5 – tendo em vista solucionar o diferendo que opõe V. Exa., ao referido proprietário e, até mesmo, à própria Administração do Condomínio.

Conforme fotocópias que anexamos, têm sido sistematicamente, apresentadas reclamações contra V. Ex.ª.

Tais comportamentos consubstanciam, por força do disposto na alínea *a)* do n.º 2 do artigo 1083.º do Código Civil, fundamento para uma eventual resolução do contrato de arrendamento celebrado entre V. Ex.ª e o meu constituinte.

Assim, a persistirem – futuramente – tais condutas e/ou quaisquer reclamações, seremos forçados a recorrer à aludida prorrogativa legal.

Com os melhores cumprimentos.

Calçada de Santa Isabel, n.º 4 – R/c Dt°
3000-270 Coimbra

*Minutas e Formulários* 383

*Luís Cabral Francisco*
*Advogado*

Meritíssimo
Juiz de Direito
do Tribunal Judicial ...

**Artur Francisco Campos**, arquitecto e **Maria Emília Vasconcelos Campos**, médica dentista, portadores dos B.I. n.ºs 123 45 67 de 1/1/2000 e 890 56 78, de 2/2/2000, portadores do NIF n.ºs 123 456 789 e 234 567 890, respectivamente, vêm deduzir **acusação particular** e formular pedido de **indemnização civil**, nos termos dos artigos 285.º e 77.º do Código de Processo Penal

**CONTRA:**

**Celestino Rocha**, residente na Rua do Poço, n.º 5 – 3.º Esq. 3000-336 Coimbra.

nos termos e fundamentos seguintes:

**A)**
*ACUSAÇÃO PARTICULAR*

1.º
Os ora *queixosos* são os legítimos e legais proprietários da fracção autónoma designada pela Letra "*E*", sita no n.º 5 da Rua do Poço, nesta cidade, inscrita e descrita na competente Conservatória do Registo Predial de Coimbra, sob o n.º 345 (conforme fotocópia que se dá aqui como integralmente reproduzida).

2.º
Ao longo das três últimas semanas, os ora queixosos, têm constatado entre as 23.00 horas e as 03.00 horas – aproximadamente – a emissão e produção de ruídos de diversa natureza, sempre oriundos e provenientes da fracção "*G*".

Rua das Azeiteiras, n.º 39 – R/c Esq.
3000-066 Coimbra

*Luís Cabral Francisco*
  *Advogado*

Designadamente:

3.º
A audição de música e visualização de TV em tons sonoros absoluta e manifestamente despropositados, o sistemático bater com os tacões no soalho aos mais variados ritmos musicais, permanentes gritos e exaltações.

Bem como,

4.º
O constante e sistemático ladrar e ganir de um canino.

Perante tais factos,

5.º
Os ora queixosos, face à permanente e reiterada emissão e produção de tais ruídos, endereçaram em 2 de Junho do corrente ano, ao Sr. Celestino Rocha – arrendatário da aludida fracção autónoma descrita na competente Conservatória do Registo Predial sob a Letra *"G"* –, uma missiva (conforme fotocópia que se dá aqui como integralmente reproduzida) (Doc. 1).

Todavia,

6.º
Tais comportamentos, subsistiram!...

E, inclusive,

7.º
Nos ulteriores dias, até mesmo, se agravaram!...

Perante tal,

Rua das Azeiteiras, n.º 39 – R/c Esq.
3000-066 Coimbra

*Luís Cabral Francisco*
  *Advogado*

**8.º**
Ao longo da madrugada, do passado dia 12 do corrente mês – cerca das 02.45 horas –, os ora queixosos foram mesmo forçados a recorrer às competentes autoridades policiais (conforme todo o disposto no artigo 24.º do Decreto-Lei n.º 9/2007, de 17 de Janeiro – **Regulamento Geral do Ruído**), tendo em vista *cessar* tais inadequados *comportamentos* (conforme fotocópia que se dá aqui como integralmente reproduzida) (Doc. 2).

Ainda assim,

**9.º**
Tais *comportamentos* persistiram nos dias 15 e 16 do corrente mês. (Docs. 3 e 4).

**10.º**
Bem sabia, o ora acusado que a sua conduta, era proibida por lei.

Todavia,

**11.º**
Ainda assim, o ora acusado, nunca se coibiu de levá-la a cabo de forma absolutamente deliberada, livre e consciente.

**12.º**
Com a prática dos factos anteriormente descritos cometeu o ora acusado (**Sr. Celestino Rocha**) um *crime de ofensas à integridade física* p. e p. pelo artigo 143.º do Código Penal.

***B)***
***PEDIDO DE INDEMNIZAÇÃO CIVIL***

**13.º**
Dá-se aqui como inteiramente reproduzida toda a matéria fáctica constante nos autos devida e convenientemente apresentados e, de toda a acusação supra deduzida, contra o ora *acusado* (*Sr. Celestino Rocha*).

Rua das Azeiteiras, n.º 39 – R/c Esq.
3000-066 Coimbra

*Luís Cabral Francisco*
  *Advogado*

14.º
Conforme resulta da análise aos autos referenciados, na noite dos dias 12, 15 e 16 do corrente mês, não teve o ora **acusado** pejo nenhum em provocar os mais diversos e *incomodativos* ***"ruídos de vizinhança"***.

15.º
Os ora queixosos são pessoas de elevada cultura, educadas, sensíveis e recatadas.

16.º
Por todo o exposto, a despropositada atitude do acusado causou aos ora queixosos forte abalo psicológico.

17.º
Tais danos não patrimoniais são indemnizáveis computando-se para seu ressarcimento a quantia nunca inferior a € 2 000,00 (Dois mil euros) por ser justa e razoável ao caso concreto, importância essa a que acrescerão os juros moratórios legais, contados desde a data da notificação a que alude o artigo 78.º do Código de Processo Penal, e até efectivo e integral pagamento.

Termos em que,
Sempre com o mui douto suprimento de V. Ex.ª e sem prejuízo da punição pela prática do crime de ofensas à integridade física de que vem acusado, julgando-se o presente pedido procedente, por provado, deve o demandado ser condenado a pagar a quantia de € 2 00,00 (Dois mil euros) como forma de indemnização pelos danos não patrimoniais que lhes foram causados, acrescidos de juros legais a contar da notificação do pedido até efectivo e integral pagamento.

*Luís Cabral Francisco*
   *Advogado*


Valor:
Junta: Duplicados legais
   .........
   ........

MINISTÉRIO DO AMBIENTE, DO ORDENAMENTO DO TERRITÓRIO E DO DESENVOLVIMENTO REGIONAL
**COMISSÃO DE COORDENAÇÃO E DESENVOLVIMENTO REGIONAL DE LISBOA E VALE DO TEJO**

## RECLAMAÇÃO/DENÚNCIA

**Preenchimento obrigatório**
**Ocorrência**

Local: _____
Freguesia: _____ Concelho: _____

1. Construção em áreas interditas: ☐ REN ☐ RAN ☐ Domínio Hídrico ☐ POOC (especificar) _____
   ☐ Outro (especificar) _____

2. Resíduos: ☐ Deposição ☐ Abandono ☐ Queima ☐ Outro (especificar) _____

3. Ruído: ☐ Vizinhança ☐ Indústria ☐ Comércio e Serviços ☐ Feiras/festas/eventos sazonais
   ☐ Tráfego (Rodoviário, Ferroviário ou Aeroportos) ☐ Outro (especificar) _____

4. Inertes/Pedreiras: ☐ Extracção ☐ Depósito ☐ Outro (especificar) _____

5. Emissões Atmosféricas: ☐ Chaminé ☐ Poeiras ☐ Outro (especificar) ☐ Outra situação (especificar) _____

Descrição sumária da ocorrência apresentada _____
_____
_____
_____
_____

**Preenchimento obrigatório**
**Identificação do reclamante**

Nome _____
NºContribuinte _____
Morada _____
Localidade _____ Freguesia _____ Concelho _____
Telefone _____ Telemóvel _____ E-mail _____

**Identificação do presumível autor da ocorrência**

Nome _____
Morada _____
Localidade _____ Freguesia _____ Concelho _____
Contacto(s) _____

Data ___/___/___ Assinatura do reclamante/denunciante _____

**A preencher pelos serviços expediente**

Data: ___ (dia) /___ (mês) /___ (ano) hora _____ O funcionário _____
Referência interna (N.º Processo/unidade orgânica) _____
Documentos em anexo: ☐ fotografias ☐ outros (especificar) _____

**Encaminhamento**
☐ CCDR: ☐ Presidência ☐ Vice Presidência ☐ D.S.F. ☐ D.S.A. ☐ D.S.O.T. ☐ D.S.A.J.A.L.
   ☐ D.S.R.O. ☐ D.S.R.P.S. ☐ D.S.R.V.T.
☐ outro organismo (especificar) _____

CCDR-LVT
Modelo de Reclamação/Denúncia

---

[1] http://www.ccdr-lvt.pt/content/index.php?action=detailfo&rec=644&t=Formularios

*Minutas e Formulários*                                              389

Exm°. Senhor
**PRESIDENTE DA CÂMARA**
**MUNICIPAL DE**
**COIMBRA**

ASSUNTO: *Licenciamento para actividade de realização de espectáculos e divertimentos nas vias e lugares públicos*

Nome

_____ ,

residente em _____ ,

código postal ____-____ _____ freguesia de _____ ,

telefone n° _____, e-mail _____ , contribuinte

fiscal n° _____, portador do Bilhete de Identidade n° _____, emitido em

____/____/____ pelo Arquivo de Identificação de _____ , vem requerer a V. Exa.

nos termos do Dec.Lei 310/2002, de 18 de Dezembro, licença para realização de Espectáculos e

Divertimentos nas Vias e Lugares Públicos, na (o) (Largo, Rua) _____

_____ , localidade _____ ,

freguesia de _____ , deste Município, nos dias _____ ,

no horário entre as _____ e as _____ , para a realização de_____

_____ .

Anexa os seguintes documentos:

❑ Fotocópia do Bilhete de Identidade do representante legal;
❑ Fotocópia do Cartão de Contribuinte do representante legal.

Pede deferimento.

Coimbra, ____de _____ de _____

O requerente

_____

Exm°. Senhor
**PRESIDENTE DA CÂMARA**
**MUNICIPAL DE COIMBRA**

ASSUNTO: *Licença Especial de Ruído*

Nome _____,

residência /sede em _____,

código postal ____-____ _____ freguesia de _____,

telefone n° _____, e-mail _____, contribuinte fiscal n°

_____, portador do Bilhete de Identidade n° _____, emitido em ____/____/_____

pelo Arquivo de Identificação de _____, vem requerer a V. Exª. Licença Especial de

Ruído ao abrigo do art°. 15° do Decreto-Lei n°. 9/2007, de 17 de Janeiro, com as alterações

introduzidas pelo Decreto-Lei n°. 278/2007 de 01 de Agosto, destinada a (1)_____

_____.

A actividade e/ou evento pretendido têm as seguintes características:

Local (2): _____

Data da Licença: _____

Horário pretendido: _____

Estima-se que o nível de ruído provocado pela actividade (3) _____

Outros elementos (4): _____

Anexa:

❏ Declaração da Companhia dos Bombeiros Sapadores no caso da emissão da Licença de Ruído
para foguetes

❏ Fotocópia do Bilhete de Identidade e Cartão de Contribuinte do representante legal

Pede deferimento.

Coimbra, ____ de _____ de _____

<u>O requerente</u>

*Minutas e Formulários* 391

Exmo.Senhor
Presidente da Câmara Municipal
de Sines

Nome_____ estado civil _____
profissão _____ , contribuinte fiscal n.° _____, com
residência em _____,
na localidade de _____, telefone n.° _____ na
qualidade de_____ .
Vem requerer a V. Exa. de acordo com o n.° 3 e 4 do art.° 9 do Decreto-Lei n.° 292/00 de
14 de Novembro, a emissão de Licença de Ruído para o espectáculo de _____
_____ a realizar no dia____de _____ de_____,
com início às ___horas e fim às _____ horas, sito em _____
_____ na localidade de _____
_____.

O requerente junta para o efeito os seguintes documentos:

_____

_____

_____

Pede Deferimento,

Sines,_____ de _____ de _____

O Requerente

_____

# ÍNDICE

## I.
## O RUÍDO

| | |
|---|---|
| 1. Conceito | 9 |
| 1.1 Características do *"som"* | 10 |
| 1.2. O *decibel* | 11 |
| 1.3. Efeitos | 16 |
| 2. Enquadramento legal | 16 |

## II.
## DECRETO-LEI N.º 9/2007, DE 17 DE JANEIRO

| | |
|---|---|
| Artigo 1.º (Aprovação do Regulamento Geral do Ruído) | 22 |
| Artigo 2.º (Alteração ao Decreto-Lei n.º 310/2002, de 18 de Dezembro) | 22 |
| Artigo 3.º (Alteração à Portaria n.º 138/2005, de 2 de Fevereiro) | 23 |
| Artigo 4.º (Regime transitório) | 24 |
| Artigo 5.º (Norma revogatória) | 24 |
| Artigo 6.º (Regiões Autónomas) | 24 |
| Artigo 7.º (Entrada em vigor) | 25 |

### REGULAMENTO GERAL DO RUÍDO

### CAPÍTULO I
### Disposições gerais

| | |
|---|---|
| Artigo 1.º Objecto | 27 |
| Artigo 2.º Âmbito | 47 |
| Artigo 3.º Definições | 50 |
| Artigo 4.º Princípios fundamentais | 54 |
| Artigo 5.º Informação e apoio técnico | 55 |

# CAPÍTULO II
**Planeamento municipal**

Artigo 6.º Planos municipais de ordenamento do território ............................... 55
Artigo 7.º Mapas de ruído ....................... 56
Artigo 8.º Planos municipais de redução de ruído ............................. 57
Artigo 9.º Conteúdo dos planos municipais de redução de ruído .................... 58
Artigo 10.º Relatório sobre o ambiente acústico ................................................ 59

# CAPÍTULO III
**Regulação da produção de ruído**

Artigo 11.º Valores limite de exposição ............................... 60
Artigo 12.º Controlo prévio das operações urbanísticas ............................ 62
Artigo 13.º Actividades ruidosas permanentes ....................... 65
Artigo 14.º Actividades ruidosas temporárias ...................... 67
Artigo 15.º Licença especial de ruído ............................... 69
Artigo 16.º Obras no interior de edifícios .......................... 71
Artigo 17.º Trabalhos ou obras urgentes ........................ 72
Artigo 18.º Suspensão da actividade ruidosa ....................... 73
Artigo 19.º Infra-estruturas de transporte ...................... 75
Artigo 20.º Funcionamento de infra-estruturas de transporte aéreo ................. 76
Artigo 21.º Outras fontes de ruído ............................. 77
Artigo 22.º Veículos rodoviários a motor ...................... 78
Artigo 23.º Sistemas sonoros de alarme instalados em veículos ...................... 78
Artigo 24.º Ruído de vizinhança ............................. 78
Artigo 25.º Caução ................................. 86

# CAPÍTULO IV
**Fiscalização e regime contra-ordenacional**

Artigo 26.º Fiscalização ............................... 87
Artigo 27.º Medidas cautelares ........................ 88
Artigo 28.º Sanções ................................ 88
Artigo 29.º Apreensão cautelar e sanções acessórias .......................... 91
Artigo 30.º Processamento e aplicação de coimas ............................... 92

# CAPÍTULO V
**Outros regimes e disposições de carácter técnico**

Artigo 31.º Outros regimes .......................... 93
Artigo 32.º Normas técnicas ........................... 96
Artigo 33.º Controlo metrológico de instrumentos ....................... 96
Artigo 34.º Entidades acreditadas ....................... 97

# Índice

## LEGISLAÇÃO COMPLEMENTAR

**Código Civil** ................................................................................................. 103

**Código Penal** ................................................................................................. 107

– **Lei n.º 11/87, de 7 de Abril**
(Lei de Bases do Ambiente) ...................................................................... 109

– **Decreto-Lei n.º 146/2006, de 31 de Julho**
(Avaliação e gestão do ruído ambiente) ................................................... 111

– **Lei n.º 50/2006, de 29 de Agosto**
(Aprova a lei-quadro das contra-ordenações ambientais)........................ 135

– **Decreto-Lei n.º 221/2006, de 8 de Novembro**
(Emissões sonoras para o ambiente dos equipamentos para utilização no
exterior)...................................................................................................... 167

– **Decreto-Lei n.º 129/2002, de 11 de Maio**
(Aprova o Regulamento dos Requisitos Acústicos dos Edifícios)................ 247

– **Decreto-Lei n.º 271/84, de 6 de Agosto**
(Estabelece disposições relativas à construção de instalações destinadas a
boîtes, discotecas e certos espectáculos ao ar livre e outras actividades
similares, na perspectiva de controlo da poluição sonora)........................... 265

– **Decreto-Lei n.º 310/2002, de 18 de Dezembro**
(Regime jurídico do licenciamento do exercício e da fiscalização de certas
actividades – normas relativas ao ruído)....................................................... 269

– **Portaria n.º 344/86, de 5 de Julho**
(Estabelece disposições que limitam o ruído provocado pelas aeronaves).... 277

– **Portaria n.º 555/90, de 17 de Julho**
(Estabelece normas relativas à limitação das emissões sonoras das aeronaves
civis subsónicas com propulsão por reacção) ............................................... 283

– **Decreto-Lei n.º 546/99, de 14 de Dezembro**
(Limitação da exploração de aviões que dependem do Anexo n.º 16 da
Convenção Relativa à Aviação Civil Internacional e transpõe a Directiva
98/20/CE, de 30 de Março) .......................................................................... 287

– **Portaria n.º 512/95, de 29 de Maio**
(Define os prazos a que ficam sujeitas as aeronaves civis subsónicas de
propulsão por reacção).................................................................................. 293

396         *Lei do Ruído*

– **Decreto-Lei n.º 293/2003, de 19 de Novembro**
(Estabelece as regras e os procedimentos para a introdução de restrições
de operação relacionadas com o ruído nos aeroportos) .................................. 297

– **Portaria n.º 1069/89, de 13 de Dezembro**
(Aprova o Regulamento do Controlo Metrológico dos Sonómetros) ........... 311

– **Decreto-Lei n.º 291/90, de 20 de Setembro**
(Estabelece o regime de controlo metrológico de métodos e instrumentos
de medição) ...................................................................................................... 315

– **Portaria n.º 962/90, de 9 de Outubro**
(Aprova o Regulamento Geral do Controlo Metrológico) ............................. 325

– **Decreto-Lei n.º 128/93, de 22 de Abril**
(Transpõe para a ordem jurídica interna a Directiva n.º 89/686/CEE, de
21 de Dezembro, relativa aos equipamentos de protecção individual) ......... 337

– **Decreto-Lei n.º 348/93, de 1 de Outubro**
(Transpõe para a ordem jurídica interna a Directiva n.º 89/656/CEE, de 30
de Novembro, relativa às prescrições mínimas de segurança e de saúde
para a utilização pelos trabalhadores de equipamento de protecção indi-
vidual no trabalho) .......................................................................................... 343

– **Portaria n.º 988/93, de 6 de Outubro**
(Estabelece as prescrições mínimas de segurança e saúde dos trabalhadores
na utilização de equipamento de protecção individual) ................................. 349

– **Despacho n.º 11 694/2000 (2.ª série), de 7 de Junho**
(Lista das normas harmonizadas no âmbito da aplicação da Directiva
n.º 89/686/CEE, relativa a equipamentos de protecção individual) .............. 359

– **Convenção Internacional Relativa à Protecção dos Trabalhadores contra os Riscos Profissionais Devidos à Poluição do Ar, ao Ruído e às
Vibrações nos Locais de Trabalho** ............................................................. 363

### MINUTAS E FORMULÁRIOS

1. Carta: Reclamação "ruído de vizinhança" ...................................... 375

2. Carta: Reclamação ruído de vizinhança / Arrendatário ................................ 377

3. Carta: Reclamação ruído / Condomínio ........................................ 379

4. Carta: Administrador / Proprietário ................................................ 381

## Índice

5. Carta: Proprietário / Arrendatário com intervenção Advogado ............... 382

6. Queixa ............................................................................................ 383

7. Comissão de Coordenação e Desenvolvimento Regional de Lisboa e Vale do Tejo ............................................................................................ 388

8. Espectáculos .................................................................................. 389

9. Licença .......................................................................................... 390

10. Licença .......................................................................................... 391